社会经济统计学

卞祖武　主　编

顾人俊　副主编

中央广播电视大学出版社

（京）新登字 163 号

图书在版编目（CIP）数据

社会经济统计学/卞祖武主编．—北京：中央广播电视大学出版社，1993.10（2001.10 重印）

ISBN 7-304-00862-8

Ⅰ．社…　Ⅱ．卞…　Ⅲ．社会经济统计　Ⅳ．F222

中国版本图书馆 CIP 数据核字（2001）第 077817 号

社会经济统计学

卞祖武　主　编

顾人俊　副主编

*

中央广播电视大学出版社出版

新华书店北京发行所发行

北京集惠印刷有限公司印刷

*

开本 787×1092　1/32　印张 15.5　千字 320

1993 年 10 月第 1 版　　2001 年 10 月第 4 次印刷

印数 12001—17000

定价 17.00 元

ISBN 7-304-00862-3/C·23

前　言

国民经济和社会活动，两者密切联系。经济是基础，社会是上层建筑。它们必须协调发展，才能在经济增长的同时，促进社会文明进步。近十多年以来，我国政府认为，只有保持国民经济与社会的协调发展，才会使整个社会生活处于良性运行状态。1982年12月，全国人大五届五次会议通过，把我国发展战略——国民经济发展五年计划，改为“国民经济和社会发展五年计划”。与此相适应，我国统计部门把反映研究对国民经济和社会全面协调发展，作为自己的基本任务。目前我国社会经济统计学科体系是把社会统计学与经济统计学分门设置的。它们虽然从不同侧面反映社会与经济统计的理论与方法，但是，经济与社会关系密切，所以这两门课程之间在内容上既互相渗透、又有简单重复。因此，从改革教学完善课程建设出发，在社会统计学和经济统计学基础上，建立一门研究整个社会经济活动数量方面的社会经济统计学，对减少课程间的重复，完善课程结构是有现实意义的。本书的编写不仅符合上述社会经济统计实践与理论发展的需要，而且它的内容也与电视大学“宽口径、厚基础、重应用”的教学培养目标体系相适应。

本书力求以马克思主义理论为指导，结合我国特色的社会主义市场经济、社会经济统计实践和当前推行新国民经济核算体系方案的需要，并注意吸收新的研究成果，正确阐明社会经济统计的基本理论、基本方法和基本技能。本书框架体系是按照社会经济活动客观运动过程，加以构造。即就社会经济活动条件、社会再生产过程、社会生活、社会活动以及社会组织、社会经济综合分析评价等统计的理论与方法进行探讨。

本书是为适应中央广播电视大学经济管理类统计专业教学需要而编写的教材。它注意贯彻“必需、够用”的要求，加强应用和实践能力的培养。也考虑到广播电视远距离教学的特点，尽量深入浅出、通俗易懂，适当增加了实际资料，便于学生自学。本书亦可供高等财经院校相关专业作教学用书。

参加本书编写的有：卞祖武（第一、六、七、九章）、施国柱（第二、四章）、吕金波（第三、十二、十三章）、顾人俊（第五、八、十、十一、十四章）。卞祖武任主编，顾人俊任副主编，负责全书的修改、总纂和定稿工作。

本教材由中央电大邀请中国统计出版社总编卢精诚教授、西南财经大学涂德服、陈昌念教授，厦门大学黄良文、陈仁恩教授等专家学者对编写大纲、书稿样章和初稿进行审定，并提供许多宝贵意见。对于他们的贡献，我们深表谢意。我们还要感谢中央电大教学领导部门的支持。感谢中央电大出版社编辑郭于红同志和中央电大张凤英、朱茵、黄长明、熊应进等同志给予的支持、帮助和合作。

当前我国经济体制改革正逐步深入进行，社会经济领域都在发生着深刻变化，本书把经济统计与社会统计融合在一起，还属初次尝试，限于编著者的知识水平，书中尚有不足以至错误之处，敬请读者批评指教。

编　者

一九九三年三月

目　录

第一章　总　　论

第一节　社会经济统计学的内容体系

社会经济统计学是统计学体系中一门重要学科。它分工研究特定领域，有其专门的研究对象。同时，它根据研究领域和研究对象，建立本门学科的内容体系。

社会经济现象是人们进行各种社会活动和经济活动的总称。社会活动指人们的一切社会生活、社会关系，包括政治活动，政治关系、文化、教育、艺术及思想道德、宗教信仰等。经济活动是指参与社会再生产过程的生产、分配、流通和消费各个环节的活动过程。社会与经济是密不可分的关系。经济是基础，社会是上层建筑。社会经济统计研究的领域就是社会经济现象，研究人们的这种社会生活和经济活动。

一、社会经济统计学的性质

社会经济统计学是一门独立的社会科学，研究社会经济现象总体的数量方面。所谓社会经济现象总体的数量方面，具体包括社会经济现象总体的数量表现，数量关系和决定现象性质的数量界限。

社会经济现象总体的数量表现，是具体时间、地点条件下社会经济现象总体所达到的规模、水平。例如，1991年年末我国总人口115823万人，社会劳动者58360万人，该年国民生产总值19855亿元等。社会经济现象的数量关系，是反映具体历史条件下，社会经济现象总体内部相互联系的各构成部分之间的数量关系。例如，1991年我国国民生产总值的三次产业比重，第一次产业占26.6%，第二次产业占46.1%，第三次产业占27.2%；国民收入使用中的比重，积累占32.0%，消费占68.0%等。决定现象性质的数量界限，是现象发展由量变到质变的临界数值。例如，从当前经济发展水平出发，我国人民达到小康水平的标准是年人均国民生产总值达到800—1000美元，便是决定小康水平的数量界限。社会经济现象性质，由相应的反映现象本质数量界限来决定的事例还很多。诸如居民生活贫困线、合理的积累率，三次产业优化结构等，都是由反映它们本质的数量界限来决定。由此可见，社会经济统计研究社会经济现象数量方面，有着丰富的内容，可以从数量方面具体深入认识国民经济和社会发展变化的规律。

社会经济统计学与社会经济统计工作是理论和实践的关系，它们的研究对象是一致的，但两者也有区别。后者是调查研究社会经济现象总体在具体时间地点条件下的数量方面及其发展规律性。目的是为认识国民经济和社会发展规律提供信息，为管理和监督国民经济和社会发展提供客观依据。前者则是关于调查研究社会经济现象总体数量方面的方法论科学。这里所指的方法论是指进行社会经济统计活动的原则，以及统计工作过程所应用的核算和分析方法。所以社会经济统计学就是一门关于社会经济统计方法论性质的科学。

社会经济统计学在社会经济统计工作实践基础上，不断地总结经验上升为方法理论，目的是为实践提供科学指导。同时，社会经济统计实践也必须要有科学的方法理论作指导，才能更好地完成自己的工作任务。两者是相辅相成，互相促进的辩证关系。

二、社会经济统计的基本方法

为调查研究社会经济现象总体的数量方面，需要采用一系列科学的统计方法。社会经济统计方法，包括调查搜集资料、整理分组、分析和预测决策等统计方法。常用的社会经济统计方法有以下几种：

1.统计分组法，也称统计分类法。就是社会经济活动分类。它是根据一定分类标志将社会经济现象总体划分成不同的类别、部门或各个部分。社会经济现象总体经过分类。可以揭示社会经济现象总体的类型特征，研究社会经济结构，分析社会经济现象总体内部各组成部分之间的相互关系等。

2.对比分析法。对社会经济现象作比较和鉴别，是社会经济统计研究的一种基本方法。通过对比分析，可以反映社会经济现象总体内部各组成部分之间的联系程度或比例关系。对比分析方法很多。在空间上对比，说明各个地区或国家间在社会经济发展上的差异。在时间上对比，说明社会经济现象总体在时间上的发展变化方向、变化速度和变动的规律性。社会经济现象内部各组成部分与总体的对比，则可分析总体的组成结构，各部分在总体中所占地位及反映总体的类型特征等。总体内部各组成部分相互联系的对比，可分析它们之间所存在的具体依存比例关系。

3.因素分析法。社会经济现象的发展变化，是各种因素发生作用的结果。社会经济统计研究中广泛运用因素分析法，从数量方面分析社会经济现象变动中各种因素发生作用的影响程度，揭示影响社会经济发展的基本因素和主要因素，为认识社会经济现象本质提供客观依据。

4.平衡分析法。指采用一定的平衡表式和平衡帐户来描述与分析社会经济现象总体中客观存在的数量上对等关系或协调关系的方法。社会经济活动过程，诸如社会生产、分配、消费和使用之间平衡关系，各部门，各行业之间相互联系的平衡关系以及社会供给与社会需求之间的平衡关系等等，都需要运用科学的平衡统计分析方法进行研究。

5.投入产出分析法。是通过编制投入产出表和建立相应的投入产出数学模型，有效地描述和分析社会经济活动过程各组成部门、各要素之间存在的投入产出技术经济联系的数量关系。同时，它对于社会经济活动联系平衡分析，经济效果比较以及社会经济发展预测等，都有积极作用。

6.经济模型分析法。它是根据对经济现象内在联系的定性分析基础上，用数学方程式模拟现实经济现象之间相互关系的一种分析方法。它可用于揭示和分析社会经济现象间许多变量之间的相互联系，也可进行模拟分析，用于预测和选择最优决策等。

三、社会经济统计的职能

社会经济统计是认识社会的武器，是国家和各级政府部门制定政策，编制计划的依据，也是进行管理的工具。《中华人民共和国统计法》对于统计基本任务有明确规定："统计的基本任务是对国民经济和社会发展情况进行统计调查、统计分析，提供统计资料、实行统计监督。”由此可见，我国社会经济统计工作的基本任务，不仅限于进行统计调查，提供统计资料，而且必须进行统计分析，实行统计监督。因此，从基本任务出发，社会经济统计的职能有如下几个方面：

1.提供信息。国家的社会经济统计系统，担负着对国民经济和社会活动进行系统核算，为反映社会经济活动的全貌和全过程提供全面的、系统的社会经济统计信息。我们的时代是信息时代。这些社会经济统计信息，对于认识社会，管理社会经济和进一步发挥统计的职能作用，都有重要意义。

2.咨询职能。社会经济统计利用所掌握丰富的统计信息资料，运用科学的统计分析方法和先进的数据处理技术手段，深入进行社会经济活动的综合统计分析和社会经济活动重大问题专题统计分析，为社会经济发展进行科学决策和管理提供各种可以选择的咨询建议和对策方案。当前，我国处于一个新的历史发展阶段，在我国社会主义市场经济条件下，实行改革和对外开放，有许多新的问题要解决，这就需要有充分可靠的统计分析作依据。对我国社会经济活动进行分析研究，比较其优劣，总结经验与教训，从中采纳合理的意见和可行的对策方案。

3.监督职能。社会经济统计部门根据搜集的统计信息资料，进行加工整理和统计分析，及时、准确地从总体上反映社会经济的运行状况，并对其作全面、系统的定量检查、监督和预警，以促使社会经济管理部门，及时采取有效措施，保证社会经济健康发展。

社会经济统计工作的三方面职能，是相辅相成，互相联系的。国家的社会经济统计工作系统，及时提供全面的系统的社会经济统计信息，是统计的基本职能。因为，只有在及时、全面、系统的提供社会经济统计信息基础上，才能保证咨询职能和监督职能有效发挥。统计咨询职能是统计信息职能的延续和深化。提供的统计信息只有被广泛用于分析研究，提出咨询建议、对策方案，才能使统计信息发挥更好作用，真正变成社会的财富。统计监督职能则是在信息、咨询职能基础上进一步拓展。统计监督是对社会经济活动进行监督的重要方面。统计提供的信息数据，统计咨询研究得出的合理建议和对策方案，都是统计监督的重要依据。另方面，统计信息、统计咨询建议，也同时被用于对社会经济运行监督，才会使统计信息、咨询职能进一步被拓展。

四、社会经济统计学内容体系

根据社会经济统计的研究对象和性质，社会经济统计学内容体系安排如下：

1.社会经济活动基本要素统计，用以反映人类社会存在和发展的基本条件特征。

2.社会再生产统计，用以反映物质产品和劳务的生产、分配、交换、使用的规模、水平及其内部构成等。

3.社会生活状况统计，用以反映一定历史条件下，人们的物质生活水平和社会活动状况。

4.社会生活条件统计，用以观察分析社会保障状况。

5.社会生活管理统计，用以描述社会宏观管理调控过程，分析研究促使社会经济发展的进程。

根据上述内容体系，本书共分十四章。第一章为总论。第二章为人口，劳动力统计。第三章为环境与国民财产统计。第四章为国民经济生产统计。第五章为国民经济流通统计。第六章为对外经济统计。第七章为国民经济分配统计。第八章为国民经济使用统计。第九章为国民经济循环核算。第十章为居民生活统计。第十一章为教育、科研、文体和生活时间分配统计。第十二章为社会活动参与统计。第十三章为社会保障与安全统计。第十四章为国民经济和社会发展的综合统计分析。

全书十四章内容，可归结为五个部分：第一部分，即第一章，说明本学科的性质特点，它是全书的总纲；第二部分，即第二、三章，阐述社会经济活动的基本要素统计；第三部分，即第四章至第九章，阐述物质产品和劳务的再生产过程统计；第四部分，即第十章至第十三章，阐明一定社会形态下人们的社会生活状况，社会生活条件和社会生活管理状况统计；第五部分，即第十四章，专门研究有关国民经济与社会活动协调发展的统计分析内容。

第二节　社会经济统计与核算体系

社会经济核算体系是在一定的理论指导下，由社会经济活动的分类体系，社会经济的总量指标体系、科学的核算模式等所组成的宏观核算系统。它是以整个社会经济活动为总体组织的一种核算。它是国家从宏观调控出发，用于衔接各方面核算，反映和研究国民经济和社会协调发展的一种核算制度。一般来说，社会经济核算体系的原理是社会经济统计学发展到一定历史阶段的产物。它既是社会经济统计的综合与概括，又是社会经济统计的完善和发展。但是，就目前世界各国的实际情况看，作为一个科学的、成熟的、可行的"社会经济核算体系"尚处于研究、探索之中。所以实践已推行的核算体系，是以国民经济为整体所组织的国民经济核算体系和以社会和人口为主体所组织的社会核算体系。

一、两大国民经济核算体系

国民经济核算体系，从世界范围的历史角度看，大体上可以归纳为两大类型：一种是前苏联等经互会国家所采用的核算体系，称物质产品平衡体系（简称MPS）；另一种是英、美、日等发达国家和发展中国家采用的核算体系，称国民帐户体系（简称SNA）。这两大核算体系都是适应在社会化大生产的情况下，国家对国民经济进行宏观管理，和调控需要而建立的。因此，它们都有各自的宏观经济理论作指导，分别由国民经济分类、国民经济指标体系、国民经济核算内容与核算模式等组成的核算系统。但是，它们之间存在许多差别。最主要的差别有如下几个方面：第一，核算范围不同。MPS，把国民经济活动区分为物质生产和非物质生产，认为只有物质生产才创造使用价值和价值。因此，把工业、农业、建筑业、货物运输业和商业通称为五大物质生产部门。社会物质产品价值由这五大部门共同创造。因而，其核算范围只包括物质产品的生产，流通、分配和使用。非物质生产部门所提供的服务就不能算作生产活动，也就不计算其产值。SNA，认为凡是创造“效用”并取得收入的活动，除去非法活动外，都算作生产性活动。国民经济的所有部门都是生产部门，都要计算其产值。这样，SNA不仅要核算物质产品的价值和使用价值，而且也要核算劳务的价值和使用价值。它的核算范围远比MPS为大，扩展至整个国民经济系统。第二，核算的指标体系不同。由于两种核算体系的核算范围有宽、窄之分，所以彼此采用的指标体系也不同。MPS，主要由社会总产值国民收入组成。SNA，主要由国民生产总值、国内生产总值，国民生产净值、国民收入等组成。第三，核算的内容不同。MPS，主要有社会总产品的生产、消费、积累的平衡核算、社会总产品和国民收入的生产、分配、再分配和最终使用平衡核算、部门联系平衡核算、劳动力核算、国民财富核算、居民收入和消费平衡核算，非物质性劳务平衡核算等七种核算。而SNA，主要有国民生产总值和国民收入的核算，投入产出核算，资金流量核算，国民资产负债核算、国际收支核算等五大核算。由于从价值上考察国民经济运行的全貌和全过程是国民经济核算的主要任务，所以，就价值方面核算内容看SNA比MPS更为完整。第四，核算的模式不同。MPS主要用平衡表的形式对国民经济的各种活动以单式记帐方法进行登录和计算。各种国民经济平衡表之间，在数量上联系不够严密。而SNA以帐户形式用复式记帐方法对国民经济活动进行核算，可以清晰地描述国民经济运行中复杂的数量关系，且有利于提高统计数字的质量。两大核算体系差别还很多，但最根本的差别在于生产范围划分的不同。

二、我国的国民经济核算体系

我国过去的国民经济核算基本上属于MPS。随着经济体制改革的深化、社会主义市场经济的发展，我国新国民经济核算体系正在建设之中。《中国国民经济核算体系（试行方案》，于1992年1月经国务院组织的专家论证会讨论通过，现正在试行中。我国新体系与原有核算制度相比，具有以下四方面特点：第一，扩大了核算范围。从过去单纯的物质产品核算扩大为包括服务在内的全面核算。从过去财政、信贷资金运动的核算扩大到全社会资金运动的核算。第二，充实了核算内容。在总量核算的基础上，引进了投入产出核算，增加了国际收支核算和国民经济总循环核算。从部分价格指数的计算扩大到国民经济综合价格指数的计算，从流量核算扩大到对实物资产和金融资产的存量核算。因此新体系能够全面系统地展示国民经济运动的状况及其内在联系，以及宏观经济循环过程和结果。第三，改进了核算方法。新核算体系，根据我国国情的需要，借鉴了国外有益经验，在核算模式上，实现多种核算形式和方法的综合运用。主要采用帐户、平衡表、矩阵表相结合的模式，为进行国民经济的总量核算、结构核算和各种分析创造了条件。第四，增强了纵横对比的能力。新体系根据我国的实际，采用了SNA中的国际通用的核算原则和核算方法，同时保留了原有MPS的核算口径和内容。并在有关核算表中采取积木式、板块式的结构。这样，就不仅便于不同核算体系的数据转换，进行国际比较，而且还可以进行本国的历史比较，具有较强的适用性。

我国新国民经济核算体系的基本结构是根据国民经济运行的性质确定的。国民经济运行是极其复杂的循环过程。按照经济活动性质，一方面表现为围绕物质产品和服务进行的实物运动，另一方面表现为围绕收入支出进行的资金运动。两者是辩证统一的运行过程。按照经济活动时间，经济循环则表现为反映一定时期运动过程的经济流量，以及经济活动结果在某一个时点上的经济存量。即从经济存量开始，通过经济流量形式净增存量，最后达到新的存量，形成周而复始的循环。在整个经济循环过程中，国民经济各部门互为条件，互相制约，形成错综复杂的技术经济联系。在国民经济总流量和总存量中都包含部门流量和存量，还有部门之间的流量。它们体现了各部门在社会再生产中的地位、作用和相互关系。因此，新核算体系在整体结构上把国民经济循环中实物运动和资金运动、经济流量和经济存量紧密联系起来，并解决了两大体系的结合和转换问题。

我国新国民经济核算体系的基本结构，分为两大部分。第一部分为社会再生产核算表。第二部分为经济循环帐户。社会再生产核算表，由基本表和补充表组成。基本表包括国内生产总值及其使用表、投入产出表、资金流量表、国际收支表、资产负债表。其中前四个表是流量核算，侧重反映国民经济各部门在一定时期内生产和使用物质产品和劳务的状况，以及各种资金在各部门（包括部门）之间的流向和流量。第五张表则反映某一时点的实物资产和金融资产（负债）存量状况。基本表部分采用平衡表和矩阵表，通过流量核算和存量核算的有机结合，完整地反映社会再生产过程。

补充表部分设有几张表。其内容分为两种类型。一是社会再生产基本条件的核算。包括人口、劳动力、自然资源等平衡表。二是对基本表的扩展或补充。包括主要商品资源与使用平衡表、综合价格指数表、财政信贷资金平衡表、企业部门的投入表与产出表。补充表核算的内容是适应我国宏观经济管理的需要设置的。它是对社会再生产总体运行或某方面活动核算的细化或深化。它也是社会再生产核算的重要组成部分。

经济循环帐户。它包括国民经济帐户、机构部门帐户、产业部门帐户和经济循环矩阵。经济循环帐户采用"T"型帐户及矩阵帐户，运用复式记帐方法，把基本核算表中各种流量和存量的指标衔接连成一体，形成一套逻辑严密，结构严谨的帐户体系，系统描述国民经济循环过程和国民经济各部门间的内在联系。

经济循环帐户与基本核算表都是对整个国民经济运行进行系统核算的方法。基本核算表保持五个子体系相对的独立性。每张表侧重于对国民经济运行过程中某一方面的完整描述，可以根据需要和可能进行比较精细的核算，提供比经济循环帐户更为丰富和具体的内容，但各表相关指标之间不完全具有严格的对应关系。各表的部门划分不尽一致。经济循环帐户通过复式记帐方法，将经济运行中的国民经济及各部门的基本指标连成一体，形成有机的指标链，解决了基本核算表中部门划分不一致的问题，从而综合地、系统地描述了宏观经济运行的各个环节之间、各部门之间的内在联系。这两部分的有机结合可以取得更系统、更丰富、更准确的信息量，有利于提高国民经济核算的整体水平，充分发挥新体系在宏观管理中的作用。

三、社会核算体系

社会核算体系。是指1975年联合国统计处制订的《社会和人口统计体系》（简称SSDS）。它是综合反映社会和人口各方面情况的社会核算体系。核算形式与国民经济帐户体系相似。描述对象是人类各方面的活动。如教育、卫生、就业、生育、死亡、迁移等。主要特点是，采用共同的分类、概念和定义，以个人、家庭或住户作为这一体系各部分的基础环节，把社会和人口统计联接成一体，它使用存量、流量和生命序列来描述人们的状况。把信息织成矩阵形式，使系统的静态和动态联系在一起，为建立社会和人口投入产出模型和其他模型奠定了基础；并建立了体系的各部分内部、各部分之间及该体系与SNA之间的联系。这个统计体系的应用，尚处在探索阶段。

第三节　社会经济活动的分类体系

社会经济活动的分类是社会经济统计的基本理论和方法问题。科学的分类，必须正确处理社会经济活动分类的原则，分类标志的选择、分类基层单位的界定及分类体系等问题。

一、社会经济活动分类的意义

社会经济活动是由成千上万不同性质的基层单位承担。随着社会分工的日益发展，这些从事不同性质社会经济活动的众多单位之间，形成了错综复杂的联系。它们相互依存、相互制约，构成社会经济的完整体系。为了准确地进行统计核算，并对社会经济活动整体的内部结构关系进行分析研究，需要对社会经济活动进行分类。

社会经济活动的分类，就是按照特定的标志，把社会经济活动的整体划分为若干部门，或者把从事各种社会经济活动的所有基层单位分层次归纳合并为若干类别。

正确划分社会经济活动类别，对于研究社会结构和经济结构，研究社会劳动分工以及人力、财力、物力的合理分配和使用，研究社会经济活动运行过程中的各个环节、各个组成部分之间的平衡比例关系等都具有一定的理论意义和实践意义。因此，对社会经济活动的分类，是社会经济统计分析的重要前提。

对社会经济活动进行科学分类，必须以马克思主义有关社会劳动分工等理论为指导，根据社会主义市场经济宏观管理的需要，确立自己的分类标准和分类体系。

二、社会经济活动分类的一般原理

从一般意义上讲，正确地进行社会经济活动分类，应注意把握如下几个问题：

1.分类的基本原则　对社会经济活动划分类别的基本原则，一是同一类别内活动的同类性，一是对比的可行性。所谓活动的同类性，是指各种社会经济活动的承担者一企事业单位，应该按照其所从事各种活动的性质同类性进行归类。同一类别包括相同性质的活动单位，同类性质活动的单位则归属于同一部门。因为对社会经济活动进行分类的主要目的，是为了准确地进行社会经济的总体核算，以研究社会经济结构。如社会结构、生产结构、部门结构，地区结构等。这就要求分类能够体现国民经济和社会发展中各种重要比例关系。所以分类之后可以保证统计资料能够用于对国民经济和社会的比例、结构的研究。社会经济分类的对比可行性，就是要求分类核算的社会经济统计资料，既满足国内历史对比需要，又要适应对外开放，用于国际对比的需要。这就要求分类标准和分类体系的确定，一定要考虑纵向、横向对比的要求。

2.分类的标志选择。社会经济活动分类的科学性主要取决于标志的选择。分类标志的选择，既离不开科学的社会经济理论指导，又要根据统计研究的目的，使标志的确定保证各类活动中内部的“同质性”，各类活动之间的“差异性”。从长期研究看问题，社会经济活动应按下列几种主要标志分类。

首先按经济类型分类。也就是根据劳动资料的归属，即所有制性质的不同进行划分。这是一种很重要的分类。我国处于社会主义初级阶段，经济发展不平衡，选择所有制标志进行分类，具有重要的现实意义。它可用以反映和研究各种经济类型的变化趋势，研究经济类型变化对国民经济和社会发展的影响。目前，我国的经济类型可分为：全民所有制，集体所有制、私人所有制、个体所有制、全民与集体合营所有制，全民与私人合营所有制、集体与私人合营所有制、中外合营所有制、华侨或港澳工商业者所有制、外资所有制及其他等十一种经济类型。

第二，按产品的经济用途分类，可以分为生产资料和消费资料两大部类。生产资料是为了继续实现物质资料再生产所需用的产品。消费资料是用来满足个人或社会生活消费所需用的产品。把产品按其经济用途分为两大部类，为研究社会再生产过程中两大部类的比例关系是否适应，进而促进国民经济和社会协调发展提供依据。从理论上说，产品两大部类的划分，应以产品最终使用进行归类，实际上很难做到。所以，在统计工作中，一般都按企业生产产品的主要用途确定其归属。

第三，按照生产要素的密集程度，可以把从事各种社会经济活动的单位划分为劳动密集型、资金密集型、技术密集型等。这种分类可用于反映社会经济活动的要素密集特征、科学技术发展水平等。

第四，根据社会经济活动性质，历史发展顺序，财务收支特点等，把社会经济活动划分为物质生产领域与非物质生产领域，三次产业部门，活动部门和机构部门等。这些分类，可从不同方面反映和分析社会经济结构，是社会经济活动最基本分类。

3.分类的基本单位。从原则上讲，社会经济活动分类应以其成果——产品和劳务，生产要素（劳动力、劳动资料）为基本单位。这是最理想的。因为，直接把产品、劳务、劳动力和生产资料为基本单位划分之后，可以如实反映产品之间，各种要素之间联系的比例关系。但是，由于产品、劳务和生产要素种类繁多，不可能一一进行分类。所以，作为切实可行的替代办法，在实践上通常以基层企事业单位作为分类的基本单位。至于包括下属不同类型基层单位较多的大型联合企业，则以其所属的二级基层单位作为分类的基本单位。

三、社会经济活动主要分类

根据对国民经济和社会发展进行研究的需要，目前我国常用的主要分类有如下几种：

1.物质生产领域和非物质生产领域分类。社会经济活动按其提供成果表现形态不同，可以分为两大领域。一类是物质生产领域。凡社会经济活动成果表现为提供新的物质产品，或增加已有产品价值的生产性作业，均为物质生产领域。另一类是非物质生产领域。凡是不生产物质产品，不追加已有产品价值，而是直接提供为社会生活服务，或间接为生产服务的部门，均列入非物质生产领域。物质生产发展是人类社会、非物质生产发展的基础，而非物质生产的发展对社会生活、物质生产发展也有积极推动作用。社会经济活动两大领域分类，是准确计算国民经济和社会活动成果、研究国民经济人力、物力和财力合理分配的前提。

物质生产领域具体包括农业、工业、建筑业、货物运输业、为生产服务的邮电业和商业（含物质供销）、公共饮食业等五大物质生产部门。其中农业、工业、建筑业是直接从事物质产品生产的部门，而其他物质生产部门则是促使这些农、工、建产品的最后实现而追加劳动的部门。它们不创造具体的物质产品，只是从事产品的流通，促进产品的价值和使用价值的实现。非物质生产领域具体包括为居民和社会集团服务的邮电通讯及交通运输、公用事业、房地产管理、咨询服务，卫生、体育、保健、文化、教育、科研、金融、保险业、国家机关、社会团体等部门，以满足人们对社会服务的需要。

物质生产领域和非物质生产领域的划分是一种历史的现象，不是固定不变的。随着社会经济活动的发展和人们认识的深化，划分界限以及划分标志等会有所变化。

2.三次产业的分类。三次产业分类法，是在本世纪三十年代由美国经济学家费希尔·科拉克提出以来，已为许多国家所采用。它是依据社会经济活动的发展顺序和人类需要的紧迫程度以及劳动对象进化的特点为标志而进行的社会经济活动分类。一般把以自然资源作为劳动对象的产业称为第一产业。包括农业和采矿业等。把以农产品和采掘业产品为劳动对象，对其进行加工或再加工的产业称为第二产业。包括工业和建筑业等。把第一、二次产业以外的所有其他部门统称为第三产业。主要包括为生产和生活提供服务的部门。西方各国对三次产业的分类并没有明确的划分界限，只能说基本一致，具体划分各国之间不尽相同。对社会经济活动进行三次产业的分类，可以具体研究它们之间的协调关系，以及进行国际间横向对比都有重要的意义。

我国对三次产业作如下的具体划分：

第一次产业：农业（包括林业、牧业、渔业等）。

第二次产业：工业（包括采掘业、制造业、自来水、电力、蒸汽、热水、煤气等）和建筑业。

第三次产业：除上述第一、二次产业以外的其他各业，分为两大部门：流通部门和服务部门。具体分为四个层次：

第一层次：流通部门、包括交通运输业、邮电通讯业、商业饮食业、物资供销和仓储业。

第二层次：为生产生活服务的部门，包括金融、保险业，地质普查业，房地产、公用事业，居民服务业，旅游业、咨询信息服务业和各类技术服务业等。

第三层次：为提高科学文化水平和居民素质服务的部门。包括教育、文化、广播电视事业、科学研究事业、卫生体育和社会福利事业等。

第四层次：为社会公共需要服务的部门。包括国家机关、政党机关、社会团体，以及军队和警察等。

3. 活动部门分类。活动部门分类是对参与社会经济活动的各个基层单位按照其活动性质的同类性以及活动成果的同质性归类的方法。将社会经济活动总体划分为各活动部门，是社会劳动分工的结果，是社会经济活动专业化协作的产物。活动部门分类法与上述的两大领域及三次产业具有内在的联系。活动部门分类是两大领域和三次产业分类的具体化，而两大领域和三次产业的分类是活动部门分类的归纳概括。对社会经济活动作活动部门分类，可以准确地揭示社会经济活动的各个组成部分之间的技术经济联系，为研究社会经济结构和比例关系提供科学依据。

一般来说，社会生产力水平越高，社会经济活动专业化程度越强，社会分工越细，独立出来作为活动部门的数量也越多。但独立部门多到一定程度之后，为了行政管辖、经济交往的方便，若干部门又会综合为一个大类。所以，活动部门分类，根据确定的具体分类标志的不同，又可分为如下三种：

第一，产业部门分类。是按基层单位的主要活动成果的同类性归口的分类方法。这是在统计年鉴中常见的一种活动部门分类。

我国自1959年制订行业分类至今，曾于1964年和1978年两次修订。为了科学地反映社会经济活动的部门结构，适应国民经济和社会发展的需要和国际对比的要求，于1985年国家颁发了新的社会经济行业分类标准，即《国民经济行业分类和代码》。新的分类标准实行四级分类：部门、大类、中类、小类。将社会经济活动的行业划分为十三个部门（门类），七十六个大类，三百一十个中类，六百六十七个小类，并规定了相应的代码表1-1扼要介绍十三个门类的划分内容。

表1-1

部门（门类）	部门名称
一、	农、林、牧、渔、水利业
二、	工业（分采掘业和制造业两大类）
三、	地质普查与勘探业
四、	建筑业
五、	交通运输，邮电通讯业
六、	商业、公共饮食业、物资供销和仓储业
七、	房地产管理，公用事业，居民服务和咨询服务业
八、	卫生、体育和社会福利事业
九、	教育、文化艺术和广播电视业
十、	科学研究与综合技术服务事业
十一、	金融、保险业
十二、	国家机关、政党机关和社会团体
十三、	其它行业

从人类活动的历史来看，非物质生产是在物质生产的基础上形成和发展的。所以，上列企业部门分类中的行业排列顺序是按照行业形成先后的历史确定的。因此，物质生产行业排列在前，非物质生产行业排列在后。在物质生产行业中，先排列产品生产行业，后排列流通行业。在产品生产行业中，先排列农业，后排列工业和建筑业，在工业生产行业中，先排列采掘业，后排列制造业等。

由于企业部门分类，是按照参与社会经济活动的基层单位所提供的主要成果的性质特征进行归类。因此，利用行业分类的统计资料，可以比较正确地进行社会经济结构比例关系等统计分析。但是，一般企事业单位除了提供主要活动成果外，往往还提供次要的活动成果。因此，利用行业分类的资料，不便于精确地分析社会经济总体内部各个组成部分之间的技术经济联系。

第二，行政部门分类。它是按照企事业单位行政隶属关系归口的一种活动部门分类。这是适应各主管部门管理需要而建立的分类。这种分类，由于同一行政部门可以包括不同的企业部门，因而提供的资料比产业部门更“混”。例如，凡隶属于商业部的所有企事业单位，不论它是商店，还是运输队、建筑施工队，甚至学校、研究机构，都划归商业部门。这些企事业单位提供的劳动成果都由商业部归口统计。显然，这种行政隶属关系归类方法，骑跨了多个产业部门，不可能提供“纯”部门统计资料，不便于进行部门之间技术经济联系的统计研究。

第三，产品部门分类。又称“纯”部门分类。它是按照参与社会经济活动的基层单位提供劳动成果的经济用途，投入消耗结构、生产工艺技术的同一性进行归类的方法。所以，产品部门的分类，实质上是同类产品的集合体，即产品群。这种分类方法，适应投入产出分析的需要。它所提供的资料，可以用于正确地分析研究经济现象总体各个组成部分之间的技术经济联系的数量关系。但是它不适用于部门管理的需要。产品部门分类，可以在企业部门分类和行政部门分类的基础上，按企事业单位活动主要成果的特征进行调整和细分解决。

4.机构部门分类。机构部门分类，就是对从事社会经济活动的所有基层单位，按照其在取得收入和支配收入，筹集和运用资金的财务决策权的同类性进行分类的一种方法。其目的是用以反映不同种类财务决策单位之间资产负债或金融债权关系。在市场经济条件下，各机构部门单位之间的资金流向、流量及存量状况是非常重要的社会经济信息。对这些社会经济信息的统计描述和分析是反映国民经济和社会发展状况的宏观指示器。因此，从宏观管理角度看，机构部门分类是社会经济活动的一种重要分类。

机构部门分类是以具有财务决策权的财务单位（即机构单位）作为分类的基本单位。所以，这种分类又称为财务收支部门分类或制度部门分类。在一般情况下，机构部门的单位和活动部门的单位可以是同一经济实体，只是因观察问题的角度不同而分别把它们看成是生产单位（即活动部门的单位）和财务单位。例如，一个独立开设的商店，在活动部门分类中，应列入商业部门，而在机构部门分类中应列入企业部门。当然，也有可能是一个机构部门包括多个活动部门，或者一个活动部门分属不同的机构部门。例如，一个拥有铁矿、炼铁厂、炼钢厂、铁路、电站、商店等综合性的经济实体。在进行机构部门分类时，可以根据这经济实体本身财务决策权性质将整个实体划归某一机构部门。而在活动部门

表1-2

部门	部门特征
一、居民部门	这类主体以购买消费资料而支付货币，以向社会提供自己的劳动而取得货币。
二、企业部门	这类主体是提供物质产品和非金融服务的独立核算的经济实体。它以提供自己产品和劳务取得货币，购买生产要素而支付货币。
三、行政事业部门	这类主体是不以营利为目的，向社会和公众提供服务的部门。它以提供服务取得货币，以行政活动形式支出货币。
四、金融部门	这类主体是指开展资金借贷和保险业务活动的部门。它以借款、发行债券形式获取货币，以贷款形式支出货币。
五、财政部门	这类主体即是凭国家权力对一部分社会经济活动成果进行分配再分配的部门。它以财政收支形式取得或支出货币。
六、国外部门	这类主体是就资金交易双方超出国家而言，具有国际交易性质的视作国外的主体称为国外部门。它以收入形式从我国取得货币，以支出形式向我国支付货币。

分类中则应按其所属厂矿、路、店的社会经济活动性质分别归入不同的活动部门。

根据我国社会经济宏观管理的需要，参照SNA中机构部门的划分原则，我国的机构部门具体划分见表1－2。

第四节　社会经济统计指标体系

社会经济统计指标体系是社会经济统计的基本要素。社会经济统计的基本任务，主要是通过对指标体系中各项指标的测算与分析去完成的。本节主要阐述社会经济统计指标体系的设置原理。

一、社会经济统计指标体系的意义

社会经济统计指标是对社会经济现象总体的某种数量表现的科学认识和概括。每一个社会经济统计指标只能表明社会经济现象总体的某一侧面的数量特征。例如，人口总数，城市人口比重、国民财富、人均国民生产总值，每个医生服务人口等等指标，只能说明某一具体社会经济活动的某一方面的具体特征。所以，单一指标对客观事物的认识，难免带有一定片面性。

社会经济现象是一个复杂的有机整体，总体的组成部分之间存在着纵横交错的各种联系。为了能准确地、全面地反映社会经济现象总体的全面情况和发展变化的数量特征，不可能仅仅通过单个统计指标去实现，而需要同时使用多个相互联系、相互作用的统计指标。所以，社会经济统计指标体系，是指根据统计研究目的和需要，将有内在联系的、具有代表性的指标有机地有序地组合成的指标群体。它被用于描述和分析国民经济和社会发展的主要方面及其过程。社会经济统计指标体系是在统计研究的全部内容的基础上总结出来的，并在实践中逐步发展完善。

社会经济统计指标体系，在统计实践中，根据不同的研究目的，发挥描述、解释、评价、监测、预测等功能。描述功能，反映大量社会经济现象的状态及其变动情况，并使之条理化，使人们了解社会经济活动的全貌及其全过程。解释功能，通过分析性的社会经济指标研究社会经济现象的特征及其问题产生的原因，揭示社会经济发展的规律性的具体表现，以探索国民经济与社会协调发展的新路。评价功能，根据研究目的，通过相关指标的比较，对国民经济和社会发展产生的效果和影响进行纵向和横向的评价并作出判断。监测功能，通过社会经济统计指标体系动态变化揭示社会经济运行中的矛盾及其原因，向有关部门提出预警，以便及时采取对策。预测功能，对社会经济的发展趋势和问题进行预测，为决策部门制订发展战略和规划提供科学依据。

二、社会经济统计指标体系的设置原因

社会经济统计指标体系的设置，必须以马克思主义的哲学，社会学，政治经济学为指导，用马克思主义的立场、观点和方法来观察、分析，研究我国的社会经济发展状况。在此基础上，还应遵循以下几个基本原则：

1.必须反映我国社会主义现代化建设和改革开放的总方针和总目标。在对社会经济现象进行科学分析的基础上，提出一系列有机联系的指标反映社会经济发展的现状和过程，反映物质文明和精神文明的相互关系以及社会经济发展中出现的问题和矛盾，为党和政府制定社会经济发展政策和宏观管理服务。

2.必须根据“社会一人一自然”大系统观念，从社会经济统计核算的整体性和系统性出发设计“社会与经济”溶为一体的指标体系。既反映社会、经济两个系统各自的发展状况，又反映它们二者之间的相互联系和相互渗透的数量关系。

3.必须根据社会经济协调发展的要求，使社会经济指标体系能全面反映和科学评价经济增长，社会生活的水平等状况，从而为宏观管理，规划、决策提供信息和依据。

4.必须从我国实际出发，有分析有批判地借鉴外国的有益经验。吸收国内外已有的研究成果，充分考虑国际间、地区间、部门间以及历史对比的可行性，建立一套适合我国国情的具有中国特色的社会经济指标体系。

综上所述，设置社会经济指标体系，需要遵循科学性、完整性、实用性、可比性的原则。

三、我国社会经济统计指标体系的框架和结构

社会、经济全面地协调发展，是现代社会结构运行规律的要求。因此，设置一个能够全面、准确反映我国社会主义初级阶段的国情国力而又能够进行国内外对比的社会经济协调发展的统计指标体系、乃是统计改革的重要课题。

建立和健全社会经济统计指标体系，应该根据指标体系设置的原则，按照社会经济统计既要反映和研究一定社会的生产力和生产关系，又要反映和研究其经济基础和上层建筑

的要求，围绕“一定的社会生产方式”和“一定的社会生活方式”为中心，科学地确定社会经济统计指标体系的框架及其各个层次的内容。

社会经济统计指标体系框架结构如表1-3所示，

- 社会经济统计指标体系
  - 社会经济活动条件指标子体系
    - 人口
    - 婚姻家庭、计划生育
    - 社会劳动力
    - 环境
    - 国民财产
  - 社会再生产过程指标子体系
    - 国民经济生产
    - 国民经济流通
    - 国民经济分配
    - 国民经济使用
    - 国民经济效益
  - 社会生活状态指标子体系
    - 居民收入与消费
    - 住房与生活服务
    - 健康与卫生
    - 教育与科研
    - 文化与体育
    - 生活时间分配
  - 社会活动管理状况指标子体系
    - 社会活动参与
    - 社会保障
    - 社会安全

表1-3

表1-3中表明，社会经济统计指标体系结构形成过程是：总体系—子体系—模块—大类—指标。比如，“社会经济活动条件”这个子体系，是由人口、婚姻、家庭、社会劳动

力、环境、国民财产等模块组成，而“人口”这个模块，却有人口数量构成、变动、寿命、质量等大类构成，而在每个大类下面设计一系列基本指标。这一系列基本指标本身就是专题性指标体系。例如，人口数量统计这一类就有常住人口和现有人口等统计指标。所以，社会经济统计指标体系是多层次的复杂的系统。

第二章　人口、劳动力统计

第一节　人 口 统 计

人口是生活在一定时间、地域内，由一定社会关系联系起来的个人所组成的社会群体。人口是社会生活的主体，劳动力的源泉。劳动力人口，也是社会经济活动的主体。人口增长速度、素质和结构不断改善，会对国民经济和社会发展起促进的作用；反之，则会对国民经济和社会发展起延缓的作用。因此，人口统计要研究一定社会制度下的人口现象和人口规律的数量表现以及人口生存、发展与整个社会再生产过程的关系。

人口统计的主要任务就是全面、系统地提供有关人口数量、素质和结构方面的数据资料，反映社会人口总体的再生产状况以及社会人口迁移的变动情况，研究人口平均预期寿命和测算人口发展的趋势，为分析人口与国民经济和社会发展的关系，为整个经济和社会发展进行科学决策提供依据。

一、人口数量统计

人口数量是一个国家或地区在具体时间条件下的个人总和。它是人口统计中最基本的指标，是计算分析人口结构、分布特征和人口再生产等情况的基础。反映一个国家或地区人力资源的拥有状况。

准确统计现时的人口数量，规定统一的标准时间和人口范畴有着极为重要的意义。有了统一的标准时间是为了解决人口生死、迁移变动的影响，使人口调查准确反映该时点上的人口数量。确定人口范畴是为了区别人口移动性质，避免重复和遗漏。这也是准确计算人口数量的基本条件之一。

所谓标准时间，就是人口调查时所规定的调查时点。人口数计算应以这一时点上的人口为准。在我国人口经常性调查中，调查时点通常是每年6月30日和12月31日；而人口普查时规定的标准时点是当年的7月1日零时。

确定人口范畴，可以把一定统计调查范围内的人口区分为常住人口和现有人口。常住人口是指经常居住在该地区的人口。人口普查按常住地公安机关“户口登记表”上人口统计。对于各种原因外出、或长住外地、或已搬迁但尚未办妥户口迁出手续的，都应作为常住人口统计。现有人口则是指在规定的标准时点上，在该地区居留的人口。包括因探亲访友、出差旅游而在该地区内居留的人口。

这两种范畴人口数的不同，主要在于临时性人口的流动，即由于人口的临时外出和临时寄居而引起的差别。它们在数量上的关系表现如下：

常住人口＝现有人口－临时寄居人口＋临时外出人口

或：现有人口＝常住人口＋临时寄居人口－临时外出人口

全国的或地区的人口数，主要通过人口普查和人口经常性登记两种方式取得。从全国范围来说，常住人口数与现有人口数量基本上相等。因为国际间临时人口流动数极其微小，不足以对此构成影响。但对国内某些流动性人口多的地区来说，两者出入就比较大，有必要分别统计这两种人口数。根据常住人口数可以制定地区经济和社会发展规划，诸如规划商业网点设置、社会商品供给与需求、住宅建设、文教卫生机构的配套设置以及劳动力资源的安排使用等。现有人口数则对发展第三产业，如搞好交通运输、旅游、商品和饮食供应等具有重要的参考价值。

人口数量包括时点人口数量和平均人口数量这两个基本指标。

1.时点人口数。即某一天的人口数。如期初人口数和期末人口数等。人口普查时统计某天某个时点上的人口数，如规定统计1990年7月1日零时的人口数。时点人口数也可以用如下平衡关系式进行推算：

$$\text{期末人口数}=\text{期初人口数}+\text{本期增加人口数}-\text{本期减少人口数}$$

2.平均人口数。即一定时期内各个时点人口数的平均数。它代表该时期内任一时点的人口数。在实际工作中，根据掌握资料的情况进行计算。

(1)已知月初（期初）和月末（期末）人口数时，则：

$$\text{月平均人口数}\ P=\frac{\text{月初（期初）人口数}+\text{月末（期末）人口数}}{2}$$

(2)已知时间间隔相等的各项时点人口数时，如表2-1，则平均人口数的计算公式为：

$$P=\frac{\frac{P_1}{2}+P_2+\cdots\cdots+P_{n-1}+\frac{P_n}{2}}{n-1}$$

表2-1 某地区1992年第三季度各时点的人口数资料

日　期	6月30日	7月31日	8月31日	9月30日
人口数(万人)	21.6	21.9	22.1	22.7

$$\bar{P}=\frac{\frac{21.6}{2}+21.9+22.1+\frac{22.7}{2}}{4-1}$$

$=22$（万人）

(3)已知时间间隔不相等的各项时点人口数时，如表2-2，则平均人口数的计算公式为：

$$\bar{P}=\frac{\left(\frac{P_1+P_2}{2}\right)\cdot f+\left(\frac{P_2+P_3}{2}\right)\cdot f+\cdots\cdots+\left(\frac{P_{n-1}+P_n}{2}\right)f_{n-1}}{\sum_{i=1}^{n-1}f_i}$$

上列各式，P代表各时点人口数，$\bar{P}$代表平均人口数，n为项数，f代表各时点时间的间隔。

表2-2，某地区1992年各时点的人口数资料。

表2-2　　　某地区1992年各时点的人口数资料

日　期	1月1日	6月1日	8月1日	12月31日
人口数(万人)	21.3	22.1	21.9	22.7

$$\bar{P}=\frac{\left(\frac{21.3+22.1}{2}\right)\times 5+\left(\frac{22.1+21.9}{2}\right)\times 2+\left(\frac{21.9+22.7}{2}\right)\times 5}{5+2+5}$$

$=22$（万人）

二、人口构成统计

人口总数是各类人口的集合体。对人口总体进行分组观察，可以进一步研究人口的构成状况。人口构成统计的分类标志有：自然标志、社会标志和经济标志。这些标志分组，便会得到人口的自然构成、社会构成和经济构成的统计资料。

1.人口自然构成。年龄和性别构成是人口的两个自然属性构成。它既反映前一个时期人口再生产过程的结果，又成为下一时期人口再生产的条件。它是研究劳动力资源、就业状况等社会经济问题的重要依据。

年龄构成是通过各个年龄组的人口数占人口总数的比重来表示的。实践中，由于研究社会经济问题的专门需要，应用不同的年龄分组方法。主要有三种：(1)每一岁分为一组，如不满1周岁的婴儿为“0岁”组，满1周岁到不满2周岁的为“1岁”组，以此类推。(2)每五岁或每十岁分为一组，如“0～4岁”、“5～9岁”、……等等。(3)按少、壮、老年分组，即0～14岁为少年儿童人口组，15～59岁为壮年人口组，60岁及以上为老年人口组。此外，还有18岁及以上的公民列为选民组。国际标准规定：15～49岁的妇女为育龄妇女人口组等等。人口年龄构成统计资料，可以满足多方面的研究需要。

首先，利用人口年龄分组资料。计算平均年龄和年龄中位数，用于反映和研究人口年龄分布中心问题。平均年龄是总人口年龄的加权算术平均数。其计算公式为：

$$平均年龄=\frac{\Sigma(组的年龄\times该组人口数)}{\Sigma组人口数}$$

上式分子“组的年龄”，在组距数列中为组中值。

人口年龄中位数是指全部人口，按年龄大小顺序排列处于中点位置的年龄。其计算公式为：

$$\text{年龄中位数}=\text{中位数组年龄下限值}+\frac{\frac{\text{人口总数}}{2}-\text{累计到中位数组之前的人口合计数}}{\text{中位数所在组人口数}}\times\text{组距}$$

年龄中位数除了说明人口年龄分布中心外，并用于说明人口年龄老化情况。一般认为，当年龄中位数小于20岁时，为青年型人口。当20≤年龄中位数≤29岁时，为中年型人口。年龄中位数≥30岁，为老年型人口。

其次，根据少年儿童，老年的人口构成资料，也可以反映和研究人口年龄结构类型。联合国人口学家建议，按少年儿童人口和老年人口占总人口的不同比重，区分为三种年龄结构类型（见表2-3）。

表2-3　　人口年龄类型表

人口年龄类型	少年儿童人口占人口比重	老年人口占总人口比重
年轻人口型	40%以上	5%以下
壮年人口型	30—40%	5—10%
老年人口型	30%以下	10%以上

我国1953年、1964年、1982年三次人口普查的人口年龄结构资料（见表2-4）。

表2-4　　我国人口年龄类型

	少年儿童人口占总人口比重(0—14岁)	老年人口占总人口比重(65岁以上)
1953年	36.3	4.4
1964年	40.7	3.6
1982年	33.6	4.9

根据表2-3的划分标准，则由表2-4资料可说明我国人口年龄类型正由年轻人口型向壮年人口型过渡。

第三，利用人口的少年、中年、老年的年龄构成资料可以计算年龄负担系数，用以研究分析劳动年龄人口（中年人口）对被抚养人口的负担情况，从而揭示人口年龄构成对社会经济活动的影响。年龄负担系数包括三个指数。其计算公式如下：

$$总负担系数(APR_t)=\frac{14岁以下人口数+65岁以上人口数}{15\sim64岁人口数}\times100\%$$

$$=\frac{P_{0-14}+P_{65}}{P_{15-64}}\times100\%$$

$$\begin{matrix}负担少年儿童\\系数(ADR_y)\end{matrix}=\frac{14岁以下人口数}{15\sim64岁人口数}\times100\%$$

$$=\frac{P_{0-14}}{P_{15-64}}\times100\%$$

$$\begin{matrix}负担老年系数\\(ADR_0)\end{matrix}=\frac{65岁以上人口数}{15\sim64岁人口数}\times100\%$$

$$=\frac{P_{65}}{P_{15-64}}\times100\%$$

负担系数的大小将会直接影响社会经济的发展。负担系

表2-5　　我国三次人口普查的各年人口负担系数(%)

	1953年	1964年	1982年
总负担系数(ADR_t)	68.3	79.4	62.6
负担少年儿童系数(ADR_y)	61.2	73.0	54.6
负担老年系数(ADR_0)	7.1	6.4	8.0

注：表2-4～表2-5的资料均引自我国1953年、1964年、1982年人口普查资料计算编成。

数大，表明社会被抚养人口多，会出现劳动力负担过重，相应地影响社会积累，延缓社会经济的发展。负担系数过小，尤其是负担少年人口系数过小，又将影响劳动力的进一步补充。

我国三次人口普查反映的负担系数资料（见表2-5）：

第四，把有关人口年龄分组与未来人口出生率、自然增长率相联系，观察人口再生产类型。瑞典人口学家桑德巴氏，首先发现和运用这个原理，将人口再生产类型划分为：增加型、稳定型、减少型。其标准见表2-6。①

表2-6　国际上人口再生产类型划分(%)

	0—14岁	15—49岁	50岁以上
增加型	40	50	10
稳定型	26.5	50.5	23
减少型	20	50	30

我国1953年、1964年、1982年人口年龄构成情况（见表2-7）

表2-7　我国人口再生产类型

	0—14岁	15—49岁	50岁以上
增加型(1953年)	36.8	49.0	14.2
稳定型(1964年)	40.4	47.3	12.3
减少型(1982年)	33.6	51.3	15.1

资料来源：按我国人口普查资料计算

①刘铮、邬沧萍、查瑞传：《人口统计学》。中国人民大学出版社1981年版第32页。

根据上述人口再生产类型划分标准评判，我国人口正由增加型开始向稳定型过渡。

性别构成可以分别用男女性别比重指标和男女性别比例指标表示。

$$\text{男(或女)性别比重指标}=\frac{\text{男性(或女性)人口数}}{\text{人口总数}}\times 100\%$$

$$\text{男女性比例指标}=\frac{\text{男性人口数}}{\text{女性人口数}}\times 100\%$$

世界各国出生婴儿性比例一般为105(或106)∶100。即男婴性别比重为51.8%，女婴为48.2%。这是性别构成的稳定值。计算和分析人口性别构成指标，对于研究社会婚姻问题和人口再生产趋势、合理安排劳动力，都有很大参考价值。

人口金字塔。它是以年龄为纵轴，以男女各年龄组构成比或人数为横轴，纵轴左边为男性，右边为女性，绘制成近似于金字塔图形。用于人口年龄、性别结构的形象描绘。因此，根据某个国家在某一时点人口统计资料所绘制的人口金字塔，可以具体地显示其各个年龄阶段（或各历史年份）出生率、死亡率和性别构成的差异状况。例如，根据我国第三次人口普查资料绘制的人口金字塔如图2-1所示：

从图2-1，可以看出，我国1982年7月1日10—14岁组和15—19岁组人口比重均大于5岁组和0—4岁组。可见，1963年～1972年期间为我国人口高出生率年份，而从1973年以后人口出生率逐步有所下降。即1973—1977年出生年龄组5—9岁组人口比重，1978年—1982年出生的年龄组0—4岁组人口比重，都小于1963年—1972年出生的10—14岁组和15—19岁组。其性别构成，高年龄组女性人口比重大于男

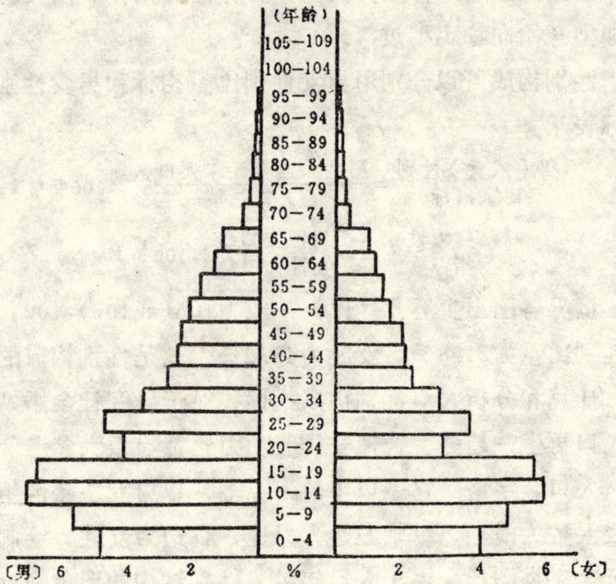

图2-1

性，其余年龄组性别比重接近50%。由此可知，人口金字塔实际上是一张反映人口年龄、性别构成的历史年表。它被广泛地用于比较分析不同国家或同一国家的不同历史年份的出生率、死亡率和性别构成差异状况。

2. 人口的社会构成。人口总是生活在一定的社会制度下，从属于一定的社会集团、民族、经济活动部门和职业以及文化教育程度等。这些都是反映人口的社会标志。统计就是依据这些标志对人口总体进行各种分组，分析人口的社会构成，研究人口的社会状况，作为制定各种有关社会政策的依据。

人口的社会集团构成是按照人们对生产资料的占有关系来划分的。从现实来看，在我国社会主义初级阶段是以生产资料公有制为主体，允许多种生产资料所有制形式同时并存。因此应该依据人们与生产资料的关系和取得收入的来源划分不同的社会集团。据此通常分为工人、职员、农民、个体劳动者及其它，对于诸如老人、儿童、学生等外自立人口，则按其抚养人的社会集团来决定的。

人口的民族构成是把人口总数按民族标志进行分组，说明各类民族人口的状况。我国是由56个民族组成的多民族国家。研究人口的民族构成，研究各民族的地区分布和所从事的经济活动以及教育程度的构成，可以为国家根据民族特点制定民族政策，发展民族经济文化提供依据。

人口的文化教育程度构成通常从两方面同时反映：一方面是用人口中受学校教育的人数及其中各级受教育人数的比重来反映。各级教育一般指小学、初级中学、高级中学和大学；另一方面是用文盲人口占一定年龄以上人口数的比重来反映。一定年龄人口在世界各国通常是以15岁为临界点。研究人口的文化教育构成可以掌握人口文化教育的现状，正确制定有关文化教育的政策，使文化教育适应于国民经济和社会发展的需要。

3.人口的经济构成。这是由人们在社会经济活动中所起的作用和所处的地位不同而形成的人口结构状况。主要有：（1）人口按劳动者从事劳动的性质，划分为农业人口与非农业人口，以表明农业人口对非农业人口的负担情况。（2）人口按所处经济地位可以分为有劳动能力人口和无劳动能力人口。前者是社会劳动资源，后者是社会被抚养人口。

三、人口自然变动统计

人口的自然变动就是指由于人口不断出生和死亡而引起人口数量的增加和减少。它是人口再生产的基本统计指标，反映人口出生、死亡和自然增减变化的情况。其主要统计指标有：

1. 出生人数。出生人数就是在一定时期（年、季、月等）内出生后活着的婴儿总数，对于出生后随即死亡的婴儿，应同时计入出生人数和死亡人数之中。把全年出生人数与该年平均人口数相比，就得到出生率；与该年育龄妇女平均人数相比，就得到育龄妇女生育率指标。因此，出生率和育龄妇女生育率指标之间的数量关系表现如下：

$$\frac{年出生人数}{年平均人数}=\frac{年出生人数}{育龄妇女年平均人数}\times\frac{育龄妇女年平均人数}{年平均人数}$$

即：

$$出生率=育龄妇女生育率\times\begin{matrix}育龄妇女在\\总人口中比重\end{matrix}$$

2. 死亡人数。死亡人数就是在一定时期（年、季、月等）内由于各种原因而失去生命的全部人数。例如性别死亡结构和年龄死亡结构联系起来研究，可以弄清死因与性别、年龄之间的相互关系。为了比较和评价不同地区不同时间的人口总体的死亡水平，必须计算人口死亡率指标。死亡率指标根据研究目的不同，有：一般死亡率、特殊死亡率、标准化死亡率和婴儿死亡率等。

一般死亡率是把某一年的死亡人数与该年的平均人数相比，通常以千分比表示。其计算公式如下：

$$\text{一般死亡率}=\frac{\text{一年内死亡人数}}{\text{年平均人口}}\times 1000‰$$

这是反映人口死亡程度时最常用的指标。分别按社会集团或职业计算死亡率，可以反映各社会集团或各职业之间在技术发展水平、劳动强度、工作条件以及对人体健康有害影响等方面的差异。

特殊死亡率是要消除不同年龄构成对死亡程度的影响。以便于对死亡率指标在不同人口总体中进行比较。它是由各个不同年龄或年龄组的死亡人数与该年龄或年龄组平均人数相比，其计算公式：

$$\text{特殊死亡率}=\frac{\text{某年龄（或年龄组）死亡人数}}{\text{该年龄（或年龄组）平均人数}}\times 1000‰$$

因而：

$$\text{一般死亡率}=\frac{\Sigma\text{（各年龄平均人数}\times\text{特殊死亡率）}}{\text{年平均人数}}\times 1000‰$$

这个指标反映各不同年龄组的死亡率，对于研究人口死亡与人口再生产、社会经济发展各方面都有密切关系。

婴儿死亡率是影响总死亡率高低的重要因素，是说明国家或地区医疗卫生水平的基本指标。其计算公式为：

$$\text{婴儿死亡率}=\frac{\text{本年未满一岁的婴儿死亡人数}}{\frac{2}{3}\text{本年出生人数}+\frac{1}{3}\text{去年出生人数}}\times 1000‰$$

上述公式中，分母不用婴儿年平均人口数，因为婴儿在年内各个时期的出生密度和死亡程度变化很大。当年死亡的婴儿中，有部分是去年出生的，同时，未满一岁死亡的婴儿中，本年与去年出生的婴儿大致为二比一。所以，公式中的分母采用三分之二本年出生人数和三分之一去年出生人数，计算结果更为确切。

3.人口自然增加数，就是出生人数与死亡人数之差，亦称净增（减）人数。人口自然增长率是一定时间（年）内自然增加人数与年平均人数的比率。即：

$$\text{人口自然增长率}(‰)=\frac{\text{全年出生人数}-\text{全年死亡人数}}{\text{年平均人数}}\times 1000‰$$

同时：人口自然增长率（‰）=年出生率（‰）－年死亡率（‰）

人口自然增长率不仅可以反映人口在一定时期内自然增减速度，而且可以通过对比分析，来反映某人口总体自然增长的趋势和特征，为合理地控制人口增长，为满足国民经济和社会的宏观管理提供依据。

四、人口迁移统计

人口的迁移变动，是人口的机械变动。它指一个国家或一个地区由于人口的迁入和迁出所引起的人口数量的增加和减少。人口迁移分为国内迁移和国际迁移。国内迁移就是在一个国家范围内地区之间的人口迁入和迁出。这种变动，影响地区的人口数，是人口地区分布状况发生变化的主要原因，它不影响全国人口总数。国际迁移就是国家之间的人口迁入和迁出。它影响有关国家的人口数，但不影响世界人口总数。统计反映人口迁移变动的主要指标是人口迁出数、迁入数、人口机械增减数和人口机械增减率等。

1.人口迁出数和迁入数，通常是就常住人口计算的一个地区在一定时期内迁移的人口数。我国人口迁移的基本标志是迁移人口已经在原常住地户口管理机关办理了迁出（入）手续，成为迁出（入）人口。为了反映地区人口迁移的程度，需要计算迁出率和迁入率。其计算公式：

$$\text{迁入（或迁出）率}=\frac{\text{一定时期迁入（或迁出）人口数}}{\text{该时期平均人口数}}\times 100\%$$

2. 人口机械增加（或减少）数和增长（或减少）率，迁出和迁入人口数，这两个数量之差为人口机械增加（或减少）数。它说明人口迁移的情况。把一个地区迁入率与迁出率相减，或者用迁入人数与迁出人数的差额去与平均人口数相比，可求得人口机械增加（或减少）率。又称人口净迁移率。它说明迁移变动的结果，导致本地区人口增加或减少的程度。其计算公式如下：

$$\text{人口机械增加（或减少）率}\%=\frac{\text{报告期迁入与迁出人口数之差}}{\text{同期平均人口数}}\times 100\%$$

$$=\text{迁入率}-\text{迁出率}$$

3. 人口总迁移率，是把一个地区迁入率与迁出率相加，或者用迁入人数加上迁出人数去与平均人口数相比，说明地区人口迁移变动的程度。其计算公式如下：

$$\text{人口总迁移率}=\frac{\text{报告期迁入与迁出人口数之和}}{\text{同期平均人口数}}\times 100\%$$

$$=\text{迁入率}+\text{迁出率}$$

人口有计划的迁移是合理开发、综合利用自然资源和劳动力资源的重要手段。在研究人口迁移变动时应与各类人口构成相结合以说明地区各类人口的迁移变动。人口迁移的统计资料可用于制订地区经济和社会发展的政策、规划等。

五、人口平均预期寿命和人口预测

平均预期寿命，又称平均寿命。它表示一批人从出生到死亡平均可以存活的岁（年）数。这是衡量一个国家（或地区）人民健康水平的重要指标之一。它亦反映着人民生活水平高低和社会生活安定情况。对于新生婴儿来说，该指标是表明某年出生的这一代婴儿出生后平均预期可以存活的寿命。对于某年龄的一批人来说，它是指这一批人平均预期还能存活的岁数。平均预期寿命指标是通过编制生命表来计算的。

生命表又称寿命表，是专门考察一批同龄人的生命过程。即考察一批人从出生到死亡的全过程。它是综合评价这批人在各个年龄阶段的死亡率和平均预期寿命的统计表。它把同时出生这批人随着年龄增长陆续死亡人数，尚存人数以及各年龄平均预期寿命等指标列成一张统计表。其格式和内容见表2-8。在实践上，生命表是用假定一代人的办法来编制。即把同时存在的各个不同年龄人的状况当作同一代人处于各个不同的年龄阶段，再根据某一年各个不同年龄阶段的死亡率水平来确定死亡人数、尚存人数及平均寿命。生命表所依据的基础资料主要有普查或其他人口调查取得的人口年龄资料和人口经常登记所取得的各年龄死亡人口数资料两部分。编制时可分为完全生命表和简略生命表两种。完全生命表是按一岁一组编制的，说明一批同龄人生命活动逐步变动的情况。简略生命表一般按五岁为一组，其中0岁与1至4岁分别分组，编制简便而且适用。

现假设1992年某县的男性人口数和死亡人数，说明生命表的编制方法。见表2-8。

在表2-8中，X为某一确切年龄。P_x为年中人口数、D_x为死亡人数，根据人口统计资料填列。m_x为死亡率，由死亡

表2-8　　1992年某县男性生命表

年龄 X	年中人口数 P_x	死亡人数 D_x	死亡率 m_x(‰)	死亡概率 q_x(‰)	死亡人数 d_x	尚存人数 l_x	平均生存人年数 L_x	生存人年数合计 T_x	平均预期寿命(岁) $\mathring{e}_x$
甲	1	2	3	4	5	6	7	8	9
0	1626	50	30.7503	30.2846	3028	100000	97802	6642898	66.43
1	1742	30	17.2216	17.0746	1656	96972	96144	6545096	67.49
2	1336	18	13.4730	13.3828	1276	95316	94678	6448952	67.66
3	1952	16	8.1967	8.1632	768	94040	93656	6354274	67.57
⋮	⋮	⋮	⋮	⋮	⋮	⋮	⋮	⋮	⋮
⋮	⋮	⋮	⋮	⋮	⋮	⋮	⋮	⋮	⋮
35	1496	4	2.6738	2.6702	232	86860	86744	3248246	37.81
36	1446	4	2.7663	2.7625	239	86628	86509	3161502	36.50
⋮	⋮	⋮	⋮	⋮	⋮	⋮	⋮	⋮	⋮
⋮	⋮	⋮	⋮	⋮	⋮	⋮	⋮	⋮	⋮
88	8	4	500.0000	400.00	3282	8206	6565	11900	1.45
89	6	5	833.0000	538.0692	2896	4924	3476	5335	1.03
90以上	8	6	750.0000	545.4545	2028	2028	1859	1859	0.92

人数与年中人口数相除而得，其余各栏指标含义及其计算公式，说明如下：

死亡概率（q_x），指进入某一年龄有可能活不到下一个年龄而死亡人数，占进入该年龄全部人数的比率。与死亡概率相对应的是生存概率（P_x），即进入某一年龄有可能存活到下一年龄尚存数，占进入该年龄全部人数比率。死亡概率与生存概率之间关系为 $P_x=1-q_x$。它们是编制生命表的基本指标，是计算其它指标的基础。死亡概率通常依据各年龄组实际死亡率进行计算。其计算公式为：

$$q_x=\frac{2m_x}{2+m_x}$$

如表中0岁组平均人数为1626人，死亡50人。其死亡率为30.7503‰。该组死亡概率则为：

$$q_0=\frac{2\times 30.7503‰}{2+30.7503‰}=30.2846‰$$

1岁组死亡概率为：

$$q_1=\frac{2\times 17.2216‰}{2+17.2216‰}=17.0746‰$$

余类推。

尚存人数（l_x），指进入某年龄人数。一般设出生一代人0岁尚存人数为100000人，而后以此推算其余年龄组尚存人数。其计算式为 $l_{x1}=l_x(1-q_x)$。

如0岁组死亡概率为30.2846‰，那么1岁组尚存人数为：$l_1=l_0(1-q_0)=100000\times(1-30.2846‰)=96972$(人)。

死亡人数(d_x)，指进入 X 岁组，没有活到 $X+1$ 岁组就死亡的人数。它可由该年龄尚存人数乘该栏年龄死亡概率求得。即$d_x=l_xq_x$。

如$d_0=l_0\cdot q_0=100000\times30.2846‰=3028$（人）。

平均生存人年数（L_x），指某X年龄组人口平均存活人年数。其计算公式为：

$$L_x=\frac{1}{2}(l_x+l_{x+1})$$

这里计算式是假定各年龄组没有活到下一个年龄组，其死亡人数的时间分布比较均匀为条件。所以，它是一个近似平均值。婴儿死亡人数的月龄分布不很均匀。月龄愈小死亡的愈多，反之，则相反。因此，对婴儿组人数的平均生存人年数一般按下列加权平均经验公式计算：

$$L_0=0.274l_0+0.726l_1$$

在表2-8中，$L_0=0.274\times100000+0.726\times96972=97802$（人年）。

生存人年数合计（T_x），指X年龄组人口今后尚能存活的总人年数。即从X年龄起直至全部死亡止，X年龄人口所活的人年数合计。

$$T_x=L_{w-1}+L_{w-2}+\cdots\cdots+L_{x-1}+L_x=\sum_{x}^{W-1}L_x$$

L_{w-1}，L_{w-2}最后一个，最后第二个年龄组。生存人年数合计由最后年龄组依次向上累计，求得X年人口今后存活的总人年数。

人口平均预期寿命（e_x^0），指X年龄人口平均还可能活多少岁。其计算公式为：

$$e_x^0=\frac{T_x}{l_x}$$

在表2-8中，0岁组的$e_0^0=\frac{6642898}{1000000}=66.43$（岁）

生命表中平均预期寿命是各年龄组存活者平均寿命序列。它反映出同时出生的一代人按现有的死亡率水平，在一定的社会经济、政治文化及医疗卫生条件下，今后一生预期平均可能活到多大岁数。对已经活到某年龄组的人来说，则是他们平均尚能存活的年数。它是人口统计重要的分析指标。

人口统计不仅要了解现实的人口过程，而且要预见未来的人口状况。这就要进行人口预测。

人口预测就是依据人口发展规律，从现实的人口状况出发，综合考虑社会生活中各种影响人口发展过程的因素，对未来时期人口发展变动的趋势所作出的科学地推断和分析。人口预测主要研究人口再生产过程中质与量的两个方面。量的方面是指人口总数、人口迁移变动和人口自然增长率等。质的方面是指人口的文化水平、素质和平均寿命等。这对于研究社会劳动生产率和制定整个国民经济和社会发展规划都有重要意义。

人口预测方法很多，简便方法主要有自然增长率预测法、年龄移算预测法等等。

（1）自然增长率预测法。它是假定人口再生产过程的出生率、死亡率和人口自然增长率不变，来测算未来时期的人口总数。其计算公式为：

$$P_n=P_0\cdot(1+X)^n$$

式中：P_n和P_0同前，n是预测间隔年数，$\bar{X}$是人口平均自然增长率。

现有某地区1990年人口总数为35万人，年人口自然增长率为5‰，则1995年人口总数为：

$$P_{95}=350.000\times(1+0.005)^5=358.839\text{人}$$

（2）年龄移算预测法。它是利用人口的年龄性别构成。尚存率和生育率进行预测。其中将迁移忽略不计。

假定以某年人口数据为基础，按五年间隔（当然也可按一年间隔）预测人口的规模及年龄性别结构。因为基年为0—4岁的人5年后进入5—9岁年龄组，扣除5年内的死亡人数应乘以尚存率X_5S_0。其他年龄组也是如此。至于5年后0—4岁组的人口，显然是这5年出生婴儿中的尚存人数。因此只要将5年的出生人数乘以0岁组存活到0—4岁组的尚存率即可求出。公式如下：

$$\overset{(1)}{P_{0-4}}\times{}_5S_0=\overset{(2)}{P_{5-9}}$$

$$\overset{(1)}{P_{5-9}}\times{}_5S_0=\overset{(2)}{P_{10-14}}$$

$$\cdots\cdots\qquad\qquad\cdots\cdots$$

$$\overset{(1)}{P_{85-89}}\times{}_5S_{85}=\overset{(2)}{P_{90-94}}$$

$$\overset{(1)}{P_{90\cdot94}}\times{}_5S_{90}+\overset{(1)}{P_{954}}\times\infty S_{95}=P_{954}$$

而5年内的出生人数B可用以下方式求得：

$$B=\frac{5}{2}(\Sigma\overset{(1)}{f}\ \overset{(1)}{W}+\Sigma\overset{(2)}{f}\ \overset{(2)}{W})$$

$$\text{或：}B=\frac{5}{2}(\overset{(1)}{W}_{15-40}\overset{(1)}{GFR}+\overset{(2)}{W}_{15\cdot49}\overset{(2)}{GFR})$$

式中P_x表示X岁组的人数，f_x为X岁组的妇女年龄别生育率，GFR为一般生育率（$\frac{出生婴儿人数}{育龄妇女人数}$），“(1)”和“(2)”分别表示基年和五年后的年份。

年龄移算法有时分性别进行计算。

六、人口质量统计分析

人口质量包含三方面的内容：人口的思想素质、身体素质和文化素质。整个人口质量能够反映由人口所构成的社会或集团的生存、发展和改造自然的能力。所以，人口质量对社会经济发展具有很大的影响。

分析人口质量及其变动的常用方法是人口生命素质指数法。所谓人口生命素质指数（$PQLI$）是一个反映人口身体素质和科学文化素质的综合指标。它是由婴儿死亡率、一岁年龄组的平均预期寿命和15岁以上人口识字率三个指标组成。它可以较为全面地反映人口身体、文化素质的变化情况。其计算公式为：

$$PQLI=\frac{婴儿死亡率指数+1岁年龄组寿命指数+识字率指数}{3}$$

婴儿死亡率换算为$PQLI$，是以世界最高婴儿死亡率的国家加蓬的229‰为零，以世界最低婴儿死亡率的国家瑞典的8‰为100，得出婴儿死亡率的换算系数2.22‰。换算系数=（最高值－最低值）÷100。就是说，每当婴儿死亡率比最高婴儿死亡率229‰低2.22‰时，婴儿死亡率指数的提高值为1。其计算公式为：

婴儿死亡率指数=（229‰－某地婴儿死亡率）+2.22‰

1岁平均预期寿命换算为指数的计算方法是以世界各国中最低的1岁平均预期寿命，越南的38岁为指数的起点0，以最高的1岁预期寿命，瑞典的77岁为最高值100，求出换算系数0.39。其计算公式为：

1岁平均预期寿命指数=（某地1岁平均预期寿命－38）÷0.39

15岁以上人口识字率指标不需再加以换算。可直接作为*PQLI*的值。

计算我国*PQLI*的数据，可以从全国人口普查资料中取得、第三次全国人口普查资料中，我国婴儿死亡率为37.6‰换算成指数值为86.22；一岁平均预期寿命为69.25岁。换算成指数值为80.13；15岁以上人口识字率是65.51%，其指数值为65.51。用这三个指数值，按简单算术平均数公式计算出1982年我国生命素质指数为77.29。根据各国资料的计算。世界人口生命素质指数的平均值为65，平均值在80以上为高素质人口，60以下为低素质人口，按此标准，我国人口素质指数属中等水平。分析影响我国人口素质的主要因素是在于识字率低，只为65.51，而其它两项指数值都在80以上，可见我国普及文化教育的迫切性。

第二节　婚姻、家庭、计划生育统计

婚姻、家庭、生育是人的生命序列中一个重要过程，都是直接与人口再生产密切相关的社会关系。进行婚姻、家庭与计划生育统计，就是要从数量方面对人的婚姻家庭与计划生育等社会现象进行研究，揭示其发展情况，原因和问题，以及对社会的影响。

一、婚姻统计

人口婚姻与社会经济发展、国家的生育政策、社会精神文明有密切关系。婚姻统计就是要收集、整理、分析研究婚姻状况及变动趋势；分析研究人口的性别、年龄与婚姻状况的关系以及妇女结婚年龄与变化、离婚率情况等。

婚姻状况是指在一国（地区）的人口中，每个人在婚姻方面所处的状态。一般分为四类：未婚、有配偶、丧偶、离婚及分居。这是婚姻统计的基本分类。由于男女各方均可处于上述状态，而且情况不尽相同，所以一般对上述分类均按男女进行分组统计。又由于15岁以下的人一般不会发生婚姻现象，所以，国际上一般规定按15岁及其以上人口进行婚姻统计。

上述仅仅反映了某一时点全国人口的婚姻状况，要反映不同时期，不同地区婚姻的动态变化，并与国外对比，还必须计算其他一些相对指标。常用的有结婚率、妇女年龄别结婚率、平均初婚年龄、总和初婚率、离婚率等。

1. 结婚率是指在报告期内结婚人数与报告期平均总人数之比。计算公式为：

$$结婚率=\frac{报告期内结婚人数（或对数）}{报告期平均人口总数}\times 100‰$$

分母上的人口总数，不仅包含了结婚年龄人口，也包含了少年儿童人数。因此，计算结婚率易受少年儿童人数占人口总数比重大小的影响。但由于计算简便，一般国家均已采用。

2. 平均初婚年龄，是指报告期内所有初婚年龄的总和与报告期内初婚人数的比率。计算方式为：

$$\text{平均初婚年龄}=\frac{\text{报告期内所有初婚者的年龄总和}}{\text{报告期内初婚人数}}$$

或：

$$X_m=\frac{\Sigma X_m\cdot P_{x,m}}{\Sigma P_{x,m}}=\Sigma X_m\frac{P_{x,m}}{\Sigma P_{x,m}}$$

式中：X_m为某组年龄值；$P_{x,m}$为该年龄组初 婚人数。因此，平均初婚年龄是一个加权算术平均数。

表 2－9 列示出1991年某地区人口的婚姻状况：

表2-9

初婚年龄X_m	初婚人数$P_{x,m}$	年龄总和$X_m\cdot P_{x,m}$
(1)	(2)	(3)＝(1)×(2)
15	20	300
16	24	384
17	92	1564
……	……	……
26	2226	57876
27	2484	67068
……	……	……
37	16	592
38	10	380
总计	84450	2069025

根据表中的统计资料，可以计算出该地区1991年的平均初婚年龄：

$$\text{平均初婚年龄}=\frac{2069025}{84450}=24.5\text{（岁）}$$

这一指标应分别男女计算。因为男女初婚年龄实际上有差异，同时妇女初婚年龄与生育率关系密切，所以分别计算尤为必要。

3. 总和初婚率。它说明每一千名妇女在当年社会状况不变的情况下按照年龄别初婚率可能初婚的次数，也就是当年全体妇女 可 能 初 婚次数。由于该指标不受人口构成变动影响，能较准确反映各年全体妇女的初婚水平，便于进行不同时间、空间的对比分析。其计算公式为：

$$总和初婚率=\Sigma妇女年龄别初婚率$$

其中：

$$\frac{妇女年龄别}{初婚率}=\frac{报告期该年龄组结婚妇女数}{报告期该年龄组妇女人数}\times 1000‰$$

4. 离婚率，是指报告期内离婚人数（即经营法律手续解除婚姻关系的人数）与年平均总人口数的比率。其计算公式为：

$$离婚率=\frac{报告期离婚人数（或对数）}{报告期平均总人数}\times 1000‰$$

式中分母资料采用“健在的已婚夫妇人数”较为科学。不过此项资料难以取得。用人口总数计算较为简便，但无法抵销人口结构变动的影响。

二、家庭统计

家庭是以婚姻关系和血缘关系组成的社会生活共同体，是构成人类社会的细胞，是人口再生产的基本单位。家庭统计就是要研究家庭户的规模、类型及其演变情况，以便为制订社会政策和研究社会问题提供依据。

1. 家庭户的规模及其变化。家庭户的规模是指每个家庭户拥有的常住人口数。家庭规模的大小，主要受两个方面因素的影响：一方面受家庭生育量的影响，生育子女越多、家家庭规模就越大，反之，则相反；另一方面受家庭结构的影响，复合式家庭比例大，家庭人口平均数也会大。家庭规模可以分别不同时期，按照地区、城乡来进行统计，以反映家庭户规模的发展变化的情况。

根据上海市人口统计资料分析，家庭规模变动的总趋势是由大到小见表2-10。

表2-10

时期	1949年	1952年	1962年	1970年	1980年	1990年
家庭平均规模(人)	4.9	4.6	4.4	4.2	3.8	3.1

资料来源：摘自《上海'91统计年鉴》

家庭户规模在城乡和地区间发展是不平衡的，通过分析可以发现一些带有规律性的问题。一般农村的家庭户规模比乡镇要大些。在统计家庭户规模时，有必要区别乡镇和农村。从我国人口普查资料看，城乡家庭规模状况如表2-11所示：

表2-11

时期	全国	乡镇	农村
1953年	4.30	4.66	4.26
1964年	4.29	4.11	4.35
1982年	4.43	3.95	4.57
1991年			

资料来源：摘自《中国社会统计资料1992年》

农村家庭户规模一般大于城市。从乡镇和农村的对比关系上看，1953年农村家庭户规模比乡镇低。这是因为1952年全国土地改革实行后，农村家庭分离另立的趋势比城市更为明显。而1964年以后，农村家庭户规模大于城市。这是城市人口自然率低于农村的缘故。从乡镇和农村的趋势变动上看，乡镇家庭户规模的缩小很明显，而农村家庭户规模变动有起伏性。

家庭户平均规模指标同样可以在不同国家间进行比较。以说明各国在人口再生产速度上的差异。

2.家庭户类型统计　家庭户类型一般分为五类：（1）一代户。即所谓核心户，包括一对夫妻的家庭、一对夫妻和未婚子女的家庭。及父母一方和及其供养子女的家庭。（2）二代户。指父母与已婚子女或父母一方与已婚子（女）及其配偶生活在一起的家庭。（3）三代以上户。指祖孙三代以上同居的户。（4）单身户。单身一人的家庭（未婚或丧偶离婚过独居生活）。（5）其它户。不属于上述各类的家庭。

在对家庭类型进行综合分析时，还要注意对老龄家庭变化进行统计研究。在青年一代婚后自立家庭的同时，独立生活的老人家庭增多，会带来许多社会问题。近年来，随着低生育政策实施，我国人口老龄化趋势必将导致老龄家庭增多。

三、计划生育统计

实行计划生育，控制人口增长速度是我国的一项基本国策。它关系到人口增长是否与经济、社会发展相适应，是否同资源利用、生态平衡和环境保护相协调的重大问题。进行计划生育统计就是要从数量方面研究人口再生产过程中的各种现象，为各级部门提供准确、及时、全面而系统的统计资料，反映出计划生育政策的贯彻落实情况，为制订人口规划和政策提供科学依据。

计划生育统计的主要指标有：

1.晚婚率、晚婚意味着晚育。它减少生育次数，延长代际时间。据我国标准，女性在23岁，男性在25岁以上结婚，为晚婚年龄。晚婚率按男、女分别计算的。其计算公式为：

$$\text{晚婚率}=\frac{\text{23岁以上结婚妇女人数}}{\text{初婚妇女总数}}\times 100\%$$

$$\text{或：}\quad =\frac{\text{25岁以上结婚男子人数}}{\text{初婚男子总数}}\times 100\%$$

早婚率：不满18岁结婚妇女数与初婚妇女总数之比；男子早婚率亦相同标准计算。

2.出生人口胎次构成。即指一胎率、二胎率、多胎率。用来反映计划生育工作的执行情况。公式为：

$$\text{一胎率}=\frac{\text{第一胎出生人数}}{\text{总出生人数}}\times 100\%$$

$$\text{二胎率}=\frac{\text{第二胎出生人数}}{\text{总出生人数}}\times 100\%$$

$$\text{多胎率}=\frac{\text{第三胎以上出生人数}}{\text{总出生人数}}\times 100\%$$

这些指标中的分子、分母应是相同时期内的资料，才具有可比性。

3.独生子女领证率。该指标是指一定时期内领取独生子女证的夫妇对数，占现有一个子女夫妇对数的比重。实际统计工作中，为了简化计算，以领证妇女来代替领证夫妇。其计算公式为：

$$\text{独生子女领证率}=\frac{\text{领取独生子女的妇女数}}{\text{现有一孩已婚妇女数}}\times 100\%$$

4. 节育率，指落实节育措施的育龄妇女人数占已婚育龄妇女人数的比重，其公式为：

$$\text{节育率}=\frac{\text{落实节育措施的育龄妇女人数}}{\text{已婚育龄妇女人数}}\times 100\%$$

在具体核算时男女双方无论哪一方落实了节育措施，均按女方统计。节育率的高低，标志着节育工作的普及程度。

5. 生育率，反映育龄妇女的生育水平。常用的生育率指标有：

育龄妇女生育率，表示某地某年平均每千名育龄妇女的生育人数。其公式为：

$$\text{育龄妇女生育率}=\frac{\text{某年出生人数}}{\text{同年平均育龄妇女数}}\times 1000‰$$

比较各国或地区的生育水平时，生育率比出生率更为确切。因为它消了地区间育龄妇女占总人口数比重不同的影响。

年龄别妇女生育率，为某年龄育龄妇女生育婴儿数与该年龄组育龄妇女人数的比率。公式为：

$$\text{年龄别育龄妇女生育率}=\frac{\text{某年龄组妇女生育人数}}{\text{同年龄组平均妇女人数}}\times 1000‰$$

在研究育龄妇女生育率时，分年龄组统计的主要原因在于：第一，妇女年龄与生育强度有密切关系。年龄别生育率比育龄妇女生育率更为确切。它消除了地区间育龄妇女中年龄构成不同的影响；第二，年龄别妇女生育率是推算未来出生人数的最基本依据；第三，它是计算一定时期总和生育率的基础。

总和生育率，是指在一定时点上育龄妇女各年龄组生育率的总和。即：

$$总和生育率=\Sigma 分年龄组妇女生育率$$

该指标不受各地年龄构成不同的影响，可以直接用于比较妇女生育水平。

第三节 社会劳动力统计

社会劳动力是社会生产力的主要因素，是人类社会再生产基本条件之一。在社会生产过程中，与物的要素相比，作为劳动者的人，始终处于主体地位。一般来说，社会生产的发展归根到底取决于人的作用的发挥，主要是发挥具有劳动技能和生产经验的劳动者的作用。因此，社会劳动力统计就是要分析研究劳动力资源的形成、分配、使用以及社会劳动条件的状况，使社会劳动力的规模、速度、质量和结构同社会经济发展的需要相适应。

一、社会劳动力资源统计

社会劳动力资源是指符合劳动年龄并具有劳动能力的那部分人口。它既包括符合劳动年龄已参加社会劳动的人口。又包括符合劳动年龄但尚未参加社会劳动的人口。我国劳动力年龄的标准规定为：男子是16—60周岁，女子是16—55周岁。这也是联合国建议，多数国家采用的标准。

社会劳动力资源总数表明一定时期内全社会劳动力资源

的总规模和总水平。这是一个时点指标，通常用期末或期初人数来表示。其统计范围是：（1）在劳动适龄（或规定工作年龄）界限内有劳动能力的人口；（2）尚未达到劳动年龄，而实际常年参加劳动的人口；（3）超过劳动年龄，而实际常年参加劳动的退休人口。计算社会劳动力资源总数时，不包括现役军人、服刑的犯人、因病或其它原因丧失劳动能力和因病提前退休的人。

社会劳动力资源总数计算公式为：

$$\text{社会劳动力资源总数}=\text{劳动适龄人口数}-\text{劳动适龄内丧失劳动能力的人数}+\text{未达劳动年龄常年参加劳动的人数}+\text{超过劳动年龄常年参加劳动的人数}-\text{现役军人人数}-\text{服刑的犯人人数}$$

其中：劳动适龄人数，是根据全面调查分年龄的人口资

表2-12

项　　目	年初数	年末数
(1)在业人口	3307	3795
(2)在校学生	120	139
其中：十六岁及以上	58	68
(3)待业人口	10	8
(4)家务劳动者	899	703
(5)常年参加劳动的少年	30	29
(6)劳动适龄中丧失劳动能力人口	8	8
(7)学龄前儿童	300	294
(8)超龄的老人	91	92
其中：常年参加社会劳动者	11	15
总　　计	4765	5068

料直接加工整理，或采用非全面调查的分年龄人口资料进行推算。

劳动适龄内丧失劳动能力的人数及未达或超过劳动年龄常年参加劳动的人数，这两项一般采用非全面调查，或利用城市住户调查资料加以估算所取得。

表 2－1 列出某地区人口资料：（万人）

年初劳动力资源总数＝3307＋58＋10＋899＋30＋11＝4315（万人）

年末劳动力资源总数＝3795＋68＋8＋703＋29＋15＝4618（万人）

社会劳动力资源总数反映的是社会拥有的总潜在的劳动储备，而不是劳动力的现实数量。在适龄有劳动能力的人口中，并不是都实际参加社会劳动。它含有在校学生（16岁及以上）、待业人员以及从事家务劳动的人员。因此，它与社会劳动者人数指标在统计范围上是不相同的。

劳动力资源统计预测，是根据历史资料和目前劳动力资源和人口现状，预计未来时期劳动力资源的发展变化趋势，及未来某个时期的数量表现。

劳动力资源预测方法很多，应根据不同的内容和要求，采用不同的预测方法。现择要介绍下列几种：

1. 前导指标法。它用来预测劳动力资源变化类型。它是根据劳动资源自然变化趋势和变化幅度等资料，如年龄构成和生命指数等。加以综合分析，预测若干年后，劳动资源变化呈现出何种模式。但是，一般是预测不出具体规模有多大或具体的发展水平。

劳动力资源规模的变化模式有增加型、稳定型和减少型三种。

2. 算术级数法。这种预测方法的基本要求是依据劳动力资源的历史资料和人口统计资料，确定出预测期内，每年劳动力资源的增长绝对数。因此，基期劳动力资源总数加上预测年劳动力资源增长量，就是预测年劳动力资源将达到的总水平。其计算公式为：

$$T_n = T_0 + n\Delta$$

式中，T_n为预测年劳动力资源总数；T_0为基年劳动力资源总数；n是预测间隔年数；Δ为预测年每年劳动力资源增长量。

这种方法通常用于短期预测，并且所预测的劳动力资源总体，其变化一般是较为平稳的。

3. 年龄推移法。它是全国或各地区对劳动力资源进行预测的常用方法。实际中可按年龄段推算，也可按每项年龄移算。在算法上，可用算术级数法，也可用几何级数法。

如果只预测未来某一年的劳动年龄人口数，不需要分别预测进入劳动年龄和退出劳动年龄的人口数。计算公式为：

$$\begin{matrix}\text{预测年的劳动}\\\text{年龄段总人口}\end{matrix} = \begin{matrix}\text{预测年龄段}\\\text{总人口数}\end{matrix} \times \left(1 - \begin{matrix}\text{预测间}\\\text{隔年数}\end{matrix} \times \begin{matrix}\text{年龄移算段}\\\text{平均死亡率}\end{matrix}\right)$$

式中，劳动年龄段是指男16—60岁，女16—55岁，预测年龄段是指现有人口中预测期内，将是劳动年龄人口的那个年龄段。年龄移算段是指从预测年龄段的起点始，到劳动年龄段终点止的年龄区间。

如果不是预测未来某一年的劳动年龄人口总数，而是每一年的劳动年龄人口总数，并要分别计算出每一年进入劳动年龄和退出劳动年龄的人数，则要求分年龄计算。其计算公式为：

$$P'_i = P'_i(1 - M'_i)$$

式中，P为已知年份的人口数；P'为第二年的人口数；i为各年龄组；M为死亡率。

二、社会劳动力资源的利用统计

社会劳动力资源总量，是劳动力资源参与社会劳动的最大可能界限。在现实生活中，社会劳动力资源总量不可能全部参加社会劳动。为了反映社会劳动力资源中实际参加社会各部门劳动人员的比例，反映能劳动人口的就业程度，即劳动力资源的实际利用状况，就必须进行社会劳动力资源利用统计。

社会劳动力资源利用的主要统计指标有：

1. 劳动力参与率。它是指可能参与社会劳动的人口占全部劳动力资源的比率，反映社会劳动力资源被利用的程度。其计算公式为：

$$\text{劳动力参与率} = \frac{\text{社会劳动者人数} + \text{待业人数}}{\text{劳动力资源}} \times 100\%$$

2. 劳动力资源就业率。它反映的是可能参与社会劳动人口的就业程度。即社会劳动者人口与可能参与社会劳动人口之比。其计算公式为：

$$\text{劳动力资源就业率} = \frac{\text{社会劳动者人数}}{\text{社会劳动者人数} + \text{待业人数}} \times 100\%$$

这一指标的分子、分母之差，反映了一个地区或一个国家所拥有可能参与社会劳动人口的储备量。分子资料社会劳动者人口，是指实际从事一定社会劳动并取得劳动的报酬或经营收入的劳动者。该指标除直接受就业人口数的影响外，还会受待业人口和从事家务劳动者人数的影响。

3.待业率。它是指城镇待业人员，同城镇社会劳动者与城镇待业人员之和的比率。表示平均每百名需要就业的城镇劳动力中有多少人在待业，说明尚待安排就业的状况。它是反映劳动力资源利用情况的一个辅助指标。其计算公式为：

$$待业率=\frac{年末城镇待业人员数}{年末城镇社会劳动者人口数+年末城镇待业人员数}\times 100\%$$

式中，城镇待业人员是指在劳动年龄以内，具有劳动能力，无业而要求就业，并在城镇基层政权组织登记的人员。

4.就业人员负担系数。该指标是说明平均每个就业人员抚养的人口数，是全部人口数与全部就业人口数相比的结果。计算方法为：

$$就业人员负担系数=\frac{人口总数}{全部就业人口数}$$

该指标间接反映社会劳动力资源的利用程度。劳动力资源利用程度越高，社会就业越充分，就业人员负担系数就越小，反之则越大。

三、社会劳动者分布统计

社会劳动者的分布状况，是在一定时期内各地区、领域、行业、部门等所拥有的劳动者的规模及构成。它是编制社会经济发展计划、制定劳动政策、平衡社会劳动力的重要依据。

社会劳动力资源分布，要考虑到发展社会经济整体的需要，同一个国家的生存条件和生产条件相适应；又要考虑到各地区、领域、部门、行业和各经济类型发展的需要。为此，在进行分析时，应选择不同标志，对社会劳动者进行分组。在此基础上，计算其构成指标，以揭示其分布的数量特征，满足各方面的需要。

社会劳动者分布统计，通常从以下几方面进行：

1. 社会劳动者的性别分布。研究男、女职工比例及其变化是社会劳动者分布统计很重要的内容。女职工占一定比例是人类社会进步的标志，反映妇女在整个社会活动中的地位。

2. 农业劳动者与非农业劳动者分布。研究这一分布比例，应该先从农业现有劳动生产率水平出发，保证农业劳动力资源的需要，特别是农业第一线所需的劳动力。当然，随着农业劳动生产率水平不断提高，农业剩余劳动力要向非农业领域转移。这是社会发展必然趋势。

其实，无论我国还是其他国家，都程度不同地存在着农业人口向非农业转移。而非农业人口的增长，必须与农产品增长和消费的增长相适应。

3. 物质生产部门与非物质生产部门的劳动者分布。这一分布比例取决于经济发展水平和劳动生产率水平。非物质生产部门劳动力资源增加，必须与国民经济发展允许的限度相适应。目前，我国社会生产力发展水平还不高，物质生产部门劳动力资源还需占较大的比重。随着国民经济的不断发展，社会不断进步和人民生活水平的不断提高，非物质生产部门的劳动力资源数量会逐渐地增大，使非物质生产部门劳动力资源所占的比重大于物质生产部门劳动力资源所占的比重。

4.社会劳动者在第一、二、三产业间分布。对这一分布比例的研究是我国当前经济发展中重要的内容。随着社会劳动生产率水平的不断提高和社会分工进一步发展，必然要求为生产和生活服务的第三产业加快发展。要从我国社会经济发展需要以及劳动政策的要求出发，合理安排劳动力资源在第一、第二和第三产业之间的分布。表2-13反映了我国三次产业劳动力资源具体分布构成的变化：

表2-13　　　　（单位：万人）

年份	第一产业		第二产业		第三产业	
	人数	比重%	人数	比重%	人数	比重%
1952年	17317	83.5	1531	7.4	1881	9.1
1978年	29426	73.8	6074	15.2	4356	11.0
1983年	32510	70.7	7504	16.3	5990	13.0
1991年	34876	59.8	12,469	21.4	11,015	18.8

资料来源：《中国统计年鉴》1992年

表中说明第一产业劳动力资源的比重在下降，而第二、第三产业的劳动力资源比重正在提高，特别是第三产业发展比较快。当然，既要从不同地区的具体情况加以分析，又要研究劳动者在三者间的构成。同时，还应该研究劳动者在三次产业内部的结构，以便更进一步研究、分析劳动力分布的合理性，适应社会经济发展需要。

社会劳动者分布状况，可以通过编制社会劳动力资源和分配平衡表来进行。该表的内容包括劳动力资源总数、劳动力资源分配的分布情况，编制劳动力资源和分配平衡表的目

表2-14　　劳动力资源和分配平衡表

	总计	按性别分		按城乡分	
		男	女	城镇	农村
	1	2	3	4	5
一、劳动力资源总数					
1.劳动年龄内的全部人数					
2.不足劳动年龄参加社会劳动人数					
3.超过劳动年龄参加社会劳动人数					
4.劳动年龄内丧失劳动能力的人数					
5.国内外劳动者流动的差数					
6.其他					
二、劳动力资源分配总数					
1.社会劳动者人数					
(1)按国民经济行业分组(按国家标准)					
物质生产部门					
⋮					
非物质生产部门					
⋮					
(2)按经济类型分组(按国家标准)					
⋮					
(3)按专业技术分组					
⋮					
(4)按文化程度分组					
⋮					
2.城镇待业人数					
3.16岁以上在校学生数					
其中：大学及大学以上					
4.劳动年龄内家务劳动者人数					
5.其他					

的：第一，掌握劳动力资源总数及利用情况；第二，分析研究劳动力资源在城乡间、各经济类型间、国民经济各部门间的分布情况；第三，为制定劳动政策和编制社会经济发展规

划提供依据。劳动力资源和分配平衡表的内容如表2-14所示。

通过劳动资源平衡表，着重分析以下几方面：第一，分析劳动力资源在总人口中的比重及其变化，同社会经济发展的适应情况，可以从年初、年末数，或历年平均数的动态分析中，观察劳动资源的增长及其趋势。第二，分析后备劳动力现状及变化情况。特别是待业人员的数量及其增减变动情况，以便采取各项就业措施。第三，分析社会劳动者在各个社会集团间的分配情况。为研究合理使用劳动力，选择最优劳动力的行业结构，制定劳动政策和编制社会经济发展规划作参考。

第三章　环境与国民财产统计

第一节　环境统计

“环境”一词，一般均指人类社会的生存环境。从广义上讲，“环境”是指作用于人类社会这一客体的所有外界事物与能量的总和，亦即人类生活的处部世界。

人类生存环境已发展成为一个庞大的体系，从环境要素的属性将人类的环境区分为自然环境和社会环境两类。自然环境是指人类生存环境中的自然条件。自然环境的物质要素主要有空气、阳光、水、土壤、生物、矿物等。社会环境是指人类在自然环境的基础上，通过有意识的劳动而创造的经济、政治、文化、道德、习俗及人际关系等所形成的环境体系。

人类环境是由自然因素和社会因素共同构成，但通常所研究的环境，主要是指自然环境。

一、环境统计的意义和内容

本世纪五十年代以来，随着人口激增，资源进一步开发利用，环境问题日益成为社会经济发展的一个战略性问题。所以，对自然环境进行统计。为自然资源合理开发、环境监测和揭示环境状况变化趋势，都有其重要意义。

联合国统计司于1977年曾提出了环境统计基本内容，包括土地、自然资源、能源、人类居住区、环境污染等五个方面。根据我国的实践，环境统计主要包括以下内容：

地理环境统计——反映土地、气候等方面基本状况及其相互关系。

资源环境统计——反映能源、矿产、水、生物等资源数量和开发利用状况。

社区环境统计——反映人类居住区环境状况及其与人类生产、生活的相互影响。

环境污染统计——反映土壤、大气、水域等环境体受污染的状况。

环境保护统计——反映污染源治理、综合整治效果及环境保护机构、人员、设施及科研力量状况。

二、地理环境统计

一般来讲，地理环境是指人类社会赖以生存的一定地域。某一地域的地理环境包括地位、地貌和气候等方面的自然物质要素。

地位是地理位置的简称。是指某一地域的经纬度位置和海陆位置，这是地理环境中处于第一层次的要素。我国的地理位置为：南北，以北纬53°30′至4°15′，跨过49个纬度；东西，从73°40′至135°20′，跨过62个经度。海陆位置由太平洋沿岸到欧亚大陆中心。

地貌是指某一地域的地表面貌崎岖状况。按地表形态划分，有常态地貌和特殊地貌之分。前者包括山地、高原、丘陵、平原和盆地等，后者指溶岩、冰川等。统计常用地域的各种常态地貌，特殊地貌的各种面积及其比重，来概括一个地域的地貌特征。如表3－1，表示我国常态地貌概况。我国山地、高原、丘陵所占比重较大，盆地、平原比重较小。

表3-1　　1990年中国土地常态地貌概况

项　目	国土总面积	山地	高原	盆地	平原	丘陵
面　积（万平方公里）	960	320	250	180	115	95
比重（%）	100	33.33	26.04	18.75	11.98	9.90

资料来源：《中国统计年鉴1991》

地貌也可按地表特征分类，常用较重要分类面积有：森林面积、草原面积、水域面积、沙漠面积及耕地面积等。

表3-2　　1990年中国土地地表特征概况

指　标 \ 项　目	耕　地	森　林	淡　水	草　原
面　积（万公顷）	9567	12465	1664	31908
占总面积比重（%）	10.0	13.0	1.7	33.2

资料来源：《中国统计年鉴1991》

气候是地理环境中最活跃最重要的组成部分，它对于人类的社会生产和生活，具有极为密切的关系和重要的影响。目前气候统计主要就气温、相对湿度和降水量等方面，进行统计研究。

三、资源环境统计

资源环境即自然资源条件，指在自然环境中，人们已经探明掌握的对人类有用的物质。按自然资源开发和利用性质，可以分为三类：一是可持续利用的资源。如太阳辐射、风力、潮汐等。二是可再生资源。如森林、土地、淡水资源等，在一定条件下可更新，继续使用，三是不可再生资源，这类资源随着消耗而减少，而且现阶段不可能再生，如矿物、石油等。目前自然资源统计一般就第二、三类资源若干主要资源进行统计分析。

1. 土地资源统计。土地是社会经济活动所必需的物质条件和自然基础。正如马克思指出的，“土地是一切生产和一切存在的源泉”。① 一个国家土地面积多少，土地资源的丰富程度和利用状况，对国民经济和社会发展有着重大影响。

国土面积，一般是指在国家的领土主权范围内全部土地的面积，不仅包括陆地的面积，而且还包括水域的面积。我国土地面积为960万平方公里，占世界第三位。

土地资源根据不同需要可以作各种不同的分类。最常见的是按土地用途分成农业生产用地和非农业生产用地。

农业生产用地是土地资源中最重要的部分。农业生产用地按其生产用途和自然特点，可以大致分为耕地、园地、林地、牧地、可养殖水面及可垦荒地等。

非农业生产用地包括工厂、矿山及交通运输用地、城镇用地、疗养用地、森林占地和国家掌握的可于某种生产方面而目前尚未利用的土地，以及尚未被利用的荒地。

在土地资源分类统计的基础上，需要进一步研究土地资源的各种构成，即采用不同用途和种类的土地面积在土地总面积所占比重的统计指标，来反映各类土地的构成状况和土

① 《马克思恩格斯全集》第12卷第757页。

地资源的使用状况及其变化。反映土地资源利用的最基本指标有：农业生产用地在土地总面积中的比重，它表明土地资源与农业发展的关系；耕地面积在土地总面积中的比重，称为垦殖率或垦殖指数，它表明农作物生产与土地资源利用的关系；森林面积在土地总面积中的比重，习惯上称为森林覆盖率，表明土地资源与森林发展的关系。

反映和研究一个国家或地区拥有土地资源相对水平，还需要与其人口相结合，计算每人平均拥有的各类土地面积。例如，平均每人拥有的土地总面积、耕地面积、森林面积、牧草地面积、水养殖面积等指标，反映人们生存的空间环境和从事生产取得生活资料的基本条件。表3－3表明，与世界平均水平相比，我国农业生产所具有的土地资源条件是有限的。

表3-3　　1990年中国与世界主要土地资源比较

指标 / 土地类型	土地资源绝对数量(万公顷)				土地资源相对数(公顷/人)		
	中国	世界	占世界同类面积比重(%)	在世界名次	中国	世界	相对于世界平均水平的(%)
耕　地	9572	137340	7.00	4	0.086	0.264	32.58
森　林	12465	404904	3.08	5	0.111	0.779	14.25
草　原	22434	321196	6.99	4	0.200	0.618	32.36

资料来源：《中国统计年鉴1991》

2.森林资源统计。森林资源指一定地域内一切自然生长和人工营造森林的总和。森林提供木材，是重要的建筑材料和木材加工业的原料。同时，森林生态系统是吸收太阳能，积累有机物质，维持地球生物圈物质循环的重要因素，也是形成区域性气候、水文条件和地理景观的决定性因素。森林是人类的重要财富，对国民经济和社会发展具有重要作用。

森林资源数量通常用森林面积和材量来表示。反映森林面积常用指标有：

森林总面积。它是指林木占有及其所包围的全部土地面积。不仅包括林木繁生的土地面积，还包括林中的沼泽、草地、荒地、火烧迹地等无树木的土地面积。森林总面积是全部天然森林面积和人工营造森林面积的总和，它不能精确反映森林的数量。

森林覆盖面积。又称郁闭林面积，即实有森林面积。它是从森林总面积中，扣除上述非林木覆盖的空旷土地面积而求得。它说明实际繁生林木的森林资源面积。

森林经营面积。它指人工营造成片森林的实有面积，包括人工营造成片的全部成林和幼林。它说明人工营造森林资源数量。

以上述森林面积指标为基础，可计算下列统计分析指标：

$$\text{森林覆盖率}=\frac{\text{森林覆盖面积}}{\text{土地总面积}}\times 100\%$$

森林覆盖率是反映一个国家或地区森林资源和绿化水平的重要指标。国际上公认，一个国家国土的30%有森林覆盖，并分布均匀，才能基本上满足国家经济建设、人民生活需要和环境保护作用。从表3－4可以看出，我国森林覆盖率只有13%，低于世界平均水平，更低于几个工业发达国家。而且我国森林分布不均，主要分布在吉林、黑龙江、内蒙东部及东南沿海少数省份，西北地森林覆盖率不及1%。因而保护森林、大规模植树造林，这是关系到国家、民族的大事，必须严肃认真对待。

表3-4　　世界各主要国家森林覆盖率

项　　目	世界平均	中国	美国	日本	法国	加拿大	巴西
森林覆盖率(%)	31.0	13.0	28.9	66.7	26.7	38.9	65.7

资料来源:《中国统计年鉴1991》

$$人均森林面积=\frac{森林覆盖面积（或森林总面积）}{全国（或地区）总人口}$$

该指标说明拥有森林资源的丰富程度。

$$人造林面积比重=\frac{森林经营面积}{森林覆盖面积}\times 100\%$$

该指标反映人造林的变动情况，表明开展植树造林活动的成果。

森林资源的规模也可用材量来表示。材量又有蓄积量、生长量、采伐量等指标。木材蓄积量，指林地可能出材的数量，按平均高度（米）和平均直径（厘米）的资料计算。木材生长量，指每年材积依树龄增加而增加的数量。森林采伐量，指每年实际砍伐的数量，一般用体积表示。

3.矿物资源统计。矿物资源是已探明的矿物资源。矿物资源是自然财富最重要的部分，也是经济建设必不可少的条件。一个国家对矿物资源开发利用的程度，反映着该国家的经济发展水平。

我国矿物资源比较丰富。目前世界已知的150种矿物资源，在我国已探明储量的有近140种。其中，钨、锑、煤、铜等几十种矿物资源储量居世界前列。我国有关部门将矿种分为十大类。（1）黑色金属，如铁、锰、铬等；（2）有色金属，如铜、铅、铝等；（3）贵金属，如金、银、铂等；(4)稀有，分散及放射性矿产，如铀、镭、锗等；（5）燃料资源，如煤、石油、天然气等；（6）特种非金属矿产，如宝石、金刚石等；（7）冶金辅助原料非金属矿产；（8）化工原料非金属矿产；（9）建工原料非金属矿产；（10）其他非金属矿产。

矿物储量要经过地质勘探研究才能确定，而矿产储量的准确性直接取决于勘探和研究的程度。不同研究程度的储量，在国家制订计划时，会有不同的安排及使用。因此，根据地质勘探研究程度的不同，对提供的矿物储量一般要按不同等级分类。我国矿物储量依上述标准原则上分为A、B、C、D四个等级。A级储量指矿物的数量和质量已完全勘测探明的储量，它是编制矿山采掘计划的依据。B级储量指已有地质上的依据，但勘探还不够充分的储量，是矿山建设首期开采地段设计的依据。C级储量是指初步研究了水文地质条件的储量，是矿山建设设计依据的主要储量。D级储量是指依据地质结构及有关资料进行预测的储量，是矿山建设远景规划的储量。

矿物储量主要统计指标有：探明储量，即一定区域已探明的全部储量，包括A、B、C、D各级储量之和。其中，A、B、C三级储量之和称为工业储量，是探明储量中可供矿山开采或建设作为依据的储量；D级储量是矿山建设远景规划的储量，一般称为远景储量。

保有储量。即已经探明的矿山储量，扣除已经开采量和开采过程的地下损失量后，实际留下的那部分储量。它反映国家矿物资源的现状。

新探明储量。即报告期新增加的D以上探明的矿物储量。它反映报告期地质工作成果。

4. 水资源统计。水资源包括水域资源、水力资源和水面养殖动植物资源。

水域资源指海洋、河川、湖泊、地下水等资源。它分为内陆水域资源和领海水域资源。内陆水域的主要部分即通常所说的淡水资源，与人类生产生活关系最密切。水域资源总量通常利用降水量和径流量指标来反映。年径流量是指内陆土地上一年中接受降水后，从地表或地下排泄的水流量，通常依据河道中实测流量测算，以立方米为计量单位。径流量是可供应的用水量。据联合国统计，全球陆面上的年平均径流量，多年维持在47万亿m^3，人均1000m^3。以径流量与人口数或土地面积数相比计算的平均人均径流量平均每亩土地占有径流量指标，反映水域资源供应水平，可以进行不同国家、地区间的比较。我国年径流量为2.65万亿m^3，居世界

表3-5　1990年我国大陆水资源分布概况

指标＼名称	长江	黄河	珠江	辽河	海河	淮河	黑龙江（中国境内）
年径流量（亿立方米）	9793	560	3070	145	284	530	1192

资料来源：《中国统计年鉴1991》

第六位，但由于人口众多，人均占有径流量不足2300m^3，世界人均水平的1/4。

水力资源是指被查明河流水能的能量，它是取得电力和机械动力（即直接用于生产设备上的机械动力）的重要源泉。我国水能资源的理论蕴藏量为6.8亿千瓦，其中可开发利用的约有3.8亿千瓦，居世界首位，这是我国能源资源的一大优势。

统计上反映水力资源的常用指标有水力蕴藏量和水力有效利用量。水力蕴藏量根据河流的落差和流量确定。其计算公式为：

$$\frac{\text{理论水力资源}}{\text{（千瓦）}}=\Sigma\left(\frac{\text{河段天然平均}}{\text{流量（米}^3\text{/秒）}}\times\frac{\text{河段天然}}{\text{落差（米）}}\times 9.81\right)$$

（9.81是能量转换系数）

水力有效利用量由理论水力资源扣除边远地不能开发部分及损失后求得。以千瓦小时（或度）表示，它表明水力资源可以开发利用的能力。计算公式为：

$$\frac{\text{水力有效利用量}}{\text{（千瓦小时或度）}}=\frac{\text{可开发的水力}}{\text{资源（千瓦）}}\times\frac{\text{年平均利用}}{\text{小时（小时）}}$$

统计上常用水力有效利用量与水力蕴藏量相比，求得的比率称为有效利用系数，计算公式为：

$$\text{有效利用系数}=\frac{\text{水力有效利用量}}{\text{水力蕴藏量}}\times 100\%$$

有效利用系数反映着水力资源的利用程度，我国水力资源有效利用系数约为56%（即3.8亿千瓦÷6.8亿千瓦）。

水面养殖动植物资源主要反映海水域、淡水域可养殖面积和已养殖面积以及养殖渔类和各种藻类的储藏量。

四、社区环境统计

社区是一个地域性的概念，通常认为社区包含以下几个要素：（1）社区是以一定的生产关系与社会关系为基础组成的人群；（2）社区具有一定的区域界限；（3）社区形成了具有一定特点的行为规范和生活方式；（4）社区的居民在感情上和心理上具有对该社区地方或乡土的观念。

研究社区环境必须对其作适当分类。最基本分类，是把一个国家大社区划分为属于自然型的乡村社区和属于规划型的城市社区。社区环境是在大自然基础上增加了许多人工因素，城市社区更加如此。因而，这里着重研究城市环境统计问题。

城市社区，指在特定区域内，由从事各种非农业人口密集所组成的社区。城市社区环境统计主要内容，包括城市人口密度、城市绿化、城市面积及利用等统计。这是由城市社区特点所决定。城市是工商业中心，大量集中的人口要求城市社区合理规划布局，开辟绿地、净化空气、减少污染。

1. 城市人口密集统计，人口密集是指平均每平方公里拥有人口数，表明人口的稠密程度。计算公式为：

$$城市人口密集=\frac{城市人口数(人)}{城市面积(平方公里)}$$

随着经济和社会的发展，人口向城市集中是发展中国家的必经之路。但是，城市人口密度过大，也会给城市本身带来种种难以克服的困难，诸如交通拥挤、住房紧张，能源短缺等。改革开放以来，我国城市化步子大大加快，城市在国国民经济和社会发展中的作用也大大加强，但也面临着合理规划城市规模等问题。表3－6反映了我国主要城市的人口密度状况。有些城市（例如上海）已经暴露了人口过于集中的不利影响。

表3-6　　1987年我国主要城市市区人口密度

名称 指标	北京	天津	上海	沈阳	广州	昆明	拉萨
人口密度（人/平方公里）	1467	1296	1919	1250	2366	697	213

2.城市绿化统计。城市绿化是体现城市文明的现代化标志。它在城市环境中占有重要地位。绿化能改善城市环境、美化环境、调节气候、减少噪声等多种功能。反映城市绿化的统计指标一般有三个：一是城市绿化覆盖率。计算公式为：

$$城市绿化覆盖率=\frac{市区园林绿地面积+市内道路绿化覆盖面积}{市区面积}\times 100\%$$

二是人均绿地面积。计算公式为：

$$人均绿地面积=\frac{园林绿地面积(公里^2)}{城市人口数}$$

表3-7　　1988年我国主要城市绿化统计

名称 指标	北京	天津	上海	沈阳	广州	昆明	拉萨
城市绿化覆盖率（%）	25.0	10.6	12.7	19.4	23.7	17.7	18.4
人均公共绿地面积（平方米/人）	6.0	1.9	1.2	7.6	5.7	16.4	13.7

资料来源：《中国社会统计资料1990》

三是绿地面积占城市面积的比重。计算公式为：

$$绿地占城市面积比重=\frac{园林绿地面积}{城市面积}\times 100\%$$

3.城市面积及利用统计。城市是现代社会的核心，是工业、商业、文化事业的中心所在。而一个城市的面积是一定的。因而合理地分配各种城市用地面积是城市社区环境的重要内容之一。城市面积的利用可以有不同的分类。通常按实际用途分为：工业用地、住宅用地、娱乐设施用地、公共用地及其他用地等。统计反映城市面积及利用的主要指标是各种用途面积，各种面积占城市总面积比重以及人均各种面积等。表 3－8 资料，表明我国 1988 年主要城市的用地概况。从中可以看出，我国城市用地有两个特点，一是城市规模越大，用地指标越低；二是生产用地偏大，生活用地偏小。如何调整好城市用地结构，更好地从用地角度改善城市社区环境是今后我国城市发展应着重解决的问题。

表3-8　　1988年我国主要城市城市用地概况

指标＼名称	北京	天津	上海	沈阳	广州	昆明	拉萨
生活用地比重(%)	38.3	41.9	47.5	58.7	31.2	28.5	17.7
工业用地比重(%)	16.2	26.9	25.1	19.5	27.6	17.0	77.4

资料来源：《中国社会统计资料1990》

五、环境污染统计

环境污染是指生产和生活中排放出的废弃物质超过环境的容量和自净能力而对环境的破坏，致使环境质量恶化、生态系统失调。随着社会生产和社会生活活动的扩展，特别是现代化工业的迅速发展，来自工业生产过程中的废水、废渣、废气及放射性物质、交通运输活动中噪声及其他有害物质；同时，现代生活也不断使生活污水和垃圾大量排向周围的环境，从而导致对人类生存环境的破坏，其危害几十年来已经达到了威胁人类赖以生存的场所和物质资源的地步，造成一系列严重的社会问题，越来越受到国际社会的广泛关注。1952年英国伦敦发生“烟雾事件”，前后共死亡八千余人。1986年，前苏联发生在切尔诺贝利核电站事故，至今让人心有余悸。环境污染在我国已相当严重。某些大中城市和工业区大气污染已超过国家允许标准的几倍之多，二氧化硫和烟尘排放量已接近世界之最。有关资料表明，在全国54个城市进行的酸雨监测中，有45个城市出现了酸雨。据估算，我国每年因大气污染造成的经济损失已达上百亿元。江、河、湖、海的污染也很严重。有资料证明，全国每天排放工业污水达7000万吨，致使全国主要河流半数以上受到比较严重的污染。此外，农药造成的污染也值得注意。

人类要治理环境污染，首先要对环境污染程度有确切了解。由于工业污染是目前我国环境污染的主要原因，因而，我们着重探讨工业污染的统计描述及分析。

1.大气污染统计。大气污染是指大气中污统物或由它转化成的二次污染物的浓度达到了有害程度的现象。大气是由多种气体组成的化合物，其中氧占大气总体积的20.94%，氮为78.09%，氩为0.93%，三者共占大气总量的99.96%。当环境中的空气受到外界影响而使其原有组成部分和状态发生变化时，就说明受到了污染。现代工业生产中的“废气”，交通工具排气，和家庭炉灶与取暖排气是大气污染物的主要来源。所以，大气污染统计主要对废气排放量、空气污染物排放量进行统计，以及对大气质量作评价分析。

废气排放量是指燃料燃烧和生产工艺过程所排放的各种废气总量。空气污染物排放量是指废气排放中所含各种污染物的绝对排放数量（如粉尘、烟尘、雾及硫氧化物、碳氢化物等绝对排放数量）

大气质量评价。它是根据大量监测资料，对大气污染程度作出定量评价。在国际上常用大气质量指数（或大气污染指数）来描述一个地区的大气污染程度，作为评价大气质量的指标。这里主要介绍格林大气污染综合指数。该指数由美国学者格林于1966年提出，主要依据当时二氧化硫和烟雾浓度与人口死亡率成正相关的事实。格林指数的计算公式为：

二氧化硫指数 $I_1=a_1S^{b_1}$

烟　　雾指数 $I_2=a_2C^{b_2}$

式中：S——代表二氧化硫浓度

C——代表烟雾系数

a_1、b_1、a_2、b_2 为常数。

格林按二氧化硫和烟雾系数的日平均值将大气质量分为三级：①希望水平，即能保证人群健康的最大允许浓度；②警戒水平，即对人群开始有害的浓度；③极限水平，即偶然可以达到的极限浓度。经设定评价标准，将两个指数加以平均得格林综合污染指数（I）：

$$I=0.5\times(I_1+I_2)$$

据此可以评价一个地区的大气污染程度：格林污染综合指数小于25，代表清洁和安全的大气；指数25～50代表不十分安全的大气；指数50～100说明大气有潜在危险性，必须采取防治措施。

表3-9　　全国排放废气中的有害物质量

项目＼时间	单位	1986	1987	1988	三年平均递增速度（%）
二氧化硫	万吨/年	1250	1412	1523	6.81
烟　　尘	万吨/年	1384	1445	1436	1.24

资料来源：《中国社会统计资料1990》

2.水污染统计。地球上共有水135.6亿亿吨，除冰山以外，真正可以利用的地面和地下淡水仅占0.64%。水是十分有限的资源。而水质污染是指污染物进入水体，其含量超过水的自净能力时，水质变坏，并影响了原有的用途，甚至破坏了水体生态平衡。水质污染对环境的影响是非常广泛的。因为水是一种溶剂，各种污染物一旦进入水体就参加了水生环境的物质循环，周游于环境的各个角落，从而影响到工业、农业、渔业、医疗卫生和人类生活的各个方面。

水污染统计主要包括废水排放量和废水中污染物排放量两项。废水排放量。废水指在生产和生活过程中，经过使用后丧失原使用价值而被废弃的水。废水按其来源可以分为生产废水与生活废水两类。生产废水指企事业单位在生产科研过程中向外环境排放的所有排放口的废水量总和。生活废水指城镇居民区和企事业单位职工集中居住区排放的污水量。

废水排放量即为上述二者之和，通常以万吨为计量单位。

表3-10　全国工业废水排放量

时期 指标	1986	1987	1988	三年平均递增速度(%)
工业废水排放量(万吨/年)	2602380	2637531	2683886	1.03

资料来源：《中国社会统计资料1990》

在废水中污染物排放量。在废水中的污染物，大体可以分为四大类：无机无毒物，主要指酸、碱及一般无机盐类和氮、磷等植物营养物质；无机有毒物，主要指各种重金属(镉、铅等)和氰化物、氟化物、砷化物等；有机无毒物，主要有在水中容易分解的有机化合物，如碳水化合物、蛋白质、脂肪等；有机有毒物，主要包括具有积累毒性的稳定有机物，如农药等。在废水中污染物排放量，就是指一定时期内排放的废水中污染物的纯量。

3.废渣污染统计。废渣是一场固体废弃物的统称。随着工农业生产的发展和人民生活的改善，不仅使废渣的种类日益复杂化，而且其排放量大幅度增加，占据了大量土地，造成了大气、水和环境污染。但是，一定条件下的“废物”，在另一条件下就能变成身价不凡的宝物。工业发展的历史，从某种意义上说，就是一部变废为宝的辩证史。

废渣通常按照其来源分为生活废渣、工业废渣（含矿业废渣）和农业废渣三部分。

废渣污染统计，主要有如下指标：

废渣产生量。指工矿企业及其他单位在生产过程中，排出的固体废弃物的数量。按其来源可分为：尾矿、赤泥、冶炼废渣，化工废渣、粉煤灰和炉渣、煤矿石、放射性渣、工业垃圾，还有食品工业的活性炭渣、硅酸盐工业和建筑业的砖、瓦、砾、混凝土碎块、工业废水处理的污泥等。但不包括矿山开采的剥离及掘进时产生的废渣。

已综合利用废渣量。它指已利用废渣铺路、造田、施肥、生产建筑材料、提炼化工原料等利用的废渣量。对焚烧和填埋的废渣，以及运到专门渣场堆放的废渣，不能作为废渣的综合利用量统计。

已处理的废渣量。它指已填埋，焚烧等方式处理的废渣量。

表3-11　　全国82个城市固体废物统计

指标＼时期	1986	1987	1988	三年平均递增速度(%)
产生量(万吨/年)	26445	23527	25599	－1.08
综合利用率(%)	29.3	36.5	35.1	6.21

资料来源：《中国社会统计资料1990》

六、环境保护统计

人类在生产和生活中的废弃物排放量不应当超出环境容量和自净能力。因而在发展生产，改善生活的同时，必须加强污染治理和环境保护。目前环境保护统计主要从污染治理和环保机构自身建设统计角度来反映环境保护的状况。

1. 污染治理情况统计。反映污染治理状况的指标有两大类：治理情况统计的基本指标和治理情况统计的分析指标。

治理情况统计的基本指标主要有本年污染治理资金总额及安排治理项目个数。本年污染治理资金总额是指本年内实际用于治理环境污染的资金总和。

表3-12　　全国企业事业单位污染治理资金情况

项目	单位	1985	1986	1987	1988	1989	1990	六年平均递增速度(%)
基建资金	万元	50900	58210	76965	96215	95436	109214	13.57
更改资金	万元	60356	82684	98857	121270	139586	134647	14.31
综合利用利润留成	万元	6109	8642	11379	11712	10699	11353	10.88
环保补助资金	万元	48512	61358	66940	65939	62985	68282	5.86
贷款	万元	32155	45771	72006	82706	75342	75208	15.21
其他	万元	22895	31516	33560	46327	51360	55760	15.99
合计	万元	220927	288181	359707	424079	435408	454465	12.77

资料来源：《中国统计年鉴1991》

按资金来源分类的目的。在于了解资金来源渠道，以分别考察资金构成状况和分类资金的变动情况。从上表可以看出。1985年～1990年我国用治理环境污染的资金达218.28亿元，平均每年增长12.77%，超过同期国民收入增长速度。

安排治理项目个数，系指国家、部门、地区及企、事业单位安排治理污染项目的总和，包括当年新建、续建、以及上年结转的治理烟尘、废气、废水、废渣和噪声等项目，是反映污染治理规模的绝对指标。

为反映污染治理程度，还需计算“三废”处理率、烟、气除尘率、工业粉尘回收率、烟尘、粉尘回收率等。表 3-13

资料反映我国近年来污染治理的情况。各项污染治理率除个别年份外，均呈上升趋势，表明了我国治理环境污染的积极成果。

表3-13　　全国企、事业单位三废治理情况

项　　目	1985	1986	1987	1988	1989	1990
工业废水处理率(%)	22.07	24.29	25.72	26.95	29.91	32.26
生产工艺废气处理率(%)	59.11	47.51	50.66	52.29	57.30	62.13
工业粉尘回收率(%)	—	59.4	61.5	62.3	—	—

资料来源：《中国统计年鉴1991》

《中国社会统计资料1990》

2. 环保机构自身建设统计。加强环境保护队伍自身建设，是做好环保工作的前提。环境保护机构自身建设统计，主要从事环保工作的人员数量、人员构成以及用于环境保护的各项物质条件，技术设施等方面进行统计。

环境保护工作人员数，是反映环境保护机构队伍的规

表3-14　　1986—1990年间我国环保工作人员情况

	1986年	1987年	1988年	1990年	平均递增速度(%)
总人数(人)	44533	49790	54280	65561	8.04
科技业务人员(人)	25758	29726	34203	40961	9.72
科技人员占总人数比重(%)	57.84	59.70	63.01	62.48	—

资料来源：《中国社会统计资料1990》

《中国统计年鉴1991》

模，水平的重要指标。环境保护工作人员包括各级环保机构、环保科学研究机构和环保监测站的所有职工。为研究环保工作人员队伍领导技术素质，还要对他们作分类，列出科技业务人员以及他们的专业类别等。表3-14资料，正是反映我国1986—1990年间环境保护工作人员规模发展状况，以及科技业务人员构成增加，说明整个队伍素质提高情况。

环境保护物质技术设施，包括房屋建筑面积，车船数量及环境保护用的仪器设备台（套）数等。这些设施是反映环境保护事业物质技术状况的重要方面。表3-15资料，反映出我国环境保护设施改善的状况。

表3-15　　我国环保系统设施状况

项　目	1985	1986	1988	1988年比1985年增长百分比(%)
现有房屋建筑面积(万平方米)	174.2	214.5	294.5	69.06
施工面积(万平方米)	42.3	47.5	39.5	−6.62
机动车船拥有数(辆、艘)	2686	3656	4650	73.12
仪器设备拥有数(台、套)	33983	38509	46954	38.17

资料来源：《中国社会统计资料1990》

第二节　国民财产统计

国民财产是历年积累下来的社会产品的总和。它是社会扩大再生产不断积累的结果，又是继续实现社会再生产和提高人民生活水平的物质基础。国民财产与自然资源共同组成国民财富。因而国民财产也综合反映一个国家（或地区）拥有的经济实力和发展水平。所以，国民财产统计对于研究社会经济活动的物质基础，反映国情国力，都有重要意义。

国民财产的内容，既包括具有实物形态的实物资产（如固定资产、流动资产），也包括以各种知识产权形式的无形资产（如专利权、著作权、出版权等），此外，还包括不具有实物形态的金融资产（如现金、存款、证券等）。

一、实物资产统计

实物资产是国民财产的主要组成部分。根据其在使用过程是否改变其实物形态，使用期限长短（是否多次使用）及其价值转移方式，可以分为固定资产和流动资产两大类。

1.固定资产统计。固定资产是指可以较长期使用、多次参与生产或消费过程的物质财富。固定资产在较长期使用过程中，虽经多次反复使用却并不改变其原有实物形态或完全丧失它的使用性能而是直至报废为止。它的价值在多次反复使用中，随固定资产的逐渐磨损而相应减少，其使用价值和价值，最终在再生产过程分别得到补偿。

统计各种固定资产的实物数量，可以用实物量指标，通常是按照适合于它们的自然单位或物理性能的度量单位来计算。例如，工业生产用的机床以台数计，炼铁高炉以有效容积立方米计。动力设备则以千瓦计，房屋以面积平方米计。统计固定资产实物数量，对于了解各类主要固定资产的具体数量规模。生产能力或使用效益等有很大帮助。但它不能用于综合全部固定资产的总量。

综合一定范围如企业、部门、地区以至全国的全部固定资产总量，就要利用价值量指标，即以货币单位来进行计量综合统计。由于固定资产周转特点，其估价也有多种。固定资产周转特点：第一在固定资产发挥机能时间内，其再生产的价格是经常变化的。因此估价时期不同，其固定资产的计算价格也不同。第二，固定资产在长期使用过程中，虽保持其原有实物形态，但其使用价值不断磨损价值也相应减少。所以，按固定资产的不同磨损程度进行估价，其价格也随之各异。由此可见，对固定资产估价时，是否考虑价格变动和是否考虑其磨损，因而就有四种不同的固定资产价值量指标。

固定资产完全原始价值，也称原值。它不考虑价格变动和磨损，也就是购置或建造时固定资产实际支出的货币总额。

固定资产耗余原始价值，也称净值。它不考虑价格变动但考虑磨损，即根据固定资产使用一定时期后，从完全原始价值中扣除磨损折旧价值，所余下的耗余残存价值。

$$\text{固定资产耗余原始价值}=\begin{matrix}\text{固定资产完全}\\\text{原始价值}\end{matrix}-\begin{matrix}\text{各年折旧}\\\text{金额之和}\end{matrix}$$

固定资产完全重置价值。它不考虑磨损而考虑价格变动。按重新估价时期的价格水平、购置或建造同样全新的这些固定资产的价值。

固定资产耗余重置价值。它考虑价格变动和磨损程度，按重新估价时期的价格水平和固定资产的磨损后新旧程度计算的固定资产尚存价值。

以上四种固定资产价值量各有不同的经济内容，反映固定资产不同数量状况。固定资产完全重置价值反映其总量规模，用于比较分析较为适合。采用固定资产耗余重置价值，用于说明估价时实际拥有固定资产的价值总量，占有的资金规模。但在实践上，由于固定资产种类繁多、新旧程度不一，对其重新估价十分困难。因此，一般采用固定资产完全原始价值和耗余原始价值。这两个指标都按原来购置或建造时的价格计算，同样一种固定资产，由于购置时间不同，用两种价格计量它们，用于说明其数量规模、资金占有显然是有缺陷的。今后为适应市场经济机制，会计核算的改进，健全价格调整，则应采用重置价格估价耗余净值，用可比价格估价完全价值。

2. 流动资产统计。它包括国民经济各部门、各单位及居民，拥有的各种用途的物资储备和后备。它是在社会生产和生活中，只能一次性地或短期内用于生产和生活消费的物质财富。如生产用的各种原材料、燃料、辅助材料和生活用的一次性消费或短期消费的消费品。

流动资产与固定资产其价值转移方式不同。生产性流动资产的价值是一次将全部价值转移到新产品中，其消耗的价值，可以全部从销售收入中得到补偿。非生产性流动资产是一次性或短期内在生活消费中被消耗，其价值和使用价值，则需要从国民生产总值的分配收入和使用中得到补偿。

反映流动资产数量，对于物质资料储备数量可以用实物量指标表示；但要反映全部流动资产的数量，则必须用价值指标，即用流动资产的货币形态流动资金来计算。在我国，流动资产与流动资金是稍有区别的。全社会的流动资金并不都是流动资产，只有与物质资料相关联的流动资金才是流动资产。如库存现金、银行存款等，不包括在流动资产之内。

流动资金是一个时点指标，反映在某一时点上所占用的流动资金数量。若要反映一段时期内所占用流动资金，则需采用计算序时平均数方法求得流动资金平均结存额（或占用额）表示。

3.居民家庭财产统计。居民家庭财产是国民财产的一部分。它应该包括城乡居民长期使用的物品即固定资产和短期使用的物品储备即流动资产。但由于条件限制，目前我国居民家庭财产只统计居民个人住宅，而对于居民从事生产经营活动所掌握的那一部分固定资产和流动资产，则根据其生产、经营活动的性质分别计入各部门的个人所有制财产项目内，没有列入居民财产。

二、金融资产统计

金融资产是对于某种未来收入的一种债权。资金的流动，是通过各部门之间的借贷关系实现的。这些不同形式的借贷关系，称之为金融债权。金融负债是它的对称。任何时候一笔金融债权的发生对一些人是金融资产，同时必然对另一些人是金融负债。金融资产也就是居民、行政事业、企业单位、财政和金融部门对财富或应得收入的索取权，包括股票，货币、银行存款、债券及其他有价证券等。金融资产是将来取得的收益，作为价值或购买力的贮存。金融资产对于一国经济主要有两种功能：一方面它提供一种手段，通过它，资金有剩余的人可以把它转移到能对这些资金作有利投资的人另方面它同时又提供一种手段，把风险从进行投资的人方面转移到这些投资提供资金的人方面。如图 3－1 所示。

金融资产的主要功能

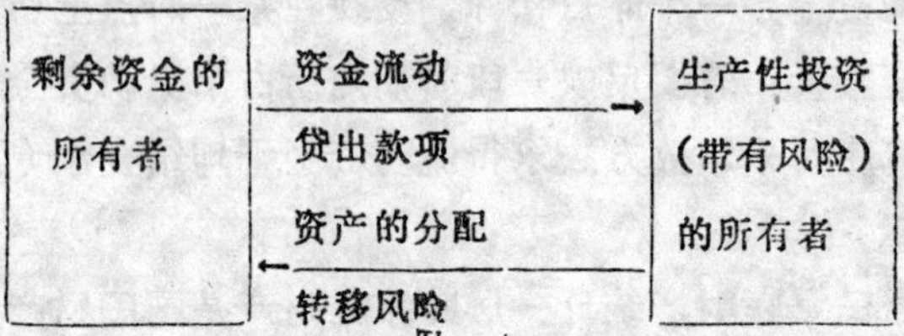

图

1. 金融资产（负债）分类。金融资产（负债）区分为国内与国外。国内又分为通货、存款、贷款和证券等。国外包括长期资本和短期资本。此外，还包括储备资产形式的本国金融资产。

通货，指以现金形式存在于流通领域的货币。它是货币持有者的资产，发行银行的负债。

存款，指各个单位和个人把货币资金存入银行或其他信用机构的一种信用活动。它包括定期和活期存款。定期存款指存款期限在一年以上的存款。具体有居民定期存款，企事业单位定期存款、团体定期存款等。活期存款，其存款期限不受限制，可随时提取使用。具体有居民活期存款、企业结算户存款、行政事业单位存款等。存款是存款者的资产，是金融机构的负债。

贷款，指金融机构按一定利率并规定贷款期限，向借贷者提供各种贷款资金的一种信用活动。按贷款期限长短分为短期贷款和长期贷款。短期贷款，指贷款期限在一年以内的各种贷款。如工商业流动资金贷款、农副产品收购贷款及农业贷款等。长期贷款，指贷款期限在一年以上的各种贷款。如经国家批准的基本建设贷款、技术改造贷款等。贷款是金融机构的资产，是借贷者的负债。

证券，指以票据形式筹集资金而发行的承诺，能证明债权者权利的凭证。债权人可据此凭证，有的按一定利率和支付日期，得到利息和本金；有的则领取股息和红利收益。如政府债券，金融债券、股票等。政府债券是政府为筹措国家建设资金，而发行承担偿还利息和本金责任的债务凭证。如国库券、重点建设债券和特种公债等。金融债券，是金融部门为筹集资金而发行的一种有价证券。它亦承担偿还利息和本金的责任。股票，是股份企业或股份公司发给股东承购者所入股份的凭证。证券是承购者资产，是发行者负债。

国外金融资产（负债），是反映本国常住单位与非常住单位（即国外）之间的资产与负债状况。国外金融资产（负债），按国际间借贷期长短，分为长期资本和短期资本两类。长期资本，指借贷期限在一年以上或未规定期限的国际信贷。如直接投资、股票、债券和借款等。直接投资，是一国投资者在国外直接投资经营，包括独资、合资和其他合作方式在国外经营企业的投资。国外在本国投资，是国外的资产，而是本国的负债。本国在国外投资，则为本国的资产，为国外的负债。股票、债券，是一个国家对外发行或购买的有价证券。对购买者国家为金融资产，对发行者国家为金融负债。借款，是一个国家从国外的政府、金融机构或向国际组织借贷的长期贷款。它是借款国的负债，贷出款国的金融资产。短期资本，指借贷期限在一年以内的，一国的金融机构、企业部门同国外有关组织发生的短期信贷和延期收付等国际信用。其资产负债关系，同长期资本。

储备资产，是反映本国拥有可用于国际支付的储备资金。它构成一国的金融资产内容之一。储备资产有黄金储备外汇储备、特别提款权、在国际货币基金组织的储备头寸和对基金信贷使用。

2.金融资产（负债）统计。金融资产（负债）统计，主要反映金融资产（负债）总额和金融资产（负债）净额。金融资产（负债）总额是指某一时点（期初或期末）上存有的各种形式的金融资产（负债）的总和，反映金融资产（负债）的总规模、总水平。在实践中，其计算方法有以下两种：一是直接法：是将某一时点上存有的各种形式的金融资产（负债）额直接加总，但同一统计总体内部不允许重复计算。二是间接法：是在期初金融资产（负债）总额基础上，加上本期获得的金融资产（负债）额。即可求得期末金融资产（负债）总额。计算公式为：

$$\text{期末金融资产（负债）总额}=\text{期初金融资产（负债）总额}+\text{本期获得的金融资产（负债）总额}$$

金融资产（负债）净额是指金融资产（负债）总额与金融负债（资产）总额之差。计算公式为：

金融资产总额－金融负债总额＝金融资产净额

金融负债总额－金融资产总额＝金融负债净额

一方的资产必为他方的负债。在封闭经济条件下，就全社会总体而言，全社会金融资产总额必等于全社会总负债，即：

金融资产总额＝总负债

在开放经济条件下，金融资产与金融负债常常是不等的，反映着国民财富的增加或减少或利用外资的状况。表3-16反映着近年我国利用国外资金和筹措国内资金进行经济建设的情况。一方面国内筹措和国外借款的增加说明经济建设资金的来源渠道扩展，一方面债务支出快于债任收入增长速度，说明我国偿债时期临近，意味着经济建设风险的增加。

表3-16　　我国国家债务收入及支出　　单位：亿元

项目	债务收入	国内公债和国库券	国外债款	债务支出	国内还本付息	国外借款还本付息
1986	138.25	62.51	75.74	50.16	7.98	7.69
1987	169.55	63.07	106.48	79.83	23.18	4.69
1988	270.78	132.17	138.61	76.75	28.44	5.73
1989	282.97	138.91	144.06	72.36	19.30	7.23
1990	375.45	197.24	178.21	190.40	113.75	8.44
五年平均递增(%)	22.12	25.84	18.66	30.58	70.13	1.88

第三节　国民经济资产负债表

在国民财产统计基础上，以矩阵表式编制国民经济资产负债表，可以集中综合反映在一个特定时点上（期初或期末），一个国家或地区，乃至各个部门拥有资产负债的规模与构成，国民财产数量与分布，以及与国外经济往来的状况。所以，资产负债表是综合描述和分析国民经济资产负债问题的重要工具。它也构成我国社会再生产核算的基本表之一。

一、资产负债表的基本结构及其平衡关系

根据编制资产负债的核算内容和范围的差别，其表式可以多种多样。就核算内容来看，有资产负债综合表、资产负债实物部分表、资产负债金融部分表等。根据核算的主体来分，有部门资产负债表，地区资产负债表、全国资产负债表（即国民资产负债表）等。现以资产负债综合表来说明其基本结构（见表3-17）

表中数据是假设的，细分的项目数据也省略。

表3-17是一张概括的综合表式。它采用矩阵表式表示。表的主栏（横行标题）按资产负债项目的非金融资产、国内金融资产与负债、国外金融资产与负债、储备资产、资产负债差额顺序排列。表的宾栏（纵列标题）按机构部门顺序排列。每一部门下分列使用和来源两项，其中使用项目下记载各资产项目的存量，反映财产的占有，来源项下记录各负债项目的存量，反映资金的来源。资产负债差额是资产与负债相减所得的差额。它是资产与负债关系上的平衡项目，其意义类似会计核算的资金平衡表中资金来源方的自有资金。它可以表示这个核算主体自有资产的总量。

表内的平衡关系。首先，纵列每一部门的资产负债项目的使用合计与其来源合计相等。如居民部门，其平衡关系为：

非金融资产＋金融资产＝负债＋资产负债差额

$$750+420=3+1167$$

其次，非金融项目各部门的使用项下合计，反映该核算主体的非金融资产的总量。如上表：750＋3150＋180＋15＝

表3-17　　资产负债表(简表)　　单位：亿元

	居民		企业		行政事业		财政		金融		国内合计		国外		合计	
	使用	来源	使用	来源	使用	来源	使用	来源	使用	来源	使用	来源	使用	来源	使用	来源
一、非金融资产	750	—	3150	—	180	—	—	—	15	—	4095	—	—	—	4095	—
1. 固定资产																
2. 库　存																
3. 其他资产																
二、国内金融资产与负债	420	3	330	1005	30	0	0	12	930	690	1710	1710	—	—	1710	1710
1. 通　货																
2. 存　款																
3. 贷　款																
4. 证　券																
5. 其　他																
三、国外金融资产与负债	0	0	3	30	0	0	0	3	3	6	6	39	39	6	45	45
1. 长期资本																
2. 短期资本																
四、储备资产	0	0	0	0	0	0	0	0	75	0	75	0	0	75	75	75
五、资产负债差额	—	1167	—	2448	—	210	—	−15	—	327	—	4137	—	−42	—	4095

4095再次，由于金融资产负债关系在各部门存在对应关系，即一个部门的金融负债就构成另一些部门的金融资产；相应的一些部门的金融资产就是另一些部门的金融负债，因此，国内金融资产负债项目的存量分别记在五个部门的使用方和来源方，可以反映各部门间的资产负债关系。而从全国范围内看，这些部门的资产合计等于其负债合计。以表3-17所列数据为例，这种平衡关系为：

国内金融资产合计＝国内金融负债合计

420＋330＋30＋930＝3＋1005＋12＋690

1710＝1710

在资产负债矩阵式表中，国外已作为一个部门列出，记录国内各部门对外的资产与负债关系。各部门对外金融资产合计与各部门对外负债合计的差额，反映整个国家对外金融资产或负债的净额。以表3-17所列数据为例：

各部门对外金融资产合计＝3＋3＝6

各部门对外负债合计＝30＋3＋6＝39

对外负债净额＝39－6＝33

国内对外金融资产负债与国外部门的金融资产负债记录有对应关系，所以有下列平衡对等式：

对外金融资产＝国外部门负债。以表3-17的数据为例：

3＋3＝6

对外负债＝国外部门金融资产　亦即：

30＋3＋6＝39

二、资产负债表编制方法

编制资产负债表，一般过程包括设计编表方案，搜集资料、资产的估价和重估价，直至资料加工整理具体编表。

设计编表方案。资产负债表总体方案有两部分。一部分是资产负债表的正式表，包括全国资产负债表、部门资产负债表，或按需要和可能还设计一些行业的资产负债表。另一部分是基层调查表、基层调查汇总表和重估价计算表，设计这些表，同样要求编写填报说明，作为填报依据。

搜集资料。资产负债表资料搜集方法，一般有两种。一种是直接法，一种是间接推导法。直接法，就是直接从各经济单位搜集资产负债资料，辅之以必要的非全面调查资料，据以综合编算各机构部门的资产负债资料，满足编制资产负债表的需要。它是对有较健全会计核算的常住单位，包括各级各类国有企业、集体企业、三资企业以及实行企业化管理的事业单位，直接搜集资产负债的基础资料。而对没有实行独立核算的、会计核算不健全或没有会计核算的单位，包括小型集体企业、城乡居民户、一些非企业化管理的事业单位、行政机关和群众团体等，就从行政事业主管部门、工商、税务、房产管理、统计等部门，搜集它们的资产负债资料。

间接推导法，是以期初资产负债资料为基础，根据报告期资产负债的流量资料加以调整计算，求得期末资产负债资料。这要在过去时期直接法搜集数据，具备期初完整资料的情况下，才可以应用。目前，国家还没有编制过全国的资产负债表，省一级也只是少数省份试编过。因而在没有编过资产负债表的情况下，就无法采用这种方法搜集资产负债资料。因此，我国资产负债资料，在目前来说只能应用直接法进行搜集。只有在今后已经编制资产负债表的基础上，才可以运用间接推导法。

资产的估价和重估价。某个期末的资产负债，是反映历年积累下来的财产。这些财富从积累到核算时点的期间内，其价格都变动了。其价值随使用磨损而减少。这就需要按核算时点和磨损程度，重新估价。凡不是用当期市场价格估价的资产，均需按现期市场价进行重新估价，凡是使用磨损了的固定资产，均应按折旧率扣除折旧计价。由于固定资产及各种物资库存，包括内容种类繁多，逐一进行重估价是十分困难的事情。比较可行的方法，就是采用价格指数减缩。每一类固定资产，用相应的同一类的价格指数去调整换算。库存物资，也主要通过相应价格指数将会计的帐面价值（当时购入价格），换算成估价时的市场价格。就目前而论，由于物价指数编制并不完善，许多分类价格指数还是空的。因此，重估价工作还存在不少困难。

资料加工整理与编表。资料加工整理，首先对调查搜集来的资料，加以审核，修正。然后，按编表部门进行整理汇总。编表，是将加工整理好的资料填到表中，对表中数据作平衡调整，使由于种种原因造成数据之间的误差、矛盾，得以解决。

三、资产负债表资料的应用

资产负债表对国民财产作出综合反映，结合其各种分类、细分项目。对于研究国民财产达到的规模、水平，国力状况，分布结构等，都是极其有用的。

1.反映编表主体（国家或地区）基本财力总量。因为在资产负债表中，汇集了主体的所有国民财产的总量，及各部门拥有的国民财产总量，从现有财产方面有力地表明一个国家在这个时点上的基本国情的一个重要依据。对于一个地区作为主体编制的资产负债表资料，也同样可用来说明该地区的财力的规模、水平。如果将不同时期的期末资料，都换算为可比价格计算，则可进行动态比较，以反映国民财产的增长情况。

2.分析研究国民资产负债的各种构成，认识它们的基本特征。首先是用于分析研究国民资产本身内部的构成状况。如计算国民资产的非金融资产与金融资产构成；非金融资产的固定资产、流动资产、其他资产的构成；金融资产内部各个部分的构成等问题。其次是用于分析研究国民资产的分布构成。如各部门构成、地区构成，所有制构成等。为从国民财产占有方面，实现资源（财力资源）最优配置提供依据。

3.计算分析资产、资金利用效果。有了期初、期末资产负债表，从而可以求得该期内平均占有的国民财产的数额，因此与有关国民经济活动成果指标相联系，可以计算诸如资金产出率、资金利税率、单位国民财产实现的国内生产总值等分析研究资产、资金的利用效果。

第四章　国民经济生产统计

第一节　国民经济生产统计的基本问题

国民经济生产统计，是社会经济统计的重要组成部分。为使生产统计建立在科学的、全面的、系统的基础上，必须明确生产统计的范围，应该遵循的基本原则及采用不同价格估价计量等基本问题。

一、国民经济生产统计的范围

国民经济是一个复杂的整体。它包含各种各样的经济活动。既有从事物质生产的活动，也有从事非物质生产的活动。由于生产活动内涵理解不同，那么其生产统计外延范围也不同。在以往很长一段时期里，我国根据狭义的生产理论（只有物质生产才算生产），推行物质产品平衡表核算体系，把国民经济生产统计范围局限于物质生产活动领域，只计量它们的活动成果。但是，随着社会主义市场经济理论与实践的发展，对广义生产理论加深认识，原来界定的狭义生产统计范围已不能全面反映我国社会主义整个经济运行和发展状况。因此，国民经济生产统计必须相应扩大核算范围，把国民经济生产统计范围扩大到非物质生产活动，符合马克思主义生产劳动理论。马克思曾提出，“任何时候，在消费品中，除了以商品形式存在的消费品以外，还包括一定量的以服务形式存在的消费品。”“服务这个名词，一般地说，不过是指这种劳动所提供的特殊使用价值，就象其他一切商品也提供自己的特殊价值一样。”① 其次，只有把非物质生产活动包括在生产统计范围之内，才能完整反映社会主义市场经济活动的全貌。非物质生产活动，虽然不创造物质产品，但它为社会提供了各种非物质形态的劳务。它们的活动成果和物质产品一样，也为满足社会生产和人民物质文化生活的需要。因此，要使国民经济生产成果，与国民经济对成果的消费需要相一致，反映商品生产与交换的全貌，国民经济生产统计也应包括物质生产活动和非物质生产活动的全部成果。再次，社会商品总供给与社会商品总需求平衡统计，也要把非物质生活活动列入国民经济生产统计范围。这是因为，社会总供给既包括物质生产成果供给，又包括非生产活动成果劳务供给，而社会总需求也既有对物质产品的需求，也有对劳务的需求，而且物质产品与劳务的供需在一定范围一定程度上能互相转化。全面考察社会总供给与总需求平衡问题，必然要求把物质生产与非物质生产都纳入生产统计的范围。最后，为便于国际间对比分析，生产统计范围也需要包括物质生产和非物质生产在内的广义生产活动。世界各国都采用广义生产为范围进行国民生产统计，我国也必须把物质生产统计扩大为包括劳务在内的全面生产活动成果统计。

二、国民经济生产统计的基本原则

为了正确计量国民生产成果，在统计核算中应注意如下

---

①《马克思恩格斯全集》第26卷Ⅲ第160、435页。

三条原则：

1.国民经济生产统计范围的平衡原则，亦称国民核算的平衡原则。社会产品的生产、分配到交换、使用，在国民经济总体活动中，其活动总量应该是相等的。这种从不同生产环节计算总量应该相等的原则具体表述是：“生产范围划在哪里，产值指标就算到哪里，中间消耗和最终使用也算到哪里，初次分配和再分配、原始收入和派生收入就在哪里分界。”① 所以，当社会生产的范围拓宽到劳务后，国民经济生产总量就得包括劳务价值在内；由劳务部门进行的直接分配，作为成果的初次分配。所有部门对劳务的享用，都作为使用。用于生产的算作中间消耗，用于人们生活的算作最终使用。

2.国民经济生产统计对象的主体原则。国民经济生产活动是由各单位和个人来承担的。对于国民经济生产活动计量的对象，是以常住居民为主体，抑或以常住单位为主体。以常住居民为主体，称国民原则，凡是本国国民所从事的生产经营活动，不论该活动发生在国内还是国外，其生产经营活动成果都要加以计算。其生产经营成果便称为国民生产成果，如国民生产总值，国民生产净值等。以常住单位为主体，就是一国的常住单位所从事的生产经营活动成果都应加以计算，所得的便是国内生产成果，如国内生产总值，国内生产净值等。所谓常住单位，是指在一国经济领土上具有经济利益中心的经济单位。经济领土是由该国政府控制或拥有的地理领土所组成，在该领土上该国公民及货物和资本皆可自由

①钱伯海：《论国民经济核算的平衡原则》《中国社会科学》1984年第3期。

流动。如果经济单位在一国的经济领土内拥有一定的活动场所，从事一定规模的生产经营活动，并超过一定的时期（一年以上）者，那么该单位在该国经济领土上便具有经济利益中心，便称为该国的常住单位。本国国民到其他国家作短期工作，它们的经济利益中心在本国经济领土上，所以仍为本国的常住单位。那么本国国民长期（一年以上）在国外从事生产经营活动的单位，它们的经济利益中心在国外，便不是本国经济领土上的常住单位。外国居民在本国经济领土上长期（一年以上）从事生产经营活动的单位，其经济利益中心在本国，则列入本国的常住单位。我国采用"常住单位"概念来确定经济活动主体的国内属性。

3.国民经济生产统计内容上的生产性和社会性的原则。国民经济生产经营活动成果，是指一定时期内全社会所生产经营提供的物质产品和提供的劳务总量。在核算时必须符合生产性原则和社会性原则。

生产性原则，是指能够向社会提供物质产品和劳务，并取得相应收入的生产性活动，其活动成果，应计入国民经济生产总量。而捐献，社会救济等这些收入不是从事生产活动而取得的收入，只是属于再分配性质的单纯转移性收入，故不能计入生产成果。

社会性原则，又称市场性原则。市场经济条件下，社会性劳动的成果一般都要通过市场交易才能提供给社会，国民经济生产总量应该是社会性劳动的成果。但是，世界各国在体现社会性原则时，也有一些特殊的例外规定：农民自给性生产的农产品，虽然不经过市场交易，但要计入社会生产总量，以有利于正确反映农民的实际消费水平。卫生防疫、公共消防，科研教育等，不通过市场交换，无偿向社会提供的物质产品和服务价值也应计入国民经济生产总量，保证国民经济生产总量统计口径的稳定性。国家行政管理，军队和社会组织提供的劳务价值，为了便于国际对比和考虑其在社会生活中的重要作用，故将该部分劳务价值计入国民经济生产总量。自有房屋的房租和自用固定资本的形成，前者作为拥有者的租赁收入，后者为固定资本形成，进行虚拟计算而计入国民经济生产总量中。

三、国民经济生产总量统计估价问题

国民经济活动提供的产品和劳务，其使用价值和实物计量单位都是不同的，不便于相加汇总。因此，要对国民经济生产总量进行统计，必须利用它们的价值——价格来统一度量。在市场交易过程中，由于商品所处环节和估价时期不同，其价格也各异。所以国民经济生产总量统计，就涉及到用哪一种价格估价计量问题。对国民经济生产成果估价的价格有：

1. 生产者价格和购买者价格。生产者价格是产品和劳务在生产过程所消耗劳动直接形成的价格，也就是生产者出售其产品和劳务的价格。如工业品出厂价格，农副产品收购价格等。购买者价格亦称消费者价格。它是生产者价格加上运输，商业等部门的流通费，其它附加费以及流通过程所征收的税而形成的价格。国民经济生产总量统计，从生产者角度，按生产法计算时，应采用生产者价格估价。从使用者角度，按支出法计算时，则采用购买者价格估价。

2. 现行价格和固定价格。指各个时期生产产品和劳务进行市场买卖的实际价格。如工业品实际出厂价格，农产品实际收购价格，商品的实际销售价格，以及运输、邮电和文化生活服务的实际收取费用价格等。按现行价格估价，可以反映产品和劳务的当时现有价值量，是研究生产、分配和使用之间关系，以及产值、利润、成本之间关系的重要依据。由于现行价格经常变动，不适合于研究产品和劳务数量的增减变化情况。固定价格亦称不变价格，可比价格。它是指固定采用某一时期的产品和劳务价格，作为一定时期内估价国民经济生产总量的价格。按固定价格估价计算生产量的目的，在于消除不同时期现行价格变动影响，研究产品和劳务数量的增减变化情况。由现行价格估价计算的总量指标，亦可利用有关的价格指数进行减缩，换算为同一基期可比价格估价的总量指标。

第二节　国民经济总产值统计

国民经济生产统计，为综合反映国民经济活动成果总量，并为进一步研究社会总供需，社会生产各部门之间投入与产出联系等提供依据，就要进行国民经济总产值统计。

一、国民经济总产值概念及其作用

国民经济总产值，指在一定时期内生产的全部产品和劳务以货币表现的总量。它包含反映物质产品生产总量的社会总产值和反映提供劳务总量的劳务总值。社会总产值是一定时期各物质生产部门生产以货币表现的社会产品总量。劳务总值是一定时期各服务部门提供的以货币表现的劳务总量。

国民经济总产值若是按常住单位主体原则(即国土原则)计算，即为国内总产值。它是在该国经济领土范围内生产的以货币表现的全部产品和劳务总量。国民经济总产值若是按常住居民主体原则（即国民原则）计算，则为国民总产值。它是该国常住居民生产的以货币表现的全部产品的劳务总量。

国民经济总产出从实物内容看，是全社会再生产的全部物质产品和劳务，包括用于社会最终消费和使用的产品和劳务，以及作为中间消耗的产品和劳务。从价值形态上看，社会总产出既包括劳动者新创造价值，又包括生产过程消耗的物质产品和劳务的转移价值。

国民经济总产值全面反映产品和劳务的产出量，是最综合的社会生产成果总量指标。它在国民经济生产统计中有其重要作用。首先，社会总产出完整地反映产品和劳务在国民经济各部门间以至各企业间的总周转量。每一个单位产品和劳务项目，在各部门间以至企业之间周转都以其完整使用价值和价值提供社会消费或使用。社会总产出计算时，都以其周转产品与劳务的全价进行核算，正是反映了这个总周转总量。其次，用于社会总供给与社会总需求平衡分析。社会总供需分析，有的主张要包括中间产品和劳务在内的全部总产品和劳务来研究，这就需要应用社会总产出指标。再次在国民经济投入产出核算中，为了反映各部门之间在投入与产出方面的相互联系，也要核算包括中间产品在内的国民经济总产值。

当然，由于国民经济总产值包括了各部门间以至企业之间，作为中间产品和劳务的重复计算，因而不能用来说明国民经济活动的最终成果或净成果，也就不能用于衡量国民经济发展水平和计算速度以及核算经济效果。

无论核算国内总产值或国民总产值，都可以先按物质生产部门和非物质生产部门分别计算，然后汇总成国内(国民)总产值。

二、物质生产部门总产值统计

物质生产部门总产值，它是各物质生产部门总产值的总和。从物质形态看，全社会的物质产品是由工业产品、农副产品和建筑产品构成。商业、货运和为生产服务的邮电业，它们担负着物质产品流通的职能，是生产与生产，生产与消费的纽带。它们消耗劳动创造的价值会追加到产品中去。因此，社会总产值统计，如果从使用角度着手，可把工业、农业和建筑业的产品产量乘以相应的消费者价格，然后汇总求得。这里消费者价格既包含产品生产者创造的价值，也包含产品在流通过程由流通部门追加的价值。所以它包括物质生产部门的全部成果。由综合统计部门来计算，有利于反映物质产品实物构成和使用去向。但是因全社会产品品种繁多，流通交换渠道众多，资料搜集与计算困难较大。如果从生产过程出发，先由各物质生产部门的企业单位分别计算总产值，然后逐级上报汇总，比较容易。目前，统计部门均采用这种方式进行统计。

由于各个物质生产部门产品生产各有特点，以及统计方法历史形成不同，各物质生产部门总产值也分别采用不同的核算方法。目前，总产值核算方法主要有如下三种：

第一种方法是以生产经营单位为主体。只有本企业生产的直接最终有效成果，才计算其产值，凡企业内部生产中自产自用的中间产品，不是最终成果就不能计算其产值。这种方法称为企业法或工厂法。

第二种方法是以产品为主体。凡是本期生产的产品，都要计算其产值。这种方法称为产品法。

第三种方法是追加值法。凡是不创造新的使用价值，只对产品追加价值的生产活动，仅把其追加的价值计入产值。

1. 工业总产值　它是指在一定时期内工业企业进行工业生产活动所取得的，以货币表现的最终有效成果总量。工业生产部门工业总产值就是全国所有工业企业工业总产值之和。由此可见，其计算原则是以生产经营单位为主体，用工厂法计算的。工厂法是指以工业企业工业生产活动的最终有效成果计算其产值。工业企业内部自己消耗本企业生产的中间产品不是企业最终成果不予计入，因而工业产品价值不包括企业内部的重复计算。但是，工业总产值按产品全价计算产值，既包括本企业新创造价值，又包括外购原材料等物化劳动转移价值，这样就会产生企业间，部门间的大量重复计算。

工业总产值内容包括：工业企业本期生产完成经验收合格的工业产品成品价值；对外承做完成的工业性作业价值；在制品、半成品期末期初结存差额价值。其计算公式为：

$$\text{工业总产值}=\text{成品价值}+\text{对外承做完成的工业性作业价值}+\text{在制品、半成品、期末、期初结存差额}$$

2. 农业总产值，包括农业（种植业）、林业、畜牧业、副业和渔业等的产品产值。农业生产的周期较长，农业总产值一年计算一次。为了与国民经济其它部门指标的计算期取得一致，农业总产值也按日历年度计算。经县统计部门核算，再由省、市、自治区统计部门汇总上报国家统计局，经过汇总后得到全国农业总产值。

由于农业生产极其分散、产品品种相对较少，而且比较稳定，生产的连续性强，产品数量易于确定，所以，农业总产值采用产品法计算。产品法的特点是：凡是农业生产的农副产品，无论是自用还是出售，都要计算其产值。农业总产值也包括本期生产的又用于本期另一种农产品生产上消耗的产品价值。就生产单位来说，不论是自产自用的产品还是对外销售的产品，都应包括在农业总产值中，不考虑产品的使用去向。农业总产值所包括的物质内容，与农业总产品是完全一致的，是农林牧付渔各业的产品产量乘以相应的单价之总和。其计算公式如下：

$$\text{农业总产值}=\text{种植业产值}+\text{林业产值}+\text{畜牧业产值}+\text{副业产值}+\text{渔业产值}$$

应该注意，农业总产值只限于农业生产范围内计算，乡镇村办的工业、建筑业等产值以及非农业的运输、服务行业等的产值，不应包括在农业总产值中。

3.建筑业总产值。建筑业总产值是建筑安装企业、自营建筑单位以及勘察设计机构在一定时期建筑安装活动成果价值的总和。建筑业产品固定，施工往往随着产品完成而转移，流动。而且产品较为单一，一般都形成固定资产，所以，建筑业总产值宜于用产品法计算。

产品法是直接利用固定资产投资统计资料计算。包括的内容有：（1）建筑工程价值。即包括各种生产性和非生产性的房屋和建筑物（含列入预算的内部设施）以及道路港口等的建造价值，按全价计入。（2）安装工程价值。指为各种机械设备的使用而安装所增加的价值，不包括设备机械本身的价值，仅计算安装工作量所增加的价值。（3）建筑物大修理价值，即大修理耗费的工料费用，不包括被修理对象的价值。（4）与工程项目有关的地质勘探、勘察设计工作量价值。（5）现场制造的非标准设备的价值。其计算公式为：

$$\text{建筑业总产值}=\text{建筑工程价值}+\text{安装工程价值}+\text{建筑物大修理价值}+\text{勘探设计工作量价值}+\text{现场非标准设备制造价值}$$

上述建筑安装工程分承包和自营两种。承包工程按预算的合同价格计算产值。自营工程按预算的成本价格计算产值。在具体计算时，一般用已完成的分部分项工程乘以相应的预算单价，再加上间接费和法定利润。建筑业产品一般是单一的，生产条件常不相同，不可能象工业产品那样有个全国或全省统一出厂的规定，而必须根据每项具体产品来确定。

4. 商业总产值。它是从事商业活动的个人和单位所追加新的劳动价值量的总和。商业经济活动的性质是社会物质产品生产过程在流通过程的继续，其经济职能是在商品流通过程中组织进货、保管、整理、分类、包装和销售等商品流转活动。包括各种经济成分的商业、外贸、物资、供应、农产品采购和公共饮食等部门。商业不直接生产新的产品使用价值，只是在保存与实现产品的使用价值中，对原有产品追加新的劳动价值量。

商业总产值是采用追加价值法计算。既可以根据所经营的商品的购销差价计算，也可以将各部门经营中的商品流通费加上法定税金和利润汇总求得。由于商品经营品种多，所以，一般采用后一种办法，根据商业部门编制的商业经营财务报表提供的资料为依据进行计算。

应该指出，在计算商业总产值时，要从商品购销差价中扣除支付的运费和邮电费，以防止全社会对运输、邮电业追加价值的重复计算。所以，其计算公式如下：

$$\text{商业总产值}=\begin{matrix}\text{按销售价格计算的}\\\text{已销售商品价值}\end{matrix}-\begin{matrix}\text{按进价计算的已}\\\text{销售商品价值}\end{matrix}-\begin{matrix}\text{运费和}\\\text{邮电费}\end{matrix}$$

或，

$$\text{商业总产值}=\begin{matrix}\text{报告期}\\\text{流通费用}\end{matrix}+\begin{matrix}\text{报告期}\\\text{税　金}\end{matrix}+\begin{matrix}\text{报告期}\\\text{利　润}\end{matrix}-\begin{matrix}\text{运费和}\\\text{邮电费}\end{matrix}$$

公共饮食业计算产值时，对它们所加工制作的饭菜、点心等，属于物质生产活动成果，应按全部价值计算，对于它们转售的商品，只按已售商品的购销差价计算。

5.货运邮电业总产值。货物运输是通过各种运输方式使货物在空间实际位移，从而对产品追加运输价值量的生产活动。货运业总产值是指运输部门完成的货物运送、装卸作业和仓库业务而追加到被运送对象中去的价值。即各交通运输企业货运营业的总收入。

货运总产值用追加价值法计算。全社会计算的货运业总产值，要包括专业运输机构和其它部门的附属机构对外承担运输工作的所有营业收入。其它部门的附属机构对内承担运输工作的价值、个体经济从事运输活动的价值，应根据相应的资料给予估算。其计算公式如下：

$$\begin{matrix}\text{货运业}\\\text{总产值}\end{matrix}=\begin{matrix}\text{货物运输}\\\text{收　　入}\end{matrix}+\begin{matrix}\text{装卸搬运}\\\text{收　　入}\end{matrix}+\begin{matrix}\text{代理业务}\\\text{收　　入}\end{matrix}\left(\begin{matrix}\text{仓库业务}\\\text{收　　入}\end{matrix}\right)$$

邮电业是传递信息、办理通信业务的社会服务部门，既为生产活动提供服务，也为人民生活提供服务。从理论上说，只有为生产活动提供服务的那部分邮电营业收入才能计入物质生产部门的总产值。然而，实际统计工作中，很难划分其界限，所以，一般把全部邮电营业收入都算为邮电业总产值。邮电业总产值，由邮电业务量乘以相应的平均单价汇总求得。其计算公式为：

$$邮电业总产值=\Sigma(邮电业务量\times单价)$$

上述五大物质生产部门总产值的合计，就是物质生产部门的总产出。

三、非物质生产部门总产值统计

非物质生产部门总产值，亦称劳务总值。它是一定时期各服务部门提供的以货币表现的劳务总量，或者是各服务部门因提供劳务而获得的收入总量。所谓劳务是相对于实物产品而言的，指不以实物形式，而以劳务活动形式提供的某种使用价值，即为社会提供的一切非实物形态的有效成果。社会经济活动除了体现为物质产品的生产和需求外，还要求社会生产和提供各种各样的劳务。如文化、教育、科技、卫生、旅游等，为提高人民文化和身体素质服务，机关、团体、军队、警察等则为保障人民正常活动提供服务。所以，也必须核算劳务价值，反映其劳务活动成果。

服务部门提供的劳务形式多样，但依其开展劳务活动的盈利情况，可以分为营业性服务部门和非营业性服务部门两类。因此，其劳务总值便分为下列三种类型分别计算：

1. 营业性服务部门劳务总值的计算。营业性服务部门包括居民生活服务业、旅游业、信息咨询业、金融保险业等所属企业。这类企业实行经济核算，以其营业收入抵补开支，其性质同物质产品生产企业相类似。它的收入来源，主要为营业收入及少量的其它收入（如上级部门拨款），计算公式为：

$$\begin{matrix}\text{营业性服务部门}\\\text{劳务总产值}\end{matrix}=\text{总收入}=\begin{matrix}\text{营业}\\\text{收入}\end{matrix}+\begin{matrix}\text{其它}\\\text{收入}\end{matrix}$$

应该指出，由于金融业和保险业自身活动的特殊性，所以，其计算公式如下：

$$\begin{matrix}\text{金融业}\\\text{劳务总产值}\end{matrix}=\begin{matrix}\text{手续费}\\\text{收　入}\end{matrix}+\left(\begin{matrix}\text{利息}\\\text{收入}\end{matrix}-\begin{matrix}\text{利息}\\\text{支出}\end{matrix}\right)$$

$$\begin{matrix}\text{保险业劳务}\\\text{总　产　值}\end{matrix}=\begin{matrix}\text{保险费}\\\text{收　入}\end{matrix}+\begin{matrix}\text{其他业务}\\\text{收　　入}\end{matrix}+\begin{matrix}\text{手续费}\\\text{收　入}\end{matrix}-\begin{matrix}\text{保险费}\\\text{支　出}\end{matrix}-\text{退保金}$$

2.事业单位性质的服务部门劳务总值的计算。事业单位例如，文化、教育、科研、卫生等单位，这类单位在我国现行管理体制下，主要是靠国家财政拨款和业务活动收入作为自身生产劳务所需费用的来源。因此，这类服务部门劳务总值的计算公式为：

$$\begin{matrix}\text{事业单位服务}\\\text{部门劳务总产值}\end{matrix}=\text{总收入}=\begin{matrix}\text{预算拨款}\\\text{收　　入}\end{matrix}+\begin{matrix}\text{业务}\\\text{收入}\end{matrix}+\begin{matrix}\text{其它}\\\text{收入}\end{matrix}$$

3.行政机构性质的服务部门劳动总值的计算。行政机构，例如，国家机关、国防机构、社会团体等。这些机构主要依靠从财政拨款取得的收入、手续费收入和居民义务交纳作为自身活动的主要费用来源。因此，这类服务部门劳务总产值的计算公式为：

$$\begin{matrix}\text{行政机构服务}\\\text{部门劳务总产值}\end{matrix}=\text{总收入}=\begin{matrix}\text{预算拨款}\\\text{收　　入}\end{matrix}+\begin{matrix}\text{其它}\\\text{收入}\end{matrix}$$

以上三种类型的劳务总值相加，即为服务部门（非物质生产部门）的劳务总产出。即劳务总值。

从以上计算过程，可以得到国民经济总产值计算公式如下：

$$\text{国民经济总产值} = \text{物质生产部门总产值} + \text{非物质生产部门总产值}$$

第三节 国民（国内）生产总值生产净值统计

国民（国内）生产总值是适应我国社会主义市场经济体制和发展战略要求，以及国际对比的需要，而用于反映经济活动最终成果的综合指标。它是国民经济生产统计的核心内容。

一、国民（国内）生产总值的概念

国民生产总值（缩写为GNP）是指一个国家的国民在一定时期内（通常是一年）在国内和国外所生产和提供的按最终消费价格计算的最终产品和劳务的总量。其中，最终消费价格是指企业和服务部门出售最终产品和提供劳务的当时实际价格。从实物内容上或使用价值的角度考察，国民生产总值包括：居民和社会集团消费的全部货物和劳务；用作投资的产品，包括用于固定资产投资和增加储备的产品，以及净出口的货物和劳务。从价值形态上考察，国民生产总值表现为国民经济各部门在生产物质产品和提供劳务中所增加的价值。即各部门增加值的总和。

国民生产总值是按国民原则计算的综合指标。凡是本国国民经营的生产的物质产品和提供的劳务，都要计入该项指标中。与国民生产总值密切相关的另一综合指标是国内生产总值（缩写为GDP）。

国内生产总值是按其国内属性的常住单位原则计算的。它是在一国的经济领土范围内由常住单位所生产的，供社会最终消费和使用的产品和劳务的总量。

国民生产总值与国内生产总值的区别在于：前者是按国民原则计算的，后者是按常住单位原则计算的。因此国民生产总值应该包括本国国民在国外投入的资本和劳务的收入，不包括外国国民在本国投入的资本和劳务的收入。国内生产总值则相反。两者之间的差额是“国外净要素收入”。其公式表示为：

$$\text{国民生产总值}=\text{国内生产总值}+\text{本国投在国外的资本和劳务的收入}-\text{外国投在本国的资本和劳务的收入}$$

$$=\text{国内生产总值}+\text{国外净要素收入}$$

在对外开放条件下，经济发达国家，资本输出和劳务输出较多，国民生产总值大于国内生产总值；经济落后国家，资本输入和劳务输入较多，国内生产总值大于国民生产总值。只有当一个国家的资本和劳务的输出与输入基本平衡时，这两个指标数额才没有多大差异。

国民生产总值和国内生产总值都不包括生产中作为中间消耗或中间投入的产品和劳务的价值，避免了生产中消耗的原材料、燃料和劳务价值的重复计算。所以，国民生产总值和国内生产总值能用以反映国民经济活动的最终成果，因而也能更全面确切地反映国民经济发展的规模、速度、结构和水平，能完整反映可提供社会最终消费和使用的物质产品和劳务总量。此外，计算国民（国内）生产总值也便于进行国际间的比较。

二、国民（国内）生产总值的计算方法

计算国民生产总值可以首先计算国内生产总值。

国内生产总值在生产方面，表现为国民经济和社会各个部门在生产产品和提供劳务中新增加的价值总量；在分配方面，表现为生产要素所有者得到的各种收入的总额；在使用方面，表现为居民个人，企业和社会集团为了消费和积累所购买产品和劳务的支出总额。因此，国内生产总值的计算就有生产法、分配法和支出法三种。

1.生产法，也称部门法或增加值法。它是从生产角度计算的，把国民经济各部门生产过程中形成的总产出减去生产环节中投入的中间产品（物质产品与服务）的价值，得到新增加的价值，并加以汇总。或者说把国民经济各生产部门的增加值相加，即得国内生产总值。生产法需要按机构部门和产业部门分别进行核算，以便与其它核算资料相互衔接。

2.分配法，也称要素成本法，收入法。它是根据生产要素在生产过程中应得收入份额来反映最终成果的计算方法。其具体构成项目有固定资产折旧，劳动者报酬、生产税净额、营业盈余等。按分配法计算增加值需要按初次收入的构成项目直接搜集资料加以计算，为满足核算的需要，应按产业部门和机构部门分别搜集整理资料。

3.支出法，也称最终产品法。它是从最终使用的角度来

反映最终产品的生产规模的一种方法。最终使用包括总消费、总积累和净出口三项内容。即把整个社会一年内最终用于消费、积累及出口的产品和劳务价值（其中扣除了进口的物质产品和劳务价值）加总，即为国内生产总值。

综上所述，国内生产总值的计算公式，可以概括如下：

国内生产总值＝国内总产值－中间消耗的物质产品和劳务的价值

＝国内经济各部门增加值之和

国内生产总值＝固定资产折旧＋劳动者报酬＋生产税净额＋营业盈余＋其它收入

国内生产总值＝居民和社会集团购买消费品和劳务支出额＋全社会固定资产形式及储备库存增加额

＋物质产品和劳务的出口净额＝总消费＋总积累＋出口净值

用生产法、收入法和支出法这三种方法计算的结果，从理论上说，应该是相等的。但是，由于资料来源不同，实际上三种结果彼此会有一定误差。这种差异，属于统计误差。

应该指出，计算国内生产总值应当按现行价格计算。为了观察其增长速度，还要将现行价格计算的国内生产总值换算为按固定价格计算的国内生产总值。一般可以采用价格指数法来消除价格变动的影响。

三、国内生产总值及其使用表

我国新国民经济核算体系中，对国民生产的核算，主要通过编制国内生产总值及其使用表进行的。该表以国内生产总值作为衡量生产与使用的核心指标，对产品和服务的生产进行统一核算，并对物质生产活动和非物质生产活动进行分类，将生产核算分为物质生产部门和非物质生产部门，而使用核算分为物质产品和非物质性服务两种形态。所以，该表核算的内容在国民经济核算体系中居于重要的地位。

1. 表的基本结构。该表采用一般平衡表形式（见表4-1）

表4-1　　国内生产总值及其使用表　　单位：亿元

生产	顺序号	合计	物质生产部门	非物质部门	使用	顺序号	合计	物质产品	服务
		1	2	3			4	5	6
一、总产出	1	51326	45832	5494	一、总支出	11	51326	45832	5494
					二、中间使用	12	28478	26648	1830
二、中间投入	2	28478	26462	296					
					1. 物质部门使用	13	26462	25062	1400
1. 物质产品投入	3	26648	25062	1586					
					2. 非物质部门使用	14	2016	1586	430
2. 服务投入	4	1830	1400	400					
					三、国内生产总值	15	22848	19184	3664
三、国内生产总值	5	22848	19370	3478					
					1. 总消费	16	14546	10950	3596
1 固定资产折旧	6	2404	1896	508	(1) 居民消费	17	11886	10468	1418
2. 劳动者报酬	7	11362	9796	1566	(2) 社会消费	18	2660	482	2178
3. 生产税净额	8	3362	2894	468	2. 总投资	19	8744	8744	
4. 营业盈余	9	5720	4784	936	(1) 固定资产形成	20	7604	7604	
					(2) 库存增加	21	1140	1140	
					3. 出口	22	3142	3056	86
					4. 进口(一)	23	3576	3558	18
					5. 统计误差	24	－8	－8	
四、物质产品净值	10		18874		四、物质产品净值	25		18874	

表分生产和使用两大部分。左方为生产方，反映生产活动的成果，表明物质产品和服务的供给。主栏由国内生产总值核算的生产法和收入法的指标构成，包括总产出、中间投入和增加值。增加值按初次分配项目分为固定资产折旧、劳动者报酬、生产税净额、营业盈余四项。为了便于物质生产成果与服务活动成果分别核算，将中间投入指标分解为物质产品投入和服务投入。宾栏按物质生产部门和非物质生产部门分组。

表的右方为使用方，反映生产成果的使用，表明物质产品和服务的使用构成。主栏由国内生产总值核算的支出法的指标构成，它包括总支出、中间使用、最终使用，分别与表左方总产出、中间投入、增加值相对应。最终使用按支出去向分为总消费、总投资、进出口。中间使用又分解为物质部门使用和非物质部门使用，以适应物质生产成果使用和服务活动成果使用的分别核算。宾栏按物质产品和服务进行分组。

表中左右双方合计栏，反映了国内生产总值及其使用的完整、系统的核算。而对表中相关指标的分解，最终可实现物质产品净值的生产和使用核算。

该表设计的基本特点是，根据生产法、收入法、支出法三面等值的原理，将国内生产总值和物质产品净值的三种计算方法集中体现在一张表中，既可以从不同的角度对两类总量指标进行观察分析；又能使两类总量指标保持各自的平衡关系。总之，该表的结构设计，保持了两类总量指标概念的完整性，逻辑关系清晰，核算方法统一性，纵横对比的可行性，充分体现了我国新国民经济核算体系的主要特色。

2.表中主要平衡关系。结合表41中的假设数字，可以列出如下各指标的计算关系式：

国内生产总值的计算。（括弧内办表的行、列顺序号）

生产法：

$$\underset{(5.1)}{\text{国内生产总值}}=\underset{(1.1)}{\text{总产出}}-\underset{(2.1)}{\text{中间投入}}$$

即：22848＝51326－28478

收入法：

$$\underset{(5.1)}{\text{国内生产总值}}=\underset{(6.1)}{\text{固定资产折旧}}+\underset{(7.1)}{\text{劳动者报酬}}+\underset{(8.1)}{\text{生产税净额}}+\underset{(9.1)}{\text{营业盈余}}$$

即：22848＝2404＋11362＋3362＋5720

支出法：

$$\underset{(15.4)}{\text{国内生产总值}}=\underset{(16.4)}{\text{总消费}}+\underset{(19.4)}{\text{总投资}}+\underset{(22.4)}{\text{出口}}-\underset{(23.4)}{\text{进口}}-\underset{(24.4)}{\text{统计误差}}$$

即：22848＝14546＋8744＋3142－3576－8

物质产品净值的计算，即狭口径的生产范围国民收入的核算。

生产法：

$$\underset{(10.2)}{\text{物质产品净值}}=\underset{(1.2)}{\text{总产出}}-\underset{(3.2)}{\text{物质产品投入}}-\underset{(6.2)}{\text{固定资产折旧}}$$

即：18874＝45832－25062－1896

收入法：

$$\underset{(10.2)}{\text{物质产品净值}}=\underset{(7.2)}{\text{劳动者报酬}}+\underset{(8.2)}{\text{生产税净额}}+\underset{(9.2)}{\text{营业盈余}}+\underset{(4.2)}{\text{服务投入}}$$

即：18874＝9796＋2894＋4784＋1400

支出法：

$$\underset{(24.5)}{\text{物质产品净值}} = \underset{(16.5)}{\text{总消费}} + \begin{array}{c}\text{非物质生产部门}\\\text{中间使用}(14.5)\end{array} + \underset{(19.5)}{\text{总投资}}$$

$$+ \begin{array}{c}\text{物质生产部门固定}\\\text{资 产 折 旧 }(6.2)\end{array} + \underset{(22.5)}{\text{出口}} - \underset{(23.5)}{\text{进口}} - \underset{(24.5)}{\text{统计误差}}$$

即：18874＝10950＋1586＋8744－1896＋3056－3558－8

从以上计算过程看出，在整个核算表中，左右双方反映生产与使用、收入与支出的总的平衡关系，如果不考虑统计误差因素，则有如下一些恒等关系：

总产出＝总支出

中间投入＝中间使用

国内生产总值的生产＝国内生产总值的使用

物质产品净值的生产＝物质产品净值的使用

根据上述各项指标的计算公式以及指标之间的平衡关系，按照生产核算的平衡原则要求，可以列出如下物质产品净值的转换公式：

$$\underset{(10.2)}{\text{物质产品净值}} = \begin{array}{c}\text{物质生产部门}\\\text{增加值 }(5.2)\end{array} + \underset{(4.2)}{\text{服务投入}} - \underset{(6.2)}{\text{固定资产折旧}}$$

即：18874＝19370＋1400－1896

上列公式中的“服务投入”，是指物质生产部门生产过程中消耗非物质生产部门所提供的劳务价值。由于在狭口径生产范围内，非物质生产部门不是生产核算的对象，所以，它对物质生产部门提供的劳务，即“服务投入”不能看成中间投入，而是由于非物质生产部门向物质生产部门提供劳务所取得的收入，属于物质产品净值的再分配。因此，将宽口径生产范围的物质生产部门增加值，换算成狭口径的物质生产部门净值（物质产品净值），应当加上“服务投入”。由此可见，在进行宽、狭口径生产总量指标换算时，关键是要将物质生产部门对非物质生产部门中间使用的劳务价值或者非物质生产部门中间使用的物质产品价值，作特殊处理，才可以得出比较正确的结论。

四、国民（国内）生产总值统计的作用

国民（国内）生产总值，是反映国民经济活动成果总量的一个重要的综合指标，在国民经济管理和分析中具有重要作用。

1.它完整地反映了国民经济活动成果总量，是研究国民经济活动规模和综合国力的基本依据。在过去相当长一段时期内，我国按照物质产品平衡表核算体系，只统计五大物质生产部门的生产活动成果，而把非物质生产部门活动成果排除在外。显然，它不能全面反映国民经济活动的实际状况。国民（国内）生产总值，既包括物质生产部门提供社会最终消费和使用的物质产品，也包括非物质生产部门提供社会最终消费的劳务，因而能完整地反映国民经济活动的总成果，用以衡量国民经济和社会发展规模、速度、水平是比较全面、确切、扎实的指标。

2.它是研究国民经济增长的科学依据。由于国民经济总产值，不仅包含新增的产品和劳务的价值，而且还包含中间产品和劳务的转移价值的重复计算，所以，用其衡量测定国民经济增长就不够确切。而国民（国内）生产总值，它表明国民经济各部门提供社会最终使用的产品和劳务总量，也就是用于消费和投资的总和。不含有作为生产投入的中间消耗转移价值，从而可以比较确实地反映包含三次产业在内的国

民经济增长变化情况。所以，它是分析经济增长和预测经济发展趋势的理想指标。

3.它是衡量和分析宏观经济效益的核心指标。宏观经济效益是投入与产出之比。国民（国内）生产总值，从价值形态看，是国民经济各部门增加值总和。因此，将其与总产出（总投入）、中间消耗（中间投入）相比较，可以分析一个国家的宏观经济效益。例如，将中间消耗与增加值相比，基本上可以反映投入与新增价值的产出之比；将单项消耗与增加值进行比较，以分析单项资源利用的具体效益情况；按地区分组的各行业增加值与国内生产总值相比，可以研究不同地区、不同行业对国民经济贡献情况等，以揭示社会经济发展过程中的成效、差异及其原因。

4.它是分析国民经济运行中重大比例关系的重要依据。由于国民（国内）生产总值，可采用生产法、收入法、支出法三种方法同时计算，因此，可以为研究分析生产、分配、交换、使用过程中的各种重要比例关系。例如总投入与原始投入的比例关系，中间投入与原始投入的比例关系、总产出、中间产出、最终产出之间比例关系；增加值初次分配中国家、集体、个人三者之间的比例关系；消费与投资的比例关系、总消费中居民消费与社会消费的比例关系、总投资中固定资产形成与库存增加的比例关系、国内使用与出口之间比例关系等等。这些比例关系的资料，可以及时为国家的宏观管理和监督提供重要的信息，能促使社会主义市场经济条件下宏观调控水平的不断提高。

5.它有助于国际比较分析。我国实行对外开放，国际交往越来越多、越来越广泛。为了借鉴，吸取国外有用的东西，为我所用，以促进四化建设，需要进行国民比较，现在世界上绝大多数国家都以国民（国内）生产总值和人均国民（国内）生产总值，作为衡量一国社会经济发展水平的重要指标。所以，我国进行国民（国内）生产总值统计，也就便于我国同世界其他国家进行比较分析。

五、国民（国内）生产净值的概念和计算

国民（国内）生产净值是指在一定时期内，国民经济活动所提供的以货币表现的净增加产品和劳务的总量。它反映国民经济活动的净成果。所以，它从实物内容上看，表现为能够用于最终消费、净积累和净出口的产品和劳务的总量。从价值形态上看，生产净值是国民经济各部门在生产物质产品和提供劳务中新创造价值的总和。

国民（国内）生产净值也可以分别按生产法、收入法和支出法进行计算。生产法计算生产净值，等于总产出扣除中间产品和固定资产折旧后的余额。收入法计算生产净值，可根据各部门净产值的收入分配项目（劳动报酬、福利费用、营业盈余和税金等）加总求得。以支出法计算生产净值，是把全社会用于消费的产品和劳务、用于净积累的产品和用于净出口的产品和劳务加总求得。这些计算方法的算式表示如下：

国民生产净值＝国民总产出－中间产品和劳务消耗－固定资产折旧
＝劳动者报酬＋职工福利费＋营业盈余（企业利润留成）＋上缴税金
＝消费基金＋积累基金＋净出口

生产净值按国民原则计算，即为国民生产净值；按国土原则计算，为国内生产净值。

国民（国内）生产净值，是国民经济生产统计中另一个重要的总量指标。它在国民经济管理与经济分析中，有其自己的作用。首先，它在实物形态上，是表明在一定时期内，国民经济各部门净增加的可用于满足社会消费和新增国民财产的产品和劳务总量，而不包括用于中间消耗的产品和劳务，也不包括用于固定资产更新的产品。因而用它更能反映一个国家或地区的国民经济发展水平，用于测定经济增长情况等。其次，它在价值形态上，是反映在一定时期内，国民经济各部门生产经营活动新创造价值总和，完全排除中间消耗的产品与劳务和固定资产磨损等转移价值，是生产活动的净成果。因而用它来测算与分析国民经济效益、研究国民经济分配关系等，也更为适宜。最后，世界上许多国家也都对国民（国内）生产净值进行统计，所以，它要用于国际间的对比。

第四节　国民经济投入与产出核算

国民经济投入产出核算，是国民经济生产活动成果总量统计的扩展与延伸。它进一步核算各总量指标的构成，反映社会再生产过程国民经济各部门之间的技术经济联系等，能够提供更多的信息。

一、国民经济投入与产出核算的概念

投入与产出核算是通过编制投入产出表和建立相应的平

衡数学模型，对国民经济运行过程中各部门之间投入与产出的相互关系进行数量分析的一种方法。

所谓投入，是指经济活动的各种要素的占用与消耗。如生产过程中生产要素（劳动力，劳动资料）的占用和对原材料、燃料、机器设备折旧及工人劳动力等消耗。所谓产出，是指经济活动的成果。如生产活动所得的一定数量产品。各种经济活动的投入与产出、生产与分配之间存在着一定的数量关系。一方面，产品生产要投入一定量的物质资料和劳动；另一方面，经济活动的各种产出又要按社会需求进行比例分配。因此，通过投入与产出核算，编制投入产出表可以扼要地概括和描述一个经济体系所有各种投入的来源和产出的去向，以分析经济活动过程的重大比例关系，说明一定时期的经济结构，对经济发展作出科学预测。

二、投入与产出表式结构与平衡关系

投入产出表，也称为部门联系平衡表或产业关联表。它是根据国民经济各部门生产中所投入来源和产品（或服务）的分配使用去向排列而成的一张棋盘式平衡表。

投入产出模型的各种类型中，物质产品投入产出表；物质产品和服务投入产出表是基础，一般采用价值形态投入产出表。其基本表式如表 4－2。

价值型投入产出表的主栏由中间投入价值、最初投入价值和总投入价值三部分组成。中间投入价值指在生产过程中消耗的原材料，燃料等价值。最初投入由固定资产磨损的价值、劳动者的劳动报酬、生产税净额和营业盈余等组成。宾栏由中间产品、最终产品和总产品三部分组成。中间产品即

表4-2

价值型投入产出表

投入 \ 产出		中间产品					最终产品	总产品
		部门1	部门2	……	部门n	合计		
中间投入	部门1	X_{11}	X_{12}	…	X_{m}	$\sum_{j=1}^{n} X_{1j}$	y_1	q_1
	部门2	X_{21}	X_{22}	…	X_{22}	$\sum_{j=1}^{n} X_{2j}$	y_2	q_2
	……	…	…	…	…	…	⋮	⋮
	部门n	X_{n1}	X_{n2}	…	X_{nn}	$\sum_{j=1}^{n} X_{nj}$	y_n	q_n
	合计	$\sum_{i=1}^{n} X_{i1}$	$\sum_{i=1}^{n} X_{i2}$	—…	$\sum_{i=1}^{n} X_{in}$	$\sum_{i=1}^{n}\sum_{j=1}^{n} X_{ij}$		
最初投入	固定资产折旧d	d_1	d_2	…	d_n			
	劳动者报酬V	V_1	V_2	…	V_n			
	生产税净额S	S_1	S_2	…	S_n			
	营业盈余m	m_1	m_2	…	m_n			
	其它r	r_1	r_2	…	r_n			
	合计n	n_1	n_2	…	n_n			
总投入		q_1	q_2	…	q_n			

在生产过程中消耗的产品。最终产品包括用于固定资产更新的产品，以及用于积累和消费的产品。

价值型投入产出表能够同时反映社会产品的实物运动过程和价值运动过程。其主栏和宾栏通过表中纵横交叉的两条双线，将全表分为四个部位。即第Ⅰ、Ⅱ、Ⅲ、Ⅳ象限。

第Ⅰ象限，是全表的基本部位。由名称相同、排列次序相同、数目一致的若干个产品部门纵横交叉而组成。它侧重揭示了国民经济各部门之间相互依存、相互制约的技术经济联系。这种联系主要是由一定时期的生产技术条件所决定的。表格中的每个数字都具有双重意义。从横向看，它表明每一个产品部门的产品或服务提供给各个产品部门使用的数量，从纵向看，它表明每一个产品部门在生产过程中消耗各个产品部门的产品或服务的数量。

第Ⅱ象限，是第Ⅰ象限在水平方向的延伸。其主栏与第Ⅰ象限的部门相同。宾栏包括总消费、总积累、出口等最终使用。它反映各个产品部门的产品或服务用于各种最终使用的数量，反映各种最终使用的构成。

第Ⅲ象限，是第Ⅰ象限垂直方向的延伸。其主栏为固定资产折旧、劳动者报酬等等各种最初投入。宾栏的产品部门同第Ⅰ象限。它反映各产品部门的最初投入（即增加值）的形成过程和构成情况。

第Ⅳ象限，是第Ⅱ象限和第Ⅲ象限的共同延伸。其主栏是第Ⅲ象限的最初投入。宾栏是第Ⅱ象限的最终产品。它应能反映社会产品价值再分配的内容，由于社会产品价值再分配的内容非常复杂，目前，尚处于探讨阶段，正式编表时，都将这部分略去。

投入产出表第Ⅰ象限和第Ⅱ象限连结在一起，反映国民经济各部门的产品或服务的分配、使用去向，第Ⅰ象限和第Ⅲ象限连结在一起，反映国民经济各部门在生产经营中的投入情况，反映国民经济各部门产品或服务的价值形成过程。据其表式结构，存在的平衡关系有：

1. 各部门中间产品加最终产品之和等于总产品。这是按横向确立的平衡关系，从使用价值角度反映各部门产品的分配使用及和总产品的关系。其数学式为：

$$\sum_{j=1}^{n} X_{ij}+y_i=q_i \qquad (i=1、2、\cdots\cdots n)$$

2. 各部门产品的中间消耗价值与部门增加值之和等于总产值。这是按纵向确立的平衡关系，从价值角度反映各部门产品的价值构成及和总投入的关系。其数学式为：

$$\sum_{i=1}^{n} X_{ij}=n_j=q_j \qquad (j=1、2、\cdots\cdots n)$$

其中： $n_j=d_j+v_j+m_j+s_j+r_j$

3. 同行同列价值相等。在不考虑进出口的情况下，横行各部门的总产量和纵列相应部门的总产值相等。其数学式为：

当 $i=j$ 时，有：

$$\sum_{j=1}^{n} X_{ij}+y_i=\sum_{i=1}^{n} X_{ij}+n_j$$

4. 第Ⅰ象限各行合计的总和与各列合计的总和相等。说明全社会生产上的中间消耗与用于补偿中间消耗的产品是平

表4-3

投入产出表

投入＼产出			中间使用										最终使用						进口	总产出
			物质生产部门						非物质生产部门			中间使用合计	总消费		总积累		出口	最终使用合计		
			第一产业		第二产业		第三产业													
			粮食种植业…	第一产业合计	煤炭开采业…	第二产业合计	铁路货运业…	物质部门合计	铁路客运业…	第三产业合计	非物质部门合计		居民消费	社会消费	固定资产形成	库存增加				
中间投入	物质生产部门	第一产业																		
		粮食种植业																		
		…																		
		第一产业合计																		
		第二产业																		
		煤炭开采业																		
		…																		
		第二产业合计																		
		第三产业																		
		铁路货运业																		
		…																		
		物质部门合计																		

中间投入	非物质生产部门	…													
		产业	铁路客运业												
			…												
			第三产业合计												
		非物质部门													
		合　计													
	中间投入合计														
增加值	固定资产折旧														
	劳动者报酬														
	生产税净额														
	营业盈余														
	合　计														
总投入															

衡的。即：

$$\sum_{i=1}^{n}\sum_{j=1}^{n}X_{ij}=\sum_{j=1}^{n}\sum_{i=1}^{n}X_{ij}$$

5.第Ⅱ象限最终产品合计的总和等于第Ⅲ象限最初投入合计的总和。说明社会最终产值或国内生产总值的使用额等于其生产额。即：

$$\sum_{i=1}^{n}y_i=\sum_{j=1}^{n}(d_j+v_j+s_j+m_j+r_j)=\sum_{j=1}^{n}n_j$$

但是，各部门最终产品的合计数不等于其最初投入的合计数。即：

$$y_i\neq n_j \qquad (\text{当}i=j\text{时})$$

我国1987年价值型物质产品和劳务的投入产出表，是从改革开放，发展市场经济的现实出发，在吸收国际上两种核算体系的长处的基础上设计出来的。其表式如下：（见表4-3）

该表中的主要指标及其含义与国内生产总值及其使用表中的有关指标基本相同。它所具有的基本特点是：首先，在坚持马克思主义基本原理的基础上，突破五大物质生产部门的界限，把投入产出表的核算范围从物质生产部门扩大到非物质生产部门，其次从进行国际对比的需要出发，设计了板块式的转换结构，通过转换模块之间的“拆卸”和“组装”，并借助于辅助转换计算，所以科学而简便地转换出MPS体系的投入产出表和接近于SNA体系的投入产出表，以适应开放和对比的需要。

三、投入产出表的基本系数

利用投入产出资料进行各种分析，首先需要计算有关系数。投入产出表的系数很多。这里介绍几种主要系数。

1. 直接消耗系数。直接消耗系数，也称为投入系数，记为a_{ij}（$ij=1, 2, \cdots\cdots, n,$）。是指某一个部门（如$j$部门）在生产经营过程中单位总产出直接消耗另一部门（如i部门）的产品或服务的数量。

直接消耗系数的计算方法是：用第j部门的总投入(X_j)去除该部门生产经营中所直接消耗的第i部门的产品或服务的数量X_{ij}。用公式表示为：

$$a_{ij}=\frac{X_{ij}}{X_j}\ (i, j=1, 2, \cdots\cdots, n,)$$

全部直接消耗系数a所组成的矩阵，称为直接消耗系数矩阵。记为：

$$A=(a_{ij})n\times n$$

把直接消耗系数公式代入投入产出表的行列模型，可得到：

$$\sum_{j=1}^{n}a_{ij}X_j+Y_i=X_i\ (i=1, 2, \cdots\cdots, n,)$$

用矩阵表示为：

$$AX+Y=X$$

式中：X、Y均为列向量，A为直接消耗系数矩阵。

即

$$A=\begin{bmatrix} a_{11} & a_{12}\cdots\cdots a_{1n} \\ a_{21} & a_{22}\cdots\cdots a_{2n} \\ \vdots & \vdots\cdots\cdots\vdots \\ a_1^n & a_2^n\cdots\cdots a_n \end{bmatrix} X=\begin{bmatrix} X_1 \\ X_2 \\ \vdots \\ X_n \end{bmatrix} Y=\begin{bmatrix} y_1 \\ y_2 \\ \vdots \\ y_n \end{bmatrix}$$

整理可得：

$$(I-A)X=Y$$

$$(I-A)^{-1}Y=X$$

矩阵$Y=(I-A)X$和$X=(I-A)^{-1}Y$，是投入产出法中常用的两个基本数学模型。前者是通过各部门总产出（X）求各部门最终使用量（Y）的表达式；后者是通过各部门最终使用量（Y）求各部门总产出（X）的表达式。而矩阵$(I-A)$和$(I-A)^{-1}$在投入产出模型中地位十分重要，前者称列昂节夫矩阵，后者称列昂节夫逆矩阵。

用实物量计算的直接消耗系数a_{ij}反映各类产品生产过程中的技术联系。用价值量计算的直接消耗系数a_{ij}，由于包含了价格因素，因而它除了受技术条件影响外，还受产品或服务的价格和部门内部的产品和服务结构等因素的影响。

用价值量计算的直接消耗系数a_{ij}，其取值范围为$0\leqslant a_{ij}<1$。即所有直接消耗系数等于或大于零，且都小于1。在此范围内，a越大，则说明i和j这两个部门之间的直接相互依赖性越强，直接技术经济联系越密切；a_{ij}越小，则说明i和j这两部门之间的直接相互依赖性越小；a_{ij}等于零则说明i和j部门之间没有直接依赖关系。

直接消耗系数a_{ij}是投入产出模型的核心。引入直接消耗系数之后，就可以把经济因素和技术因素有机结合起来，使经济分析建立在定性和定量分析的基础之上。

2.完全消耗系数。国民经济各部门之间的技术经济联系，除了直接联系外，还有间接联系。直接联系通过直接消耗系数得以揭示，间接联系则要通过计算完全消耗系数才能得到。

完全消耗系数，通常记为b_{ij}，是指某一部门(如j部门)每提供一个单位最终产品，需要直接和间接消耗（即完全消耗）另一部门（如i部门）的产品或服务数量。完全消耗系数是直接消耗系数和全部间接消耗系数之和，组成了国民经济的完全消耗结构。其公式为：

$$b_{ij}=a_{ij}+\sum_{k=1}^{n}b_{iK}\cdot a_{Kj}\ (i、j=1,2,\cdots\cdots、n,)$$

式中，a_{ij}为直接消耗系数，K表示生产中间产品的部门，$\sum_{k=1}^{n}b_{ik}\cdot a_{kj}$表示通过$K$种中间产品而形成的单位$j$部门产品对$i$部门的全部间接消耗。

上式用矩阵形式表示为：

$$B=A+BA$$

式中，A为直接消耗系数矩阵，B为完全消耗系数矩阵：

$$B=\begin{bmatrix} b_{11} & b_{12}\cdots b_{1n} \\ b_{21} & b_{22}\cdots b_{2} \\ \vdots & \vdots \quad \vdots \quad \vdots \\ b_{n1} & b_{n2}\cdots b_{1n} \end{bmatrix}$$

将BA移至方程的左边，两边同时加入单位矩阵I，得：

$$B-BA+I=A+I$$

将A移至方程式左边，并整理得：

$$(I-A)(B+I)=I$$

两边同时乘以$(I-A)^{-1}$得：

$$B+I=(I-B)^{-1}$$

即

$$B=(I-A)^{-1}-I$$

因此，完全消耗系数矩阵就等于列昂节夫逆矩阵减去单位矩阵。

若将矩阵 $B+I=(I-A)^{-1}$ 代入矩阵 $X=(I-A)^{-1}Y$，经过简单的数学处理后，又可以得到如下的数学模型：

$$
\begin{aligned}
X &= (B+I)y \\
&= By+y
\end{aligned}
$$

上列模型表明，通过各部门的最终使用量和完全消耗系数的联系，可以求出各部门的总产出。

将完全消耗系数和直接消耗系数比较，可以看出，完全消耗系数比直接消耗系数更全面、更深刻地反映了部门之间的生产技术联系。两者的区别主要在于：直接消耗系数是从生产过程的某一环节考察部门间的联系，完全消耗系数则是从整个生产过程的所有环节加以考察；直接消耗系数是从总产品角度考察部门间的消耗关系，完全消耗系数则是从生产过程的末端最终产品角度来考察产品间的消耗关系。

四、投入产出模型应用案例

为了加深对投入产出模型应用的理解，这里假设一个简化的例子，具体地阐述其应用过程。

假设某地区的国民经济分为 3 个产品部门，根据 3 个部门的投入与产出关系，编制简化的价值型投入产出表如下：

根据上列投入产出表资料，可以先计算直接消耗系数和完全消耗系数；然后利用直接消耗系数组成的投入产出模型和完全消耗系数构成的投入产出模型，预测与总产品规模和构成相适应的最终产品规模和构成，或预测与最终产品规模

表4-4　　某地区92年简化的价值型投入产出表

单位：万元

投入＼产出		中间产品 部门1	部门2	部门3	合计	最终产品	总产品
中间投入	部门1	120	380	60	560	640	1200
	部门2	180	3040	360	3580	4020	7600
	部门3	60	190	120	370	830	1200
	合　计	360	3610	540	4510	5490	10000
最终投入		840	3990	660	5490		
总投入		1200	7600	1200	10000		

和构成相适应的总产品规模和构成。现在分别计算如下：

1. 计算直接消耗系数（a_{ij}）（A）

根据直接消耗系数的计算公式$a_{ij}=\frac{x_{ij}}{X_j}$，可以得到下列的直接消耗系数矩阵：

$$A=\begin{bmatrix}0.10 & 0.05 & 0.05\\ 0.15 & 0.40 & 0.30\\ 0.05 & 0.025 & 0.10\end{bmatrix}$$

这些数字表明，某个部门一个单位的产出需要各个部门一定而且稳定不变的投入比例。如部门1，每生产一个单位的产出，其中，10%需投入本部门产品，15%需投入部门2产品，5%的需投入部门3的产品等。

2. 计算完全消耗系数（b_{ij}）（B）

根据完全消耗系数的计算公式$B=(I-A)^{-1}-I$，可以得到下列的完全消耗系数矩阵：

$$B=(I-A)^{-1}-I=\begin{bmatrix}1-0.10 & -0.05 & -0.05\\ -0.15 & 1-0.4 & -0.30\\ -0.05 & 0.025 & 1-0.10\end{bmatrix}^{-1}-\begin{bmatrix}100\\010\\001\end{bmatrix}$$

$$=\begin{bmatrix}1.1329 & 0.0984 & 0.0957\\ 0.3191 & 0.7180 & 0.5904\\ 0.0718 & 0.0532 & 0.1329\end{bmatrix}-\begin{bmatrix}100\\010\\001\end{bmatrix}$$

$$=\begin{bmatrix}0.1329 & 0.0984 & 0.0957\\ 0.3191 & 0.7180 & 0.5904\\ 0.0718 & 0.0532 & 0.1329\end{bmatrix}$$

这些数字表明，完全消耗系数比直接消耗系数要大得多，b_{ij} 比 a_{ij} 更全面、更深刻地反映了部门间的相互依赖关系。因此，在对经济和社会发展作出决策时，如果只考虑部门间的直接联系，不考虑其间接联系，就容易把国民经济发展引入误区。所以，在制定宏观规划时，若作出重点发展某一部时的决策时，不仅要考虑该部门的需要与可能，而且要考虑所有部门对该部门产品的需要，不仅要考虑直接需要，还应考虑间接需要。

3.利用投入产出模型$Y=(I-A)X$，由总产品推算最终产品。

假定部门间直接消耗系数不变，若93年该地区1、2、3部门的总产品增长率分别为5％、7％、8％。则预测与之相适应的各部门最终产品应达到水平的计算过程如下：

（1）93年各部门的总产品生产水平

$X_1=1200\times(1+0.05)=1260$万元

$X_2=7600\times(1+0.07)=8132$万元

$X_3=1200\times(1+0.08)=1296$万元

$$\sum_{i=1}^{3} X_2 = X_1 + X_2 + X_3 = 1260 + 8132 + 1296 = 10688\text{万元}$$

（2）93年各部门最终产品水平

$$\begin{bmatrix} Y_1 \\ Y_2 \\ Y_3 \end{bmatrix} = \begin{bmatrix} X_1 \\ X_2 \\ X_3 \end{bmatrix} - \begin{bmatrix} a_{11} & a_{12} & a_{13} \\ a_{21} & a_{22} & a_{23} \\ a_{31} & a_{32} & a_{33} \end{bmatrix} \begin{bmatrix} X_1 \\ X_2 \\ X_3 \end{bmatrix}$$

$$= \begin{bmatrix} 1260 \\ 8132 \\ 1296 \end{bmatrix} - \begin{bmatrix} 0.1 & 0.05 & 0.05 \\ 0.15 & 0.40 & 0.30 \\ 0.05 & 0.025 & 0.10 \end{bmatrix} \begin{bmatrix} 1260 \\ 8132 \\ 1296 \end{bmatrix}$$

$$= \begin{bmatrix} 662.6 \\ 4301.4 \\ 900.1 \end{bmatrix}$$

$$\sum_{i=1}^{3} Y_i = Y_1 + Y_2 + Y_3 = 662.6 + 4301.4 + 900.1 = 5864.1\text{万元}$$

4. 利用投入产出模型$X=(I+B)Y$，由最终产品推算总产品。

假定部门间消耗系数不变动，若93年该地区1、2、3部门的最终产品分别定为700、4680、960万元。则预测与之相适的各部门总产品应达到水平的计算过程如下：

根据平衡模型$X=(I+B)Y$，

$$\begin{bmatrix} X_1 \\ X_2 \\ X_3 \end{bmatrix} = \begin{bmatrix} Y_1 \\ Y_2 \\ Y_3 \end{bmatrix} + \begin{bmatrix} b_{11} & b_{12} & b_{13} \\ b_{21} & b_{22} & b_{23} \\ b_{31} & b_{32} & b_{33} \end{bmatrix} \begin{bmatrix} Y_1 \\ Y_2 \\ Y_3 \end{bmatrix}$$

$$= \begin{bmatrix} 700 \\ 4680 \\ 960 \end{bmatrix} + \begin{bmatrix} 0.1329 & 0.0984 & 0.0957 \\ 0.3191 & 0.7180 & 0.5904 \\ 0.0718 & 0.0532 & 0.1329 \end{bmatrix} \begin{bmatrix} 700 \\ 4686 \\ 960 \end{bmatrix}$$

$$=\begin{bmatrix}700\\4680\\960\end{bmatrix}+\begin{bmatrix}645.4\\4150.4\\941.8\end{bmatrix}=\begin{bmatrix}1345.4\\8830.4\\1054.8\end{bmatrix}$$

$$\sum_{i=1}^{3}X_i=X_1+X_2+X_3=1345.4+8830.4+1054.8=11230.6\text{万元}$$

通过以上由总产品推算最终产品的模型和由最终产品推算总产品的模型的案例的运算，可以明显地看出，无论是总产品变动对最终产品的影响，还是由最终产品变动对总产品的影响，只有借助于直接消耗系数和完全消耗系数，才可以作出全面、准确的定量分析，由此可见，这两个基本系数在投入产出核算中的重要地位。

五、投入产出表的编制

投入产出表的编制涉及到一系列的理论和方法问题，下面就投入产出表编制的基本假定、投入产出表的部门分类、投入产出总表编制的具体方法等逐一阐述。

1.投入产出核算的基本假定。正如前述，投入产出核算是通过编制投入产出表，从而建立确定型的线性代表模型，计算一系列特有的经济参数，用于定量分析。但是，由于客观社会经济现象复杂多变，为了使建立的线性模型具有可行，能准确揭示国民经济部门间的本质联系，需要对客观现象进行抽象，作出一些科学的假定，在编制投入产出表时，基本假定有如下三点：

一是，同质性假定，要求每个部门用单一的投入结构来生产同一的产品，并要求在不同部门的产品之间没有自动代用的现象。否则，一种产品的产出量与投入量就不会是确定性的线性关系。

二是，比例性假定，要求任何部门所消耗的各种投入的数量与该部门的总产出成正比例变动。否则，每个部门的各种投入就不可能是该部门产出水平的唯一线性函数。

三是，稳定性假定，要求各部门的消耗系数在一定时期内是稳定的。否则，就无法运用投入产出表资料进行经济分析。

所以，编制投入产出表，或者进行投入产出分析时，只有基本上满足上述假定条件，投入产出核算中的平衡模型才可以成立，才能将投入产出表中的数据用于实践。因此，在编制投入产出表时，应该充分考虑这三个基本假定的要求。

2. 投入产出表中的部门分类。根据投入产出法基本假定的要求，投入产出表中部门分类，要求产品的消耗结构相同、工艺技术相同、经济用途相同。其中消耗结构相同是最主要的标志。按照这些标志所作的部门分类，就是第一章中所阐述的产品部门分类，（或纯部门分类）。

产品部门划分的粗细程度要根据投入产出分析的需要与可能来综合考虑。部门划分得细，部门就比较纯，系数就比较精确，分析也较为可靠；但另一方面，编表投入的人力、财力、时间就会增多，资料搜集的难度就会加大，所以应从实际出发，科学地确定产品部门划分的粗细程度，使得所编制的投入产出表规模适当、便于使用。

从理论上讲，按产品部门编制投入产出表可以更准确地说明部门间的经济技术联系。但这只能是部门划分的一种抽象，现实经济生活中并不存在这样一种部门分类。因此，在编制投入产出表时，首先要考虑，怎样将现行的部门分类

（即产业部门分类）的资料调整为纯部门所需资料。

3. 编制投入产出表的具体方法。编制投入产出表的具体方法有多种，下面扼要说明直接分解和间接推导法的基本内容。

（1）直接分解法，它是先在基层企事业单位，将其生产的各种不同产品或劳务的投入和产出的资料，按照投入产出纯部门分类原则，分别划归到不同的产品部门去，然后再由综合部门汇总成表。直接分解法的关键是基层分解，即从基层调查入手，将每个基层单位生产的次要产品和劳务的投入与产出直接分解出来，转移到它们所属的"纯"部门。在基层不管采用哪一种调查方式和分解方法，最终都要求各个"纯"部门的总量之和等于现有统计中各个产业部门的总量之和。即满足下列平衡关系：

$$\sum_{i=1}^{n} X_i = \sum_{j=1}^{m} X'_j$$

$$\sum_{i=1}^{n} C_{Ki} = \sum_{j=1}^{m} C'_{kj}$$

$$\sum_{i=1}^{n} n_{ij} = \sum_{j=1}^{m} n'_{ij}$$

式中：X、C、n代表"纯"部门总产值、中间消耗、增加值X'、C'、n'代表产业部门总产值、中间消耗、增加值。

从直接分解法要求的平衡关系中可以看出，它的工作过程包括总产值的分解、中间投入的分解，最初投入的分解，最终使用的分解，编制总表等。

直接分解法由于它能满足上述三个平衡关系，便于跟其他统计资料配套使用，数字也较准确，所以能更好地满足多种经济分析的需要。但是，它要求基层有较好的核算基础，制表的投入较多，基层工作量过大，分解所得资料对基层用处也不大。

（2）间接推导法。它又称次要产品转移法（简称转移法），或U表V表法（简称UV表法）。这种方法首先是编制两张基础表—产品×部门的投入表和部门×产品的产出表，然后再根据数学公式推导产品×产品投入产出表或部门×部门投入产出表。也就是说，间接推导法的投入产出表包括两张用以推导的基础表，即投入表（U表）和产出表（V表），还包括两张推导而得的纯表，即产品×产品表和部门×部门表。两张基础表和两张推导表可以有机地联系于一张表中，这张表就是推导法投入产出总表（见表4-5）。

表4-5　推导法投入产出总表

		产品	部门	最终产品	总产出
		1 2 … n	1 2 … n		
产品	1 2 … n	(q_{ij})	U	F	Q
部门	1 2 … n	V	(X_{ij})	Y	X
最初投入		M^T	N^T		
总投入		Q^T	X^T		

推导法投入产出总表的第I部分（象限）包括四张子表：投入表（U）在右上方，也叫消耗矩阵，它记录各需求部门在生产过程中消耗各部门产品的数量。表的主栏按产品划分的部门，叫产品部门；宾栏是按企事业的基层单位划分的部门，叫产业部门。产出表（V）在左下方，也叫制造矩阵，它记录各生产部门生产的本部门主体产品和其他部门产品的数量。表的主栏是产业部门，宾栏是产品部门。产品间流量表（q_{ij}）位于左上方；部门间流量表（X_{ij}）位于右下方。（q_{ij}）矩阵和（X_{ij}）矩阵正是所要推导的纯产品表即产品×产品投入产出表和纯部门表即部门×部门投入产出表的第I象限的资料。由此可见，两张推导表则由表 4-5 中的(q_{ij})、M^T、Q^T、F、Q五块及(X_{ij})、N^T、X^T，Y、X五块组成。

在编好投入表和产出表的基础上，可以先分别计算部门消耗系数b_{ij}和产品比例系数C_{ij}以及部门比例系数d_{ij}；然后根据产品工艺假定和部门工艺假定，并借助数学模型来推算纯产品消耗系数和纯产业部门消耗系数，进而推导纯产品表和纯产业部门表。

间接推导法，由于并不需要广大基层单位直接分解纯部门资料，只需要企业填报产业部门投入表和产出表，而这些资料的口径，符合基层现行核算制度的规定，因此，资料比较容易取得，花费的工作量较小，投入的人力、物力、财力较小。但是，其数据的精确性可能没有直接分解法高，因为它是根据有关的经济假定推导而得，难免有脱离实际之处，导致影响编表的质量。

六、投入产出表的应用

投入产出表的应用，在这里仅仅是指国民经济投入产出核算中，对已编制的价值型投入产出表中资料的开发利用。投入产出核算的最大特色是以表现产业部门间的生产技术联系为中心内容。这个特点决定了投入产出分析的基本方向。它不在于一般地表现国民经济的结构和比例，而主要在于表现部门间的联系。也就是说，它所研究的经济结构比例关系，在于揭示部门间内在的技术经济联系。而研究分析这类部门间的联系，需要利用投入产出表的资料，计算一系列特殊的参数指标。比如，部门的影响力系数、部门的感应度系数等等。现择要阐述如下：

1.影响力的测定。当利用投入产出核算资料研究部门间经济技术联系时，若考察某一部门的最终需求即最终产品的变动对与其有关的各个供应部门产出的影响程度，则需计算影响力系数，用以分析一个部门影响其它部门的能力。这种系数所表现的部门间联系，通常又称为后向联系。其计算公式为：

$$y_j=\frac{\sum_{i=1}^{n}b_{ij}}{\frac{1}{n}\sum_{j=1}^{n}\sum_{i=1}^{n}\bar{b}_{ij}}\quad(j=1、2、\cdots\cdots n)$$

式中，y_j为第j部门的影响力系数；$\bar{b}_{ij}$为列昂节夫逆矩阵系数表中的元素，亦称完全需要系数；分子表示第j部门增加单位最终需求对有关部门产出的总影响，即第j部门产出系数；分母表示所有部门的最终需求都增加一个单位对所有部门产出的平均影响。

若$y_j>1$，则表明该部门的影响力高于平均水平；若y_j

<1，则表明该部门的影响力低于平均水平。

2.感应度的测定。如果利用投入产出核算的资料，研究某一供应部门的产出受与其有关的所有需求部门产出变动影响程度，则要计算感应度系数，用以测定一个部门受其它部门影响状况。这种系数所表明的部门间联系，通常又称为前向联系。其计算公式为：

$$Z_i=\frac{\sum_{j=1}^{n}\bar{b}_{ij}}{\frac{1}{n}\sum_{i=1}^{n}\sum_{j=1}^{n}\bar{b}_{ij}}\quad(i=1,2,\cdots\cdots n)$$

式中，Z_i为第i部门的感应度系数；$\bar{b}_{ij}$为列昂节夫逆矩阵系数表中的元素；分子表示第i部门产出受与其有关需求部门产出的总影响，分母表示所有部门的产出受所有需求部门产出的平均影响。

当$Z_i>1$时，表明第i部门的感应度高于平均水平；而当$Z_i<1$时，表明第i部门的感应度低于平均水平。

感应度系数和影响力系数是两个密切联系并互为补充的部门间联系指标。通过这两个指标，可以比较不同地区间同类部门内部的生产结构，确定国民经济的关键部门。所以，这两个指标是规划和调整合理的部门空间组合的基准之一。

当然，投入产出表中的资料开发利用的领域非常广泛，例如，产业结构分析，投入来源高产出去向分析、部门产品最终需分析、宏观经济效益分析、价格变动影响分析、政策变动影响模拟分析等等，都可以运用投入产出核算的资料，采用科学的方法，作出比较精确的定量分析，限于篇幅，这里不多作介绍。

第五章 国民经济流通统计

第一节 社会商品流转统计的一般概念

国民经济流通是社会再生产的一个环节。它包括社会商品卖买交换的商品流转、社会商品生产地向消费地转移的货物运输和信息传递流通的邮电通讯。

社会商品流转是指以货币为媒介的商品买卖活动，实现商品所有权的让渡，最终进入消费领域（包括生产和生活消费）。在社会主义市场经济条件下，商品流转是生产和消费的桥梁和中介，它对社会扩大再生产的顺利进行和满足人民生活的需要都起着积极促进作用。

一、社会商品流转统计的范围

自从党的十一届三中全会以来，我国的商品流通体制已从产品分配式、多环节的体制，向着以国营商业、物资企业为主导，多种经济成分、多渠道、少环节、大流通的体制过渡。这样生产单位和农民在完成国家计划规定的供货合同和交售任务后的产品，可以自行销售。个体商户可以长途贩运。基层批发商业和零售商业除计划分配商品外，可自行选择进货单位。集体商业和个体商业除从国营商业进货外，也允许自行采购。各种商品的贸易市场、贸易中心，各种经济类型、各行各业、各个地区都可参与交易。现在已形成以国营为主导。多种经济成分，多种渠道和各个行业共同参与的社会商品流转活动。因此，社会商品流转统计必须从全社会出发，以国内市场所有商品（生活消费品和生产资料）为总体的商品卖买活动作为核算对象，系统地反映全社会商品经营活动的规模和构成，为研究社会商品流转在社会再生产，促进国民经济发展的地位和作用提供依据。

二、社会商品流转的分类

从分析研究不同目的出发，社会商品流转有如下一些主要分类：

首先，从商品流转不同阶段来分，可以分为最初流转、中间流转和最终流转。

最初流转是指商品生产者出售自己生产的商品给转卖者，或直接出售给生产资料消费者和生活资料消费者。其特点是商品离开生产领域开始进入流通领域或同时进入消费领域。它反映在一定时期内生产者向市场出售商品的总规模。从买方社会商业机构来说，是属于社会商业商品购进流转。它反映在一定时期内全社会商业机构从生产者组织商品资源的总量。它也是社会商业机构进一步组织商品流转的物质基础。

中间流转是指商品转卖者——商业机构之间进行的商品卖买活动。如批发商业之间、批发商业与零售商业之间的商品卖买。其特点是这些卖买活动的结果，商品仍然停留在商品流通领域内部，所以称为中间流转。由于产地商业机构与销地商业机构之间分工完成产地销地商品交流，批发商业与零售商业之间业务往来，同一个商品在几个商业机构之间进行几次转移，为最终向消费者出售创造条件，是必要的。

最终流转是指商品出售给生产资料消费者或生活资料消费者的商品卖买活动。其特点是商品最终离开流通领域进入消费（生产消费和生活消费）领域，是商品流转的终止。它反映在一定时期内经过商品流转实现供给的数量。

其次，从商品销售后是否结束社会再生产过程，可以分为批发流转和零售流转。

商品批发流转是指向转卖者出售商品和向生产资料消费者出售商品。前者商品销售后进入流通领域供进一步转卖，后者商品销售后投入再生产过程，其共同特征是商品仍在社会再生产过程，并会直接地或间接地继续流转。对商业机构批发销售，商品仍留在流通领域内继续流转，对生产资料消费者批发销售，商品进入生产领域，其价值将伴随再生产过程转移到新产品中，以新的使用价值重新进入流通领域。它们都没有结束社会再生产过程。

商品零售流转是指向生活消费者出售商品，直接用于满足居民和团体的生活消费的需要。这种商品销售流转活动使商品进入消费领域，其使用价值和价值最终被消费掉。即结束再生产过程。它反映商品流转向居民、团体销售生活消费品的数量。它包括商业零售和生产者零售。

三、社会商品流转统计的基本指标

商品流转过程包括商品收购、销售和商品储存等一系列流转活动，才能完成社会商品从生产领域到消费领域的转移。商品购进，是商品流转过程的起点，是商品从生产领域进入流通领域的第一环节，也是商品销售的前提条件。商品销售，是商品流转过程的终点，是满足市场需求，保证生产消费和生活消费的重要环节。商品库存，是保证商品流转活动正常进行的必要条件。这是因为，商品购进到销售，需要经过必要的整理，挑选、分装，而且进货也要经过一定周期，都必需要有适当商品库存作周转，以保证不间断的进行商品销售。由此可见，与反映商品流转过程的各个基本流转活动相适应，其基本统计指标就是由商品购进、商品销售和商品库存所组成。同时，为反映社会商品流转的总规模及其构成的具体内容，以上的各个基本流转指标，可以表现为主要商品实物量指标，也可以表现为各类商品流转的类值指标和全部商品流转的总额指标。从分析研究需要出发，上述基本指标既可按全社会商品流转计算，也可按商业部门计算、物资部门计算、工业部门自销计算等。

反映商品流转活动过程的三个基本统计指标，各有其独立经济意义，同时又是完整反映商品流转活动过程的一个整体，相互有着内在的密切联系。它们在主要商品的实物指标或同一价格计算的价值量指标中，存在着如下的平衡关系：

$$\begin{matrix}\text{期初商}\\\text{品库存}\end{matrix}+\begin{matrix}\text{本期商}\\\text{品购进}\end{matrix}=\begin{matrix}\text{本期商}\\\text{品销售}\end{matrix}+\begin{matrix}\text{期末商}\\\text{品库存}\end{matrix}$$

上式反映社会商品流转过程，从全国来讲，等式两端还可分列有商品进口和出口两项；从一个地区范围来说，除分列商品进口和出口外，还分列对地区外的调入和调出。

第二节　社会商品流转统计

社会商品流转统计，首先要明确指标的含义和内容。因为，科学地确定社会商品流转统计的各个指标含义、内容，对于反映社会商品流转中的各种经济关系，准确应用于分析有关国民经济问题，都是很重要的。

一、社会商品购进

社会商品购进，是指商业、物资等部门、以及生产资料消费者和生活资料消费者，向生产单位或生产者个人及国外购进商品的活动。它不包括商业、物资等部门内部转卖者之间的相互购进。所以称之为社会商品纯购进。社会商品纯购进又可进一步分为国内纯购进和接收进口两个指标。

国内纯购进，是指商业、物资部门、生产资料消费者和生活资料消费者，向生产单位或生产者个人购进商品的总和。国内纯购进能反映一定时期内国内工农业建筑业等生产单位和生产者个人，向市场已经提供的商品总量及其构成，也是用于研究商品的产销关系和供求情况的依据之一。国内纯购进从购进来源，可进一步分为社会农副产品购进和社会工业品购进；从购进单位可以分为商业部门国内纯购进，物资供销部门国内纯购进、生产单位和生产者国内纯购进，以及居民、团体生活消费者向生产者的购进。

接收进口，是指商业、外贸、物资等部门，生产资料消费者和生活资料消费者，直接从国外进口国外产品的总和。它能反映在一定时期内国家从国外购进商品总量和构成。它可用于分析国外购进商品在满足国内生产与生活需要方面所起作用等问题。

二、社会商品销售

社会商品销售，是指商业、外贸（外转内部分）、物资等部门和生产者，对生产资料消费者和生活资料消费者出售商品的总和。它也不包括对商业、物资等部门的转卖者的销售，所以要称为社会商品纯销售。它反映一定时期内全社会商品销售的总量和构成，也是社会商品供应实现的总量及其构成和商品购买力需求实现的总量及其构成。它是用于说明生产通过商品流转满足人民消费需要和供应生产资料促进生产发展的重要数据。为深入分析商品销售对社会生产各部门发展和人民生活各种需要满足情况，社会经济统计对社会商品销售还作许多必要的分类统计。例如，按用途分为生产资料销售和生活资料销售。生产资料按购买部门分为销予工业用。基建用、农业用等等。生活资料按购买者分为居民消费用、社会集团消费用等等。按销售部门分为社会商业国内纯销售、物资部门纯销售以及生产者直接销售等等。

三、社会商品零售

社会商品零售，是指商业、外贸（外转内）、物资等部门和生产者，售给居民和社会集团全部消费品的总和。在商业统计实践上，还把售给农民的农业生产资料也作为零售。另外，商业部门统计把社会商品零售指标又划分为社会商品零售额和社会商品零售总额。前者不包括农民在集市向非农业居民、团体出售的商品，后者则包括农民在集市向非农业居民、团体出售的商品。因此，在应用社会商品零售统计资料分析有关经济问题时，都应注意这些指标所代表的不同经济内容。

社会商品零售额，用于反映在一定时期内，全社会通过各种商品供应渠道向居民和社会集团供应生活消费品和向农民供应农业生产资料的规模及其构成。它也是研究人民生活、社会商品购买力需求实现情况的重要资料。

为供研究各种经济问题，社会商品零售额也有各种分组。按零售对象分为对居民零售额和对社会集团零售额。按零售商品用途分为消费品零售额和对农民农业生产资料零售额。对居民消费品零售额又可按其用途类分成食品类、衣着类、日用品类、文娱用品类、书报杂志类、药和医疗器材类、房屋及建筑材料类、燃料类。按零售的城市和乡村分为城市零售和农村零售，等等。

四、社会商品库存

社会商品库存，指专门从事商品卖买活动的商业机构。以及国家储备机构在某一时点上所拥有的商品资源。它可以反映已经离开生产领域尚未进入消费领域而停留在商品流通领域商品的总量和构成。它与社会商品生产情况联系起来，为进行社会商品供需平衡和主要商品供需平衡的统计与分析提供资料。

社会商品库存可以有各种分组资料，以便研究其库存商品构成。按不同部门分有：社会商业部内库存、物资供销部门库存，国家储备库存等。按不同商品分有：社会消费品库存，社会生产资料库存。

社会商品库存额是由各种商品库存量分别乘上它们各自价格汇总而得。计算时可以用购进价格计算也可用销售价格计算。按购进价格计算，可以研究从事商品卖买活动单位的商品库存实际占用资金的情况，作为衡量占用资金经济效果的依据。按销售价格计算，用于分析社会商品库存对市场销售的保证情况，以及作为与商品需求购买力进行平衡分析，与商品销售额对比计算商品流转速度的依据。商业、物资等从事商品购销活动的企业，按进价计算的期末商品库存额，一般可以从会计部门取得商品库存额的各个项目，例如库存商品、在途商品等余额，然后加以汇总取得。此外，也可由平衡项目推算求得。即：

$$\text{按进价计算的期末商品库存额}=\text{期初商品库存额}+\text{本期商品购进额}-\text{本期商品销售额}\times(1-\text{毛利率})$$

$$\text{式中：毛利率}=\frac{\text{进销差价}}{\text{销售价}}$$

如果需要按销售价格估价期末商品库存额，可以按下面计算公式换算：

$$\text{按销售价计算的期末商品库存额}=(\text{期初商品库存额}+\text{本期商品购进额})\div(1-\text{毛利率})-\text{本期商品销售额}$$

$$\text{或：按销售价计算的期末商品库存额}=\text{按进价计算的期末商品库存额}\div(1-\text{毛利率})$$

五、商品流转速度

商品流转速度，是指商品从离开生产领域进入流通领域之后，经过中间卖买并到达消费领域的流转运动所经历的时间。具体地讲可以指某一商业总体，其商购进到销售的流转活动所需要的时间。显而易见，商品流转速度愈快，商品在流通领域停留的时间愈短，其经济效益愈好。首先，从国民经济来讲，生产的商品进入流通领域后，能更快地被送达消费领域，用于生产和生活需要，从而加速社会再生过程。其次，从商业经营单位来看，可节约流动资金占用，减少库存费用和商品损耗，有利于提高经济效益。因此，商品流转速度是衡量商业单位经营管理工作效果的重要指标之一。

商品流转速度指标，通常有两种表示方法：

1.商品流转次数　表明在一定时期内库存一定数量的商品周转了几次。它是以一定时期内的商品销售额与商品平均库存额相比来计算的。计算公式如下：

$$商品流转次数=\frac{计算期商品销售额}{同期商品平均库存额}$$

它是说明商品流转速度的正指标。在一定时期内商品流转次数愈多，表示商品流转速度愈快；反之，则表示商品流转速度愈慢。商品流转次数的多少，与计算期的长度有密切的关系。即计算期时间长度愈长，在其他条件不变的情况下，表现的商品流转次数愈多；反之，则愈少。

2.商流转天数　表明在一定时期内商品平均库存额，每周转一次平均所需要的天数。商品流转天数愈少，说明商品流转速度愈快；反之，则愈慢。它是以商品平均库存额与同期平均每日商品销售额对比来计算的。其计算公式如下：

$$商品流转天数=\frac{计算期商品平均库存额}{同期平均每日商品销售额}$$

它是说明商品流转速度的逆指标。在一定时期内，商品流转天数愈少，说明商品流转速度愈快；反之，则愈慢，二者成反比。

第三节　货物运输业和邮电业统计

一、货物运输业统计

货物运输业活动，是组织社会商品在空间上的转移。它的基本职能是为国民经济各部门运送各种物质产品，把生产地的原料、材料、燃料、日用品和农副产品等不断运往消费地，以满足生产单位对生产资料的需要和居民、社会集团对生活消费品的需要，从而保证社会扩大再生产的顺利进行。所以，运输是生产与生产、生产与消费发生联系的纽带，是生产在流通领域的继续，是一个特殊的物质生产部门。我国幅员广大，领土辽阔，要大力发展商品生产，提倡地区间横向经济联合，分工协作，以及实行对外开放，是要求运输业充分发展和积极配合。因此，社会经济统计要从货物运输的规模及其发展着手，研究它与国民经济和社会发展的相互关系。

1.货物运输统计根据货运业职能，其主要统计指标有：

（1）货运量　在一定时期内，货运部门为国民经济各部门运送货物的数量。一般以吨位为单位来计量。货物运输过程是从一定地点发出，经过途中运行而后到达目的地。发货地的发出货物数量称发货量；到达目的地的货物数量称为到货量。发货量与到货量是货运数量的两个方面。货运统计运送物资数量指标一般是指发货量。这是因为对货运数量起决定作用的因素是发货量。有多少发货量就有多少到货量。货运量指标表明货运部门在一定时期内为国民经济提供运输服务的规模，是研究货运业与社会经济各部门之间关系的重要依据。

货运量指标统计的范围，应该属于离开生产领域，在流通领域所运送的社会商品数量。它包括专业货运单位的货运量和非专业运输单位，如厂矿企业及其他企事业单位，为社会所完成的运送货物的数量。它不包括生产单位内的如厂内运输和田间运输运送物资的数量。

（2）货物周转量　交通运输业为国民经济各部门运送货物做了多少工作，不仅表现在运送货物的重量，还表现在为这些货物运送了多少距离。因此，要全面反映货物运输业所完成的工作总量，就必须计算包括货运数量和运送距离两个因素在内的的货物周转量指标。货物周转量就是指一定时期内各批货物发运量与其运送距离乘积总和。货物周转量不仅反映货运业为国民经济提供服务的总量，而且也是进一步作为计算货运收入、货运业劳动生产率等指标的依据。

为研究货运业工作总量的构成，货物周转量还可按各主要货物分类统计。为观察各种运输方式在货运业中的地位与作用，还要分列各种运输方式完成的货物周转量。

表5-1　我国历年有关年份货物周转量　单位：亿吨公里

年份	总计	铁路	公路	水运	管道运输（油气）	民用航空
1952	762	602	14	146		
1957	1810	1346	48	416		0.1
1962	2236	1721	62	453		0.2
1965	3463	2698	95	670		0.3
1970	4565	3496	138	931		0.4
1975	7297	4256	203	2575	262	0.6
1980	12026	5717	764	5053	491	1.4
1985	18126	8126	1693	7700	603	4.2
1990	26207	10622	3358	11591	627	8.2
1991	27986	10972	3428	12955	621	10.1

资料来源：《中国统计年鉴1992》第513页。

（3）货物平均运输距离　货物运输工作总量的多少，既决定于货物运输的数量，又取决于需要运送的距离。货物运送距离反映工农业商品生产地与消费地联系的距离。一般说来，社会生产力尽可能贯彻就地生产就地或就近消费的原则，以缩短货运距离。但由于资源的地域分布不均匀，生产力配置和生产发展水平的差异，加之积极开展横向联系协作，扩大商品流通，个别的不合理运输现象存在，会增加运输距离。社会经济统计为反映工农品商品生产与消费（含生产消费）在地区间联系的一般距离，并从其发展变化趋势来观察国民经济和社会发展的有关问题，就必须计算各个时期内货物的平均运输距离。

货物平均运输距离的计算公式：

$$货物平均运输距离（公里）=\frac{报告期货物周转量（吨公里）}{同期货运量（吨）}$$

$$用符号表示：L=\frac{\sum_{i=1}^{n} L_i g_i}{\sum_{i=1}^{n} g_i}$$

式中：L——货物平均运送距离；

L_i——各批货物运送距离；

g_i——各批货运物资重量。

在社会经济统计实践中，为分析不同的经济问题，可以计算全国的或某一地区的全部货物的平均运输距离，也可以计算全国的或某一地区的某一运输方式或某一类货物的平均运输距离。铁路运输与公路运输在运输距离方面，有着不同的分工与协作。前者宜大宗货物的长途运送，而后者则多零星小量深入城乡的短途运送，担负着铁路、水运的伸展分流任务。例如，我们举出若干年份的我国各种运输方式货物平均运输距离，可以看到这种分工的特点。

表5-2　1952～1990我国各种运输方式货物平均运输距离

单位：公里

年份	总平均运输距离	铁路	水运	公路	航空	管道
1952	242	452	284	11	1184	
1957	225	502	269	13	1034	
1965	286	549	291	19	924	
1970	304	513	366	24	954	
1975	360	478	736	28	1292	434
1980	220	514	1184	20	1573	467
1985	243	636	1216	31	2128	442
1990	270	705	1447	46	2218	398
1991	284	718	1554	46	2234	399

资料来源：《中国统计年鉴1992》第514页

表 5-2 资料说明，货物总平均运输距离1991年比1952年延长42公里。水运、铁路运输和空运的平均运输距离最长，公路运输的平均运输距离最短，正反映了这些运输方式在运送货物距离分工上的特点。

货物平均运输距离受许多因素共同作用，主要有生产力的地理配置，资源分布，产销关系和合理运输等。在比较分析平均运输距离变动时，就需要结合这些影响因素的变化作具体说明。

2. 货运业统计分析，货运量与工农业产量之间存在着非常密切的关系：工农业生产发展规模决定着货运量的发展水平；货运为工农业生产承担运送任务，运送任务完成情况，影响着生产的发展。所以，社会经济统计对货运业的研究，就是把它完成的货物运输量与工农业产量联系起来，通常计算运输系数和运输弹性系数，然后进行分析。

（1）运输系数。它是指货运量与工农业产量之比，反映工农业生产量需要运输的比率。其计算公式为：

$$运输系数=\frac{报告期货运量}{同期生产量}$$

公式的分子货运量，一般用重量来(吨)计量，而分母的生产量既可用某些大宗产品的重量(吨)来表示，也可以用全部工农业的产值来表示，可视资料和要说明的问题分别选用。当综合分析货运业与工农业生产的相互关系时，便可用工农业总产值作分母；当分析某些重要的大宗产品的产量需要运输的比率情况，那么分子、分母均要用该产品的货运量与生产量的重量(吨)表示。

研究工农业生产量与货运量的关系，不仅从静态上观察某一时期的现状，而且要把历史资料加以对比，从动态上分析其发展变化的趋势。同时结合与货运量有关的其他变动，说明其变化的原因。如某些产品的粗加工逐渐转变为精加工和深度加工，减少货运量。又如，生产消耗结构变化，如由煤改用油作燃料，或者相反，其燃料运量也相差很大。再如，生产力地理配置合理化，也可大大减少运输量，等等。

为使运输系数反映的工农业生产量与货运量之间比率，

可用于动态趋势分析，其工农业产量的总产值，就应按统一的可比价格估价，从而计算的各期货运系数才有可比性。

此外，为进一步具体分析货运量与工农业产品生产之间的比率关系，就需要计算某些大宗的、主要的工业产品的运输系数。某种（或某类）工业品产量与其货运量对比的运输系数，可以直接根据其产量的重量与通过货物运输业运送的重量进行对比求得。

（2）运输弹性系数　为分析货运量的发展与工农业产量的发展两者是否相适应的问题，可以通过计算工农业生产的运输弹性系数来进行研究。运输弹性系数是把货运量的增长速度与工农业产量的增长速度相比求得的比率。它反映货运量与工农业产量在发展速度方面相互关系适应情况。计算公式为：

$$\text{工农业产量的运输弹性系数}=\frac{\text{货运量增长速度}}{\text{工农业总产量增长速度}}$$

工农业产量运输弹性系数大于1，表示货运量增长速度快于工农业产量的增长速度。工农业产量运输弹性系数小于1，则反映货运量增长速度慢于工农业产量的增长速度。我们可以作这样的假设，如果基期货运量与工农业产量之间的比率是相适应的话，那么报告期货运量与工农业产量两者的增长速度应当要求相互协调一致，系数也接近1；而当基期货运量已不能满足工农业生产需要，那么，报告期货运量的增长速度应快于工农业产量的增长速度，以使两者比率趋于协调平衡。根据国内外经济发展的历史来看，一般情况是货运量增长速度略快于工农业产量增长速度。即运输弹性系数稍大于1，才是适应于经济发展的需要。现根据我国几个不同经济发展时期的运输弹性系数，计算与分析如下：

表5-4　　我国几个五年计划期间的运输弹性系数

	1953—1957 "一五"	1958—1962 "二五"	1966—1975 "三五"	1976—1979 "四五"
工农业产量运输弹性系数	1.20	1.02	0.81	0.80

由表5－4资料，结合这几个五年计划时期内的实际情况，第一个五年计划期间货运量增长能满足工农业产量增长的需要，所以其运输弹性系数达到1.2反映了这种相适应协调的发展关系；而第二个五年计划期间货运量增长已不能完全满足工农业增长的要求了，其运输弹性系数接近为一，反映了货运量向紧张发展的倾向，第三个五年计划期间和第四个五年计划期间货运量增长大大落后于工农业增长，出现了"以运定产"，"以运限产"的局面，这两个期间的运输弹性系数则小于一，正是运输业成为社会经济发展薄弱环节的反映。

二、邮电业统计

邮政电讯的基本职能是传递函件、电报、电话、传真等，沟通各生产经营单位之间的信息和居民间的交流，是现代化生产和生活所不可缺少的组成部分。信息传递得安全、及时、准确，就会促进国民经济的顺利发展，否则，就会阻碍经济发展。国民经济统计要反映邮政电讯在一定时期由所完成的业务量，为观察它与国民经济需要之间的协调情况，为促进邮政电讯事业与国民经济协调发展提供资料。

1. 邮政电讯统计主要指标　根据邮政电讯业的国民经济职能，其主要统计指标就是邮电业务量。邮电业务量，可以用各种具体业务项目的作业量计量统计和用所完成作业总量——货币单位计量统计。前者为邮电业务量统计，后者为邮电业务总量统计。

（1）邮电具体业务量　在一定时期内，邮政电讯部门为社会生产、商品流通和整个社会的物质文化生活提供各种邮电服务的数量。邮政服务的具体业务量有函件、机要文件、包件、订销报刊累计份数等数量。函件、机要文件、包件均按出口阶段计数，以防重复。报刊期发数按订阅和正常零售各种报刊总份数计算。

（2）邮电业务总量　在一定时期内，邮电业提供以货币单位计量的邮电服务总量。它是把各项邮电业务量乘以相应单位计算求得。为了单纯反映研究分析邮电业务实物总量的变化，应统一用不变单价作同度量因素进行计价。计算邮电业务价值量的公式如下：

$$Q=\Sigma q_i p_{ni}$$

式中：Q——邮电业务价值总量

q_i——各项邮电业务量

p_{ni}——各项邮电业务项目的不变单价。

2. 邮电业统计分析　邮政电讯业属于服务性产业，主要为国民经济各部门传递信息服务。所以，国民经济统计需要从它为国民经济各部门提供服务的业务量增长速度与国民生产总值增长速度之间比率关系是否适应进行分析。邮电业务量取决于国民经济各部门间传递信息活动的需要。所以，各

表5-5　我国若干历史年份邮电业务量发展情况

年份	邮电业务总量（亿元）	函件（亿件）	报刊期刊数（万份）	电报（万份）	长途电话（万户）	市内电话（万户）	农村电话（万户）
1952	1.64	8.09	1363	1204	1628	29.53	5.84
1957	2.94	16.41	3264	1533	2090	46.45	20.00
1962	6.38	22.75	2492	6891	7123	69.95	85.26
1965	6.28	21.76	5621	5277	8869	77.11	49.22
1970	6.87	23.70	3307	6541	8570	78.41	52.74
1975	9.58	27.34	7823	11234	15151	103.28	65.92
1980	13.34	33.13	16431	14663	21404	134.17	79.90
1985	29.60	46.78	30172	21898	38254	218.96	93.07
1990	81.65	54.87	20078	26818	116771	538.46	146.58
1991	204.38	52.11	23277	27068	172921	670.83	174.23

资料来源：《中国统计年鉴1992》第541页

个时期邮电业发展增长，也应与国民经济的发展增长相适应。为此，我们可以通过计算各期两者增长速度的弹性系数，借以分析邮电业发展是否适应国民经济发展需要。

邮电业务量弹性系数，应按照国民生产总值进行计算。因为，各行各业都要利用邮电通讯为他的经营活动服务，而各行各业的最终成果即表现为国民生产总值。所以，邮电业务量的弹性系数公式为：

$$邮电业务弹性系数=\frac{邮电业务量增长速度}{国民生产总值增长速度}$$

第六章　对外经济统计

第一节　对外贸易统计

对外贸易是一切对外经济活动的基础。对外贸易往来是指一个国家（或地区）对外进行商品买卖的总称。它包括商品出口和进口两个方面。我国通过不断扩大对外贸易往来，充分利用国际有利条件，调剂余缺，互通有无，以促进国民经济持续、稳定、协调地发展。

对外贸易统计，可以为提高对外贸易活动宏观管理水平、完善国民经济核算提供科学依据。对外贸易统计的内容主要包括：对外贸易统计范围、外贸商品统计分类、外贸商品价格统计和对外贸易统计指标等。

一、对外贸易统计范围

新中国成立后，我国对外贸易往来统计逐渐形成了两套统计制度：一是旧中国延续下来的海关统计制度；另一是新建的对外贸易业务统计制度。这样形成了既有联系又有区别的两种对外贸易统计范围。

海关统计是以实际进出口的商品货物为统计对象。其主要任务是对实际进出国境的货物品种、数量、国别（地区别）、经营单位收发货单位所在地、贸易方式等进行统计调查和分析研究。

外贸业务统计是按对外贸易商品流通过程而组织的一套统计制度。主要包括出口商品的收购统计、出口业务统计、进口业务统计外贸商品库存调拨统计。其主要任务是对外贸商品流通过程中的商品规模、水平、速度、结构及其平衡关系进行统计研究。

海关统计和外贸业务统计之间主要区别，在于核算口径范围不同。例如，对转口贸易，凡未进入国境，直接在国外转口商品，海关不作统计，而外贸部门则要分别作进口和出口统计。这类区别的产生，关键在于这两套统计制度性质的不同，海关着眼于商品货物是否进出国境，而外贸业务统计则着眼于商品是否发生交易行为而改变其所有权。

从理论上说，对外贸易统计资料，应该主要来源于外贸业务统计部门。但是，由于海关统计的资料全面、准确，又具有国际可比性。所以，世界上多数国家都采用海关统计资料作为对外贸易的官方统计资料。因此，我国从1981年开始也以海关统计资材作为对外贸易的统计资料公开发表。

二、对外贸易统计的商品分类

对外贸易往来统计中，按照不同的标志对进出口商品进行分组，用以研究进出口商品的各种结构。常用的对外贸易统计分类有如下两种：

1.按商品的来源国和接受国为标志分类。这种分类的目的在于考察进出口商品的来源和去向，用以研究外贸的地域结构。

2.按商品的加工程度为标志区分为初级产品和工业制成品两类。初级产品，也叫基本产品或原始产品，是指没有经过加工的农产品、矿产品，或虽经简单加工，但仍保持原料状态的产品。工业制成品是指对原料进行加工，已不保持原料状态的各种产品。初级产品包括食品、饮料、烟草、燃料、动植物油脂；工业制成品包括轻工、纺织、服装、金属材料制成品、机械与运输设备等。

进出口商品按加工程度分类，可以考察一个国家（或地区）社会经济的发展水平、资源状况以及对外贸易政策特征。

三、对外贸易统计的价格

目前，国际上的进出口商品常用的价格有如下三种：

1. 离岸价格（FOB），又称“装运港船上交货价格”。这种价格只包括出口商品在出口国境内的价格（相当于出口商品的成本），而不包括离开起运国港口后的运费、保险费和其他费用。空邮运出口的货物来用其离开起运地的价格。若有付给国外的佣金、广告费等费用应予扣除。

2. 到岸价格（CIF），又称成本加保险费、运费价格。它指进口货物运抵进口国国境时的价格。包括货价、运达目的港的运费、保险费和其它一切费用。空邮运进口的货物采用货物抵达指运地的到岸价格若有卖方付给买方的佣金等费用应予扣除。

3. 成本加运费价格（C&F）它由出口商品的成本和运达目的港的运费组成，大体相当于离岸价格加上运费，或到岸价格扣除保险费。

以上三种价格之间的相互关系如下：

$$CIF-I=C\&F$$

$$CIF-I-F=FOB$$

$$C\&E-E=FOB$$

式中：I——实际保险费；

F——实际运费。

我国对外贸易统计中规定，出口商品按离岸价格计算，进口商品按到岸价格计算。这样的规定既有利于统计制度的统一性，便于对比，又有利于确切反映我国外汇收支和使用情况。

四、对外贸易统计中的货币折算

由于对外贸易签约时使用的货币与统计规定的货币不可能完全相同，因此需要进行货币的折算。折算的方法是：

1.各种外币对人民币的折算。各种外币折算为人民币时，按国家外汇管理部门公布的人民币外汇牌价表中各种货币对人民币的买卖中间价折算。实际折算时间以上月最后一天为准。各种外币折算或人民币的公式为：

人民币＝各种外币×统计所属月份对人民币的折算率

2.各种货币对美元的折算。各种货币折算为美元时，按照国家外汇管理部门核定的各种货币对美元内部统一折算率为准。各种货币折算成美元的公式为：

美元＝各种货币×统计所属月份对美元的折算率

五、对外贸易统计主要指标

对外贸易往来统计指标，从实物量和价值量两方面来描述和分析对外贸易活动成果的规模、水平和效益等方面的数量关系。主要指标有如下几种：

1.进出口商品量。进出口商品量是实物量指标。它根据国家统一制定的对外贸易商品目录，按进口商品和出口商品分别进行统计核算。它具体反映各类、各种进出口。商品的实际规模。

2.进出口贸易额。它又称对外贸易额，是用人民币或美元计算的价值量指标。它包括进口总额、出口总额、进出口总额、进出口差额。这些指标既可以反映我国对外贸易的总规模、总水平，又可以对我国的对外贸易活动进行多种分析。

进口总额。它是指以货币表示的一个国家（或地区在一定时期内从境外实际输入的商品的总金额。进口总额一般以美元为计量单位，按到岸价格进行计算。其计算公式为：

进口总额＝Σ（进口商品量×到岸价格）

出口总额。它是指以货币表示的一个国家（或地区）在一定时期实际出口商品的总金额。出口商品总额一般也以美元为计量单位，但按离岸价格计算。其计算公式为：

进口总额＝Σ（出口商品量×离岸价格）

进出口总额。它是指一个国家（或地区）在一定时期内以货币表示的全部对外贸易的总额。即进口总额与出口总额之和。其计算公式为：

进出口总额＝进口总额＋出口总额

进出口差额。它是指一个国家（或地区）在一定时期内进口总额高出口总额之间的差额。出口总额大于进口总额，则称为外贸顺差或称出超。这称为外贸盈余，反之，进口总额超过出口总额，则称为外贸逆差或称入超，也称为外贸赤字。当进出口总额相等时，则称为外贸平衡。其计算公式为：

进出口贸易差额＝（出口总额－进口总额）

3.对外贸易统计指数。为了系统地研究和分析对外贸易的变化趋势，需要编制对外贸易指数。对外贸易统计指数主要有下列三种：

进（出）口贸易额指数。它是用以反映一定时期内对外贸易额增减变化的总动态指标。由报告期实际贸易额除以基期实际贸易额求得，一般用百分数表示。其计算公式为：

$$K_{PQ}=\frac{\Sigma P_1Q_1}{\Sigma P_0Q_0}$$

式中：ΣP_1Q_1为报告期进口额或出口额；

ΣP_0Q_0为基期进口额或出口额

进（出）口贸易量指数。它是用以反映一定时期内进出口各种商品总量增减变化趋势的动态指标。它是一个物量总指数。其计算公式为：

$$\overline{K}_P=\frac{\Sigma Q_1P_0}{\Sigma Q_0P_0}$$

式中：Q为进（出）口商品量，

P为进（出）口商品价格

1为报告期、0为基期。

进（出）口商品价格指数。它是用以反映一定时期内进（出）口的商品价格变化的动态指标。它的一般计算公式为：

$$\overline{K}_P=\frac{\Sigma P_1Q_1}{\Sigma P_0Q_1}$$

式中：P为进（出）口商品价格；

Q为进（出）口商品量；

1为报告期，0为基期

以上三个总指数公式，有如下的数量关系：

$$\frac{\Sigma P_1Q_1}{\Sigma P_0Q_0}=\frac{\Sigma P_1Q_1}{\Sigma P_0Q_1}\times\frac{\Sigma Q_1P_0}{\Sigma Q_0P_0}$$

4.对外贸易经济效益统计指标。反映对外贸易经济效益的统计指标，主要有如下几种：

出口商品换汇成本（也称出口换汇率）。它是表明通过商品出口，换回单位外币（美元）需用多少人民币，反映出口商品换取外汇的能力。其计算公式如下：

$$\text{出口商品换汇成本}=\frac{\text{出口商品总成本（人民币）}}{\text{出口商品外汇收入（美元）}}$$

式中，出口商品总成本，由出口商品国内进价（即外贸部门实际收购价格）和各项出口费用、税金等组成；出口外汇收入是由商品出口后收回的外汇价款（按离岸价格计算。）

出口商品创汇率（又称出口商品外汇增殖率）。它是表明用单位外币（美元）的原材料加工为成品出口，可增加的外汇额。其计算公式为：

$$\text{出口商品创汇率}=\frac{\text{出口商品创汇额}}{\text{出口商品原材料外汇成本}}\times100\%$$

式中，出口商品创汇额＝出口商品外汇收入（按离岸价格计算）－生产该种商品所需原材料的成本（用外汇价格计算）。

出口商品盈（亏）率。它是对出口商品换汇成本而言的。出口商品换汇成本低于平均结算汇率的部分，就是出口商品盈利率。换汇成本越低，盈利率越高。出口商品换汇成本高于平均结算汇率的部分，就是出口商品亏损率。换汇成本越高，亏损率就越大。其计算公式为：

$$出口商品盈（亏）率=\frac{出口盈（亏）额}{出口总成本}$$

式中，出口盈（亏）额＝出口商品销售收入－出口商品总成本，正数为盈利额，负数为亏损额。

进口商品盈（亏）率。它是对某种或全部进口商品国内销售的盈（亏）额与进口商品总成本的比率。如果国内销售收入高于进口商品总成本，就盈利；反之，就亏损。其计算公式为：

$$进口商品盈（亏）率=\frac{进口盈（亏）额}{进口总成本（折人民币）}$$

式中，进口盈（亏）额＝进口商品的国内销售收入－进口商品总成本。

$$进口商品总成本=进口商品国外支出\times银行外汇牌价+税金+其它费用$$

除了上述四种基本指标外，根据需要，还可以计算出口费用水平、进口费用水平、出口合同履约率、资金周转次数等反映经济效益的指标。

第二节　对外非贸易往来统计

对外非贸易往来是指对外商品交易和资本往来以外，由于提供或使用劳务而引起的外汇收支的社会经济活动。这种往来不涉及商品的输入或输出，因此，它又称为无形贸易或劳务交易。在当代国际经济交往中，对外非贸易往来的发展日益引人注目。一个国家通过扩展对外非贸易活动，不仅可以使本国增加外汇收入，还能带动本国的商品输出，以改善国际收支状况，增强本国对外经济活动的实力。所以，加强对外非贸易统计，有助于完善对非贸易活动的宏观管理，促进我国对外非贸易社会经济活动的发展，并有助于充实国民经济和社会发展统计的内容。

一、对外非贸易往来统计内容

对外非贸易统计的内容比较广泛，主要有如下五个方面：

1. 对外承包工程统计。包括对外承包的各类建设工程和提供的技术服务，以及相应的成套设备和工程物资等。在承包的各类建设项目中，包括援外成套项目和驻外机构的建设项目。提供技术服务，包括承担地形地貌测绘、地质资源勘探与普查、建设区域的规划以及提供技术资料、技术咨询、技术指导等劳务活动。

2. 对外劳务合作统计。包括派出工程技术人员、工人、厨师、教师、海员、医务人员、管理人员等对外提供劳务等活动。

3. 国际旅游统计。包括离开本国居住地去外国游览、观光、探亲、休养、考察和从事贸易、体育、宗教、参加会议等活动。国际旅游者包括国外旅游者到国内旅游和国内旅游者到国外旅游。根据我国具体情况，来华旅游者除外国人，还包括港澳台同胞、华侨及外籍华人。

4. 投资收益统计。包括由国际间的相互投资而产生的利息、股息、利润等外汇收支活动。

5. 其它无形贸易活动统计。包括伴随商品交易和国际交往而发生的运输费、保险费以及政府机构间交往发生的经费、办事处经费、专利权使用费、邮电费、影片费等外汇收支活动。

二、对外非贸易往来的统计指标

对外非贸易往来统计的内容，主要反映对外非贸易往来各项活动的成果以及效益等。其相应的统计指标有如下两类：

1. 描述对外非贸易活动成果的统计指标。它们可以分为描述具体成果的实物量指标和综合成果的价值量指标两种：

反映对外非贸易往来活动具体成果的统计指标。这些具体成果统计主要有：对外承包工程的所签合同份数。新签合同的项目统计；对外劳务合作的新签合同份数，新签合同的项目统计；对外承包工程的派出人员数统计；对外劳务合作的派出人员数统计；国际旅游活动中的旅游人数统计。旅游人数应按"入境人数"统计。"入境人数"是指进入一个国家参观、旅行、探亲、访友、休养、考察、参加会议，或从事各项业务活动的非本国常住居民。在我国，还应包括来大陆旅游的港澳台同胞。

反映对外非贸易往来活动综合成果的统计指标。这类指标主要有下列几种：

对外非贸易收入总额。它是指一定时期内对外提供各种有偿劳务而取得的外汇收入总额。其计算公式为：

$$\begin{matrix}\text{对外非贸易}\\\text{收入总额}\end{matrix}=\begin{matrix}\text{对外承包工}\\\text{程的营业额}\end{matrix}+\begin{matrix}\text{对外劳务合}\\\text{作的营业额}\end{matrix}+\begin{matrix}\text{国际旅游业}\\\text{的总收入}\end{matrix}+\begin{matrix}\text{其它劳务形式}\\\text{的实际收入}\end{matrix}$$

式中：对外承包工程的营业额，是指报告期内完成的工程量，工作量或实物量的货币表现；

对外劳务合作的营业额，是指报告期对外提供劳务而取得的所有收入总和；

国际旅游业的总收入，是指报告期经营国际旅游业收入的外币总额，其包括提供商品的外汇收入和劳务的外汇收入；

其它劳务形式的实际收入，是指货物运输的营业收入、保险业的业务收入、推销商品的劳务收入、对外投资的收益（利润、利息、股息）等。

对外非贸易支出总额。它是指在一定时期内，由于使用外国提供的各种有偿劳务而支付的外汇货币总额。其计算公式为：

$$\text{对外非贸易支出总额}=\text{向国外对我承包工程支付的费用总额}+\text{向国外对我提供劳务合作支付的费用总额}+\text{我国公民出国旅游支付的费用}+\text{使用其他形式劳务对外支付的费用}$$

式中各项支出额，原则上按实际支付的费用统计。

对外非贸易收支总额。它是指在一定时期内。以货币表示的劳务输出和输入的总量。其计算公式为：

$$\text{对外非贸易收支总额}=\text{对外非贸易收入总额}+\text{对外非贸易支出总额}$$

对外非贸易收支总差额。它是指在一定时期内，对外非贸易收入总额与支出总额之间的差额。若对外非贸易收入总额大于支出总额，则称为对外非贸易顺差；反之，则称为逆差；当对外非贸易收支总额相等时，则称为对外非贸易往来平衡。其计算公式为：

$$\text{对外非贸易收支差额}=\text{对外非贸易收入总额}-\text{对外非贸易支出总额}$$

2.分析对外非贸易往来经济效益的统计指标。劳务输出的利润率。它是报告期内劳务输出取得的利润总额在总收入中所占的比率，表明因劳务输出而为国家取得的利润水平。其计算公式为：

$$\text{利润率}(\%)=\frac{\text{利润总额}}{\text{经营总收入}}\times 100\%$$

式中：利润总额＝经营总收入－垫付成本－税金

劳务输出的创汇率。它是指报告期内劳务输出取得的外汇净收入在收入总额中所占的比重，表明因劳务输出而为国家取得的净外汇收入水平。其计算公式为：

$$\text{创汇率}(\%)=\frac{\text{外汇净收入}}{\text{收入总额}}\times 100\%$$

式中：外汇净收入＝劳务输出的全部外汇收入－营业活动的外汇支出。

第三节　涉外投资统计

涉外投资，指通过国际金融市场，进行跨越国界的投资。包括外国资本对本国的投资和本国资本对外国的投资，习惯上，它又称为利用外资和对外投资。它包括有以货币形式投入的有偿资金，有以商品形式提供的各种设备、其它货物以及专利、商标和工艺技术等。

在我国社会主义现代化建设中，积极开展国际投资活动；有利于筹集建设资金、学习外国的先进技术和管理经验，促进国内社会经济发展。因此，加强涉外投资统计有着重要的现实意义。它可以及时反映我国的国际投资活动的特征及其发展趋势，为加强国际投资的宏观调控，促进涉外投资的发展提供科学依据。

一、涉外投资统计内容

涉外投资统计的主要内容有：利用外资统计和对外投资统计两个方面。

1.利用外资统计。我国利用外资统计包括：政府、主管部门、企业和其他具有法人资格的经济组织的对外借款、吸收客商直接投资以及通过加工装配、补偿贸易和国际租赁等形式筹措的境外资金。根据国际惯例，通过本国在国外注册兴办的企业，将境外资金用于境内投资，也列入外资统计。香港、澳门、台湾地区对内陆的投资，为了和国际收支统计口径一致，也应列入利用外资统计范围。利用外资分为对外借款、外商直接投资、外商其他投资等。

对外借款。它包括外国政府贷款、国际金融组织贷款、出口信贷、外国商业银行贷款、发行债券等。外国直接投资，它包括合资经营企业、合作经营企业、合作开发、独资经营企业等。外商其他投资，主要有来料加工装配、补偿贸易和国际租赁等几种。

2.对外投资统计。我国对外投资统计包括：我国政府、主管部门、企业和其他具有法人资格的经济组织，将国内的资金、技术、设备等输出到其他国家或地区进行投资的经济活动。对外投资分为直接投资和间接投资。

直接投资。它包括在国外投资办企业、兼并别国资本经营的企业、收买外国公司发行的股票、与外国资本合股创办企业的所投股本或资产、超过五年的非金融性贷款、购置有租金收入的房地产等盈利项目。间接投资。它包括借贷投资和证券投资。

二、涉外投资统计的指标

1.利用外资的统计指标：利用外资额。它是以货币表明的一定时期内一个国家（或地区）、部门或单位吸收并已投入使用的国外资本的总值。其计算公式为：

$$\text{利用外资额}=\text{实际使用的对外借款金额}+\text{实际使用的外商直接投资额}+\text{实际使用的外商其他投资额}$$

外债偿还能力分析指标。涉外投资活动最终表现为国际债权与债务的增减。一个国家利用外资的规模，不仅取决于本国经济建设的需要，还要受偿还外债能力的制约。借款大于偿还能力，必然是增加了债务。在统计中，常用的利用外资与外债偿还能力的分析指标是偿债率和资金融通率。

偿债率。外债偿债率亦称外债负担率。它是指一定时期内一个国家需偿还的外国债款（包括到期本金和利息）与出口创汇收入额的比率。其计算公式为：

$$\text{偿债率}=\frac{\text{当年偿还外国债款总额（本金＋利息）}}{\text{当年商品劳务出口收汇额}}\times 100\%$$

按照国际惯例，如果偿债率超过10％，就要引起注意，超过20％，就有还不起债务的危险。因而往往把20％的偿债率视作借款的警戒线。当然，这只是一个经验数据。由于各国的经济情况不同，因此，确定外债的规模大小，还应结合其他有关因素，作纵向和横向的对比分析后，才能定出合乎客观实际的数量界限。

资金融通率。它是指一个国家报告期内所掌握的可以支配使用的外汇总额与需支付的外汇总额的比率。其计算公式为：

$$\text{资金融通率}=\frac{\text{当官方储备额}+\text{年内贷款额}+\text{年内外汇资产净额}+\text{年内商品劳务出口收汇}}{\text{年内商品劳务进口总额}+\text{当年外债本金利息偿付额}}$$

资金融通率是一个较能全面反映国家外债偿还能力的分析指标。如果融通率大于1，表示借债国当年的外汇收入加上短期内所借资金，足以应付进口它付和外债的还本付息；但是，这并不一定表明债务国会拖欠债务，因为还有其他因素可以改善一国的国际收支环境。

分析利用外资的经济效益指标。利用外资利润率。它表明实际投入的单位外资额所得的年利润额。其计算公式为：

$$\text{利用外资的利润率}=\frac{\text{投产后的年利润总额}}{\text{实际投入的外资总额}}\text{（百元/元）}$$

式中：年利润总额，指企业建成投产后，每年在缴纳所得税之后的税后利润。

投入的外资总额，指实际上已经利用的。包括现金和实物在内的外资总和。

投资效果系数。它表明投入单位外资所能增加的国民生产总值。其计算公式为：

$$\text{外资投资效果系数}=\frac{T\text{年的国民生产总值增长额}}{(T-2)\text{年的外资投入额}}\text{（百元/元）}$$

计算该指标时，应考虑国民生产总值增长与投资之间的时间差。所以，要将某年的国民生产总值增长额与两年前的投资额对比。当然，这是一个近似的分析指标，在具体研究时，还应结合其他有关因素作定量分析。

2.对外投资的统计指标。对外投资总额。它是指一定时期内，将本国的资本（包括资金、技术、设备等）输向国外的总值。其计算公式是：

$$\text{对外投资总额}=\text{对外直接投资额}+\text{对外间接投资额}=\text{对外长期投资额}+\text{对外短期投资额}$$

式中，对外长期投资，指期限在一年以上的对外投资，包括对外实际提供的为期一年以上的借款额、在国外的实际直接投资额、购买国外长期证券及不动产的金额。

对外短期投资，指期限在一年及一年以下的对外投资，包括政府在国外短期资本净额、政府和私人持有的外国短期票据金额、一年或一年以下对外放款金额、对进出口提供的信用贷款金额和在国外银行存款余额。

对外投资利润率。它是指期内单位对外投资额所取得的利润，又称对外投资收益率。其计算公式为：

$$\text{对外投资利润率}=\frac{\text{本年对外投资利润额}}{\text{年内对外投资额}}$$

式中，对外投资利润额，包括购买证券所得股息及对外贷款所得的利息等金额。

利用对外投资利润率，评价对外投资的经济效益，应结合同期世界金融市场的存款利率进行，才可作出合乎客观实际的结论。

第四节　国际收支统计

随着世界经济的发展以及社会分工的日益国际化，在贸易和资本、科学技术和文化等方面进行着广泛的国际交流和国际合作，并且已成为现代国民经济和社会发展的重要组成部分。在市场经济条件下，国际间的交流和合作，必然会引起国家之间的国际收支活动。所以国际收支状况是衡量一个国家的经济实力、国际经济竞争能力和国际经济地位的重要标志。国际收支统计，能及时反映国际收支状况，收支结构及储备资产增减情况，分析影响国际收支平衡的基本因素等．对加强国际收支的宏观调控具有重要的现实意义。

一、国际收支统计的一般问题

1.国际收支的概念。国际收支有狭义和广义两种不同的解释。狭义的国际收支是指一个国家在一定时期内（通常指一年）因贸易往来而发生货币收支。而广义的国际收支，则是指一个国家，由全部对外经济往来而引起的所有收支（不论是否涉及外汇收支）。

国际货币基金组织（TMF）于1978年在《国际收支手册》中，对国际收支作了明确的定义。即：国际收支是对某一特定期间，一国居民同其他国家居民之间所进行的各种经济交易活动的有系统的记录。它既表明一个经济实体同世界其余地方之间在商品、劳务以及收入方面的交易；又能反映该经济实体的货币性黄金、持别提款权以及对世界其余地方的债权、债务的所有权的变化和其他变化，以及不需要偿还的单方转移和各种对应分录。

由此可见，对一个国家来说，本国的商品出口、劳务输出、外国资本的输入和向本国的无偿转移，构成本国的国际收入，而外国商品的进口、劳务的搬入、本国资本的输出和向国外的无偿转移，形成本国的国际支出。

2.国际收支统计内容。按照国际货币基金组织的规定，国际收支统计内容应包括所有本国常住单位与非常住单位之间发生的国际经济交易。

国际经济交易的“交易”不仅仅是习惯上所指的“买卖”，而是统指国际收支活动中各个项目的实际变化情况。其持征：首先是所有交易都必须具有经济价值，凡不能测定其经济价值的，不能认为是交易，在国际收支统计中便不予反映。在国际收支统计中，最重要的大量的“交易”就是交换。即一方向另一方提供某种经济价值，再从对方得到同等的货币价值。此外，还有一些特殊的交易，如无偿援助。一方把一定的经济价值无偿提供给另一方，却没有相应地从另一方收回同等的货币价值。为了在世界范围内，全面反映一个国家的国际收支规模，这两类“交易”，在国际收支统计中，都应作为统计对象，进行记录核算。不过，对后一类“交易”，在记录时须作特殊处理。其次是“交易”必须在本国常住单位与非常住单位之间进行。否则交易的双方即便使用外汇，该交易也不列入国际收支统计。

3.国际收支统计的原则。国际收支统计由其特定的统计对象及范围，因此，在统计过程中应遵守如下几项的统计原则：计价原则的规定。在国际收支统计中，总的计价原则是否各种交易必须采用交易市的市场价格，或以其等值作为各种交易计价的基础。这一则与整个核算体系的作价原则一致。记录时间的规定。原则上，记录时间应以常住单位与非常住单位交易双方所有权变更时间为准。在实际核算中，进出口商品按海关结关放行的时间，服务及债权和债务按发生的时间，储备资产按银行结算的时间记录。记帐单位和折算原则的规定。国际收支统计中选择记帐单位，应以汇率相对稳定的货币为宜。现在一般以"万美元"作为统计的金额单位。凡用美元以外的其它货币计价时，原则上要求按签约时外汇市场的牌价汇率折算。

二、国际收支平衡表

国际收支统计的集中体现是编制国际收支平衡表。国际收支平衡表是利用复式记帐的原理，记录本国一定时期内（通常为一年）各项对外经济交易的一个收支统计表。它描述一个国家对外收支的总额和构成，用于研究分析本国的国际收支平衡状况，考察货币的流出流入对国内经济活动和国际支付的影响。

我国的国际收支平衡表是参照国际货币基金组织的国际收支平衡表的标准表式，并结合我国的实际情况制定的。具体表式见表6-1。

1.国际收支平衡表的结构。国际收支平衡表，从内容看，是由主栏和宾栏构成。由表6-1可见，国际收支平衡表的主栏设四类项目：经常项目、资本（资金）往来项目、误差与遗漏项目、储备资产增减额项目，各个项目又由若干不同内容的统计指标所组成，该表的宾栏设三个项目：差额、借方、贷方。它们分别反映一定时期内各项对外经济活动的发生额。

表中各个指标的借贷两方通常是有差额。称为局部差额（如贸易差额、劳务差额等），各局部差额的合计，构成国

表6-1　　**国际收支平衡表**　　单位：万美元

项目	差额	借方	贷方
国际收支总额			
一、经常项目			
(一)对外贸易			
1.出口			
2.进口			
(二)非贸易往来			
1.货运			
2.港口供应与劳务			
3.旅游收支			
4.投资收支			
(1)利润			
(2)利息			
(3)银行收支			
5.其他非贸易往来			
其中：政府交往收支			
劳务承包收支			
(三)无偿转让			
1.与国际组织往来			
2.无偿援助和捐赠			
3.侨汇			
4.居民其他收支			
二、资本(资金)往来项目			
(一)长期资本(资金)往来			
1.直接投资			
(1)外国和港澳地区在华的投资			
(2)中国在外国和港澳地区的投资			
2.证券投资			
(1)外国和港澳地区在华证券投资			
(2)中国在外国和港澳地区的证券投资			
3.国际组织贷款			
4.外国政府贷款			
5.银行借款			
6.地方、部门借款			
7.延期付款			
8.延期收款			
9.加工装配补偿贸易中应付客商作价设备款			
10.租赁			
11.对外贷款			
12.其他			
(二)短期资本(资金)往来			
1.银行借款			
2.地方、部门借款			
3.延期付款			
4.延期收款			
5.其他			
三、误差与遗漏			
四、储备资产增减额			
1.黄金储备			
2.外汇储备			
3.特别提款权			
4.在基金组织的储备头寸			
5.对基金信贷的使用			

际收支的总差额。在表格中各项目的借、贷方差额，在"差额"栏反映。顺差用"+"表示，逆差用"-"表示。

根据复式记帐原理，国际收支平衡表的主栏项目，又划分为线上项目和线下项目两部分。线上项目包括经常项目、资本（资金）项目和误差与遗漏项目，线下项目即是储备资产增减额。线上项目所反映的经济交易性质，主要是自发性交易。这类交易纯粹是为了经济上的某种目的而自动进行的。而线下项目所反映的经济交易性质，则是调节性交易，这类交易是对自发性交易的反映。当自发性交易收支不能相抵时，就用这类交易来弥补或进行其它调节，以保证国际收支的平衡。

国际收支平衡表，主栏项目与宾栏项目的设置，线上项目与线下项目的划分，既是适应对外经济往来的需要，又是根据复式记帐的原理，使编制的国际收支平衡表实现帐面平衡。

2.国际收支平衡表的指标。对外经济交易就其构成内容看，一般分为两大类。一类是商品和劳务的交易，又称实际资源，一类是金融性质的交易，又称金融资产。这两类交易实际上是同一经济活动中运动方向相反的两个方面，一面为物的流动，另一方面为相应的资金的流动。根据这两类交易的性质持点，为了分析国际收支活动中收入、支出、收支差额、收支平衡的需要，国际收支统计的指标分为经常项目、资本项目、平衡项目三大类。

经常项目。它是指国际间经常发生而且数额较大的各种经济上的往来。它是国际收支中的基本项目。它的顺差、逆差往往直接影响到国际收支的顺差或逆差。在经常项目下分设对外贸易收支、非贸易收支、无偿转让收支三类。对外贸易。它指一切可移动的、在常住单位与非常住单位之间变更所有权的货物交易。非贸易往来。它指在常住单位与非常住单位之间由于提供劳务而发生的收支关系。无偿转让收支。它是一种单方面转移。即没有得到相应补偿的一种经济活动。其性质是既非契约性，也非交换性。无偿转让收支分私人无偿转移收支和政府无偿转移收支两大类。私人无偿转让收支包括汇款、馈赠、礼品等形式的收支。政府无偿转让收支包括经济和军事援助、战争赔款、捐款等形式的收支。无偿转让收支下设与国际组织往来、无偿援助和捐赠、侨汇、居民其它收支四个项目分别记录。

资本（资金）往来项目。资本（资金）项目，实际是指金融交易项目。它所反映的是一个国家或地区对外金融资产和负债的变化。在国际收支平衡表中按资本（资金）流动的期限将其分成长期资本（资金）往来和短期资本（资金）往来。长期资本（资金）往来。包括直接投资。证券投资，国际组织贷款，外国政府贷款，银行借款，地方、部门借款，延期付款、延期收款、补偿贸易中应付客商作价备款、租赁，对外贷款和其它。短期资本（资金）往来。它是指即期付款或合同规定偿还期为一年或一年以上的资本（资金）往来。包括银行借款、地方、部门借款，延期付款，延期收款和其它。

误差与遗漏项目。它是在国际收支平衡表中人为设置的平衡项目。因为在实际编表过程中，由于资料不全，统计时间、计价标准和汇率折算办法不一致，错误和遗漏很难避免。误差与遗漏项目就是为了反映这些错误和遗漏而设置的项目以使国际收支平衡表中的借方和贷方总额相等。

储备资产增减额项目。该项目指国家拥有的可以直接对国外支付的储备资产增减额。根据储备资产变动的流量计算。是与国际收支总差额相对应的项目。所以，它是国家用来弥补或调节收支不平衡差额，实质上也是一个平衡项目。储备资产增减额项目的具体内容黄金储备、外汇储备、特别提款权、在基金组织的储备头寸和对基金信贷的使用五个指标加以反映。

3. 国际收支平衡表的编制。国际收支平衡表是根据复式记帐原理和有关核算原则设计的。它是由一些借贷式帐户综合构成的。因此，准确地编制国际收支平衡表，主要应了解国际收支平衡表的资料来源、记帐规则、修正过程的原理和方法。

国际收支平衡表的资料来源。编制国际收支平衡表所用资料，主要来自有关部门的统计和会计资料。大部分资料可以直接使用，少数资料要按编表要求适当调整后才可使用。对外贸易资料，主要来源于海关总署的海关统计报表，但要以海关进出口贸易统计资料为基础进行调整。一是对变更所有权的调整；二是对进出口总额按离岸价格进行调整；三是对出口中发生的退货予以调整。非贸易往来资料，主要来源于民航、远洋运输、铁路部门、保险公司、旅游部门、国家外汇管理局、中国银行等有关机构部门涉外统计报表资料和推算资料。无偿转让资料，私人无偿转让资料，来源于国家外汇管理局的有关统计资料，政府无偿转让资料，来源于对外贸易部、财政部有关汇总资料。资本（资金）往来项目资料，主要来源于有关部门的利用外资统计报表和外汇收支统计报表。其中直接投资、证券投资的资料由各项交易的当事部门提供，延期付款等其他资本交易的资料由中国银行提供。储备资产增减额资料，主要来源于中国人民银行的有关业务统计。

（2）国际收支平衡表的记帐规则。按照复式簿记原理，国际收支平衡表记录的基本原则是有借必有贷，借贷必相等。它要求每一项对外交易活动，按相同金额记入借方和贷方两个帐目。“贷方”是指对外交易中获得收入的交易，表示商品、劳务、资产的减少，负债的增加。“借方”是指对外交易中进行支付的交易，表示商品、劳务、资产的增加，负债的减少。属于贷方的交易用“+”表示，属于借方的交易用“－”表示。每一个帐户中，当贷方大于借方时，则差额为正，反之则为负。这样记录的结果，平衡表所有帐户的借方发生额之和与所有帐户贷方发生额之和相等，而国际收支总差额必为零。要达到这一要求，还必须进一步明确国际收支平衡表中所有帐户内各项指标的借方和贷方的具体含义。

根据国际收支平衡表中各项指标的不同经济意义，除“错误与遗漏”项外可以将列入该表中所有帐户及指标分为三大类。这三类帐户的“借方”与“贷方”均有一些特殊性。

第一类，反映一个国家对外交易中资产增减变化的帐户。它包括经常项目和资本往来项目的各项指标。这类帐户的“贷方”表示资金流入导致国内资产增加；“借方”表示资金流出导致国内资产减少。例如，经常项目中的“贸易出口”的“贷方”表示因对外销售商品取得收入，即资金流入而使国内资产的增加；而“贸易进口”的“借方”表示因进口商品而要支付款项，即资金流出而导致国内资产减少。

第二类，反映一个国家对外交易中负债增减变化的帐户。它仅指储备资产增减中的各项指标。因为在国际收支平衡表中，设置“储备资产增减额”帐户，纯粹是为了弥补和调节国际收支活动发生的收支不平衡的问题。所以，这类帐户的“贷方”则表示负债的减少，亦即储备资产的减少，而“借方”却表示负债的增加，即储备资产的增加。例如，我国动用外汇储备，偿还国外债务，这既表示对外负债的减少，又意味着国内储备资产减少，所以应记入“储备资产增减额”的“贷方”，用”“+”表示。相反，若对外发行债券，增加外汇收入的储备额，表示通过增加负债而使储备资产增加，应记入“储备资产增减额”的“借方”。用“－”表示。由此可见，这类帐户的“+”，“－”的经济涵义与前一类帐户的“+”、“－”是不同的。

第三类，反映一个国家对外特殊交易的帐户。它即是在经常项目中的“无偿转让”帐户所包括的各项指标。由于在国际交易中，无偿转让交贸是单方面的转让，未发生“钱”与“物”的对流，照理只能在商品、劳务、资本等帐户的借方（或贷方）记录一次。但是，这与复式记帐原理相悖。因此，特地设立这个帐户，用以抵消单方面转移的商品、劳务或资本等，以使每笔交易的借贷平衡。当它要抵消借方项目，就以贷方项目出现；反之，则以借方项目出现。例如，我国大陆因特大自然灾害，接受海外侨胞捐赠的救灾货物。对这笔交易记录时，应先拟将这批货物看作进口商品，而记入“对外贸易”的“借方”。同时，还应在“无偿援助与捐赠”的“贷方”作同样记录，予以冲抵。

对上述三类帐户的“贷方”与“借方”的记录，具体地，可以归纳如下：

贷方：

① 商品出口；

② 外国人来本国旅游的支出；

③ 外国人购买中国劳务；

④ 对国外投资信贷等取得的利息、利润等；

⑤ 国外对本国的单方面转移收入；

⑥ 国外对本国的投资、信贷的增加等；

⑦ 本国收回对国外的贷款、投资及存款；

⑧ 输出货币性黄金，清偿国际债务。

借方：

① 商品进口；

② 本国人去国外旅游的支出；

③ 本国人购买国外劳务；

④ 外国人在本国投资、信贷所得收益；

⑤ 对国外的单方面转移支付；

⑥ 对国外的投资及增加的信贷等；

⑦ 国外收回在本国的投资、贷款及存款；

⑧ 从国外输入货币性黄金。

将上列十六类交易，结合国际收支平衡表中的主要指标，列出如下记录规则：（见表6-2）

表6-2

借　　方(支出)	贷　　方(收入)
① 贸易进口(按离岸价格计算)支付	② 贸易出口(按离岸价格计算)收入
③ 非贸易输入支付	④ 非贸易输出收入
⑤无偿转移支付	⑥ 无偿转移收入
⑦ 长期资本的资产增加	⑧ 长期资本的资产减少
⑨ 长期资本的负债减少	⑩ 长期资本的负债增加
⑪ 短期资本的资产增加	⑫ 短期资本的资产减少
⑬ 短期资本的负债减少	⑭ 短期资本的负债增加
⑮ 储备资产的增加	⑯ 储备资产的减少
	⑰ 误差与遗漏

（3）国际收支平衡表的修正。一国的国际收支实际上总是不平衡的，不是收大于支，就是支大于收。那么，怎么使国际收支平衡表既能反映国际收支不平衡的实际情况，又能按复式记帐原理人为地达到平衡？这就需要对国际收支平衡表中有关数据按平衡原则进行修正。

对国际收支平衡表的修正，是利用该表中的线上项目与线下项目以及线上项目中的“错误与遗漏”指标的内在关系进行反复校核修正。

从理论上讲，国际收支平衡表上出现平衡的首要条件，应该是线上项目中国际收支总差额和线下项目的储备资产增（或减）额在金额上完全相等。但是，在国际收支平衡表的编制过程中，由于种种主客观因素，会产生统计误差，而使这两种金额不等，导致国际收支平衡出现不平衡。为了解决这个矛盾，就需借助“误差与遗漏”指标，这个指标一般放在数字相对不可靠的线上项目里。根据各种资料编制的线上项目的合计数，同数字相对可靠的线下项目合计数进行对比。如果两个合计数不等，则要调整线上项目数字，即将两数差额作为统计误差列入“误差与遗漏”指标相应的贷方或借方，以使该表的借方总额与贷方总额相等，达到收支平衡的要求。

通过修正平衡表中的“误差和遗漏”项目后，线上项目和线下项目则出现绝对值相等的两个差额，这就是国际收支的总差额。如果线上项目的差额为正，则为顺差，否则为逆差。相反，线下项目的差额为负，却为顺差，否则为逆差。只有这类总差额才能确切反映一个国家在一定时期国际收支平衡的真实状况。

4.国际收支平衡表中的主要平衡关系

基本的平衡关系：

$$\text{国际收支平衡表的借方总额}=\text{国际收支平衡表的贷方总额}$$

线上项目与线下项目的平衡关系：

$$\text{经常项目差额合计}+\text{资本项目差额合计}+\text{误差与遗漏差额}=-\text{储备资产(增减额)差额}$$

$$\text{国际收支总差额}=-(\text{储备资产增减差额合计})$$

$$\text{国际收支总差额}+\text{储备资产增减差额合计}=0$$

以上这些平衡关系公式，既可以用来判断一个国家国际收支平衡的实际情况，又可以用来鉴定国际收支平衡表编制的准确性。

三、国际收支统计分析

国际收支统计分析，是对一定时期一个国家的国际收支平衡状况进行统计分析。目的在于反映国际收支的基本结构及其特征探寻影响国际收支平衡的原因，揭示国际收支状态变化过程，并提出实现国际收支平衡的建议。

对国际收支的分析，可以从静态和动态两个方面，运用多种统计方法，从不同侧面进行剖析，判断和评价。

1.国际收支的对比分析。对国际收支进行对比分析的内容，主要有将国际收支的统计指标与计划指标进行对比，检查国际收支计划的执行情况；将国际收支平衡表中各个指标的收入与支出进行对比，可以分析国家的国民经济状况和经济实力；将国际收支平衡表的线上项目或线下项目所反映的借方总额与贷方总额进行对比（即顺差或逆差），可以分析国家储备资产的变动情况；还可以检查国家对外经济政策，财政金融政策贯彻执行的效果等等。通过这些对比分析，可以从中发现国际收支差额形成的原因，并判断国际收支总顺差（或总逆差）对国民经济发展的影响。

2.国际收支的构成分析。对国际收支活动的结构分析，主要是用于剖析国际收支的各项指标的收入、支出、收支差额占总收入、总支出、总差额的比重，以便对某一时期的国际收支活动的特征作定量判断。例如，我国1986年国际收支的主要构成情况如表6-3。

表6-3

	1986年	
	贷　方	借　方
(一)经常项目	59.97	72.15
1.贸易	(49.44)	(65.85)
2.非贸易往来	(9.53)	(6.04)
3.无偿转让	(1.00)	(0.26)
(二)资本往来项目	39.33	27.85
(三)平衡项目	0.70	—
总　额	100.00	100.00

资料来源：《中国金融统计年鉴(1952—1987)》第158页

从表6-3的数据可以看出，1986年我国的国际收支活动中商品贸易的交往占了绝大比重，进口大于出口，而且国外对我国的投资也占了较大比重。这应该说同我国实行对外开放、积极利用外资发展我国国民经济的要求是相适应的。但是，这年我国国际收支结构特征是否符合当时经济形势发展的需要，还应结合其他有关社会经济情况作具体研究。

3.国际收支的动态分析。动态分析方法，主要用来揭示国际收支活动变化发展趋势的数量表现，为研究制订有关对外对内经济政策提供依据。例如，我国1985～1990年国际收支统计的动态资料见表6-4。

从表6-4可以看出，我国1985—1990年的国际收支总额中，其中：1987、1988、1990年为顺差；1985、1987年为逆差。这说明五年中，有三年我国的储备资产比上期有所增加，国际收支状况良好；而另一年的情况则相反。如将表中

表6-4　　中国国际收支概况　　单位：亿美元

项　　目	1985年	1987年	1988年	1989年	1990年
一、经常项目	−114.17	3.16	−38.02	−143.17	119.97
(一) 对外贸易	−131.23	−16.16	−53.15	−56.20	91.65
(二) 非贸易往来	14.63	17.63	10.94	9.23	25.58
(三) 无偿转让	2.43	2.24	4.19	3.80	2.74
二、资本往来项目	66.87	60.02	71.32	37.21	82.04
(一)长期资本往来	44.16	57.90	70.56	52.40	59.62
(二)短期资本往来	22.71	2.12	0.76	−15.19	22.42
三、误差与遗漏	1.21	−14.66	−10.94	−0.17	−31.26
四、储备资产增减额	46.09	−48.52	−22.36	6.13	−170.85

资料来源：《中国统计年鉴》1992年第660—661页

各项指标，仔细对照分析一下，可知形成1987年1988年二年顺差的主要原因是，较多地引进外国资本，尤其是1987年1988年的资本项目顺差分别达60.02亿美元和71.31亿美元。因此，对这类顺差要作具体研究。一般来说，如果一个发展中的国家，主要靠引进外资来平衡国际收支，形成顺差，那么，这种国际收支的良好状况是不够稳固的。这种顺差隐藏日后发生逆差的可能性。而1990年国际收支顺差主要是由于对外贸易顺差和引进外资共同影响的结果。不过，我国是资金短缺的国家，如果长期顺差，使储备资产额过多地存在，不利于对外汇资金的充分利用。所以，通过对国际收支的动态分析，应该探索出符合我国国情的国际收支规模及储备资产的数量界限，并从宏观上加强对外经济的管理提供科学依据。

4. 国际收支的平衡分析。平衡分析法，就是从数量上对社会经济现象及其运动中客观存在的各种因素之间的比例协调关系进行研究的方法。对国际收支活动的平衡分析，除了研究收入与支出之间的适应情况外，还应根据国民经济综合平衡中“四大平衡”的要求，对国际收支与国内商品劳务的可供出口量之间，国际收支与国内的财政、信贷资金之间，外汇、财政、信贷资金与物资、劳务之间的平衡关系，进行综合、全面的分析，从而才能对我国国际收支平衡关系及其原因，作出合乎实际的正确判断。

第七章　国民经济分配统计

第一节　收入分配统计

国民经济分配是社会再生产过程的一个重要环节。合理的、公平的分配，有利于发挥劳动者积极性，促进社会经济发展和人民生活水平逐步提高。因此，反映和分析国民经济分配及其构成便具有重要意义。

国内总产出（或国民总产出），其中的中间产品和劳务的消耗，如原材料、辅助材料、燃料动力、运输邮电服务的消耗和固定资产磨损等，已在社会产品和劳务的生产与提供过程中被消耗，也同时在再生产过程中得到补偿，不存在分配问题。所以，国民经济分配，通常是指国民经济净成果即国内生产净增加的产品和劳务——国内生产净值的分配。

国内生产净值分配，首先在生产经营活动部门内的劳动者与生产单位之间进行分配，即初次分配。其次，在初次分配以后，还要在全社会范围内进行再分配。国内生产净值经过分配再分配，便形成各方面的收入。因此，把国民经济分配与收入联系在一起，统称为国民经济收入分配。

一、初次分配统计

初次分配是指国内生产净值，首先在生产领域内进行的第一次分配。初次分配结果，形成劳动者原始收入和社会纯收入两部分。

1. 劳动者原始收入，它是指劳动者在生产领域内，由劳动成果中获得的全部劳动报酬收入。亦即劳动者在生产活动领域内国民生产净值初次分配所得到的收入。在目前，我国劳动者原始收入是由常住单位的职工工资收入、农业及其他劳动者的实物收入和货币收入、城乡个体经济收入和用于职工的社会保险金等组成。常住单位职工工资，包括生产单位直接发给劳动者的工资、奖金、附加工资、津贴、补贴等。农业及其他劳动者实物收入和货币收入，主要是实行承包联产计酬、或直接分田到户经营所得的农业收入和副业收入。城乡个体经济收入，包括城乡个人经营的小商小贩、手工业、运输业以及其他各业，从事生产经营活动所取得的收入。这些个体经济，一般小本经营，主要靠自己劳动取得收入，所以属劳动者原始收入。至于近几年来，随着改革深入，有些个体经济资本较大，雇工也多。些类个体者取得的收入，相当部分属于资本收入而不属于劳动收入范围。但这部分收入又归个人所有，目前统计仍列入劳动者原始收入范围。职工社会保险金。是指生产经营单位为劳动者直接向政府和保险部门支付的待业、退休、人身、医疗、家庭财产等保险公积基金。这些保险公积基金，不论何时实际支付给劳动者，都应记入本期劳动者报酬内。

2. 社会纯收入。国内生产净值扣除一部分作为劳动报酬分配给劳动者，余下的部分为生产经营单位原始收入。由于在社会主义条件下，生产经营单位所得原始收入，有一部分自留使用，另一部分以税利份额上缴国家，但都为社会所用，故称社会纯收入。社会纯收入主要包括利润和税金两大部分。利润即生产经营单位营业盈余，作为企业单位发展生产和职工福利之用。税金指向政府缴纳的各项税金，但不包括企业利润留成后缴纳的所得税、调节税和奖金税等，以避免和生产经营单位利润留成重复计算。同时，对于政府支付的生产补贴，则应从税金中扣除。这样，税金这一项计算的是生产税净额。

从以上初次分配项目，可列出如下计算公式：

初次分配收入＝劳动者原始收入＋社会纯收入

＝劳动者原始收入＋生产经营单位利润留成（企业营业盈余）

＋税金（生产税净额）

由上可见，国内生产净值初次分配，形成劳动者个人收入、企业经营收入和国家政府收入。这样，便可根据初次分配的收入构成，用来分析国家、集体、个人三者之间分配比例关系。

3.国民收入，在初次分配统计中，还有一项极为重要的统计，即国民收入统计。

国民收入。这个术语往往在不同情况下使用，表明的内容也不一样。在物质产品平衡表核算体系里，把物质生产部门创造的社会净产值，称为国民收入。在国民帐户体系中，还常使用广义的国民收入概念。它泛指一定时期生产、分配和使用各个环节上的流量，如国民生产总值、国民生产净值、国民收入、个人收入和个人可支配收入等。在国民帐户体系中，从分配意义上讲，国民收入是指一定时期内直接参加产品生产和提供劳务的生产要素（劳动、资金等）所有者，通过国民生产净值分配而获得的收入总和。我们这里说的正是这种分配意义的国民收入。生产企业从原始收入中向政府缴纳的税金，政府这种收入不属于生产要素的收入，不应计入国民收入。此外，某些生产企业因政策性亏损，得到政府的生产津贴，则需包括在国民收入之中。因此，国民收入的计算公式为：

$$\text{国民收入}=\begin{matrix}\text{劳动者}\\\text{原始收入}\end{matrix}+\begin{matrix}\text{生产经营单位利润留}\\\text{成（企业营业盈余）}\end{matrix}+\begin{matrix}\text{政府生产}\\\text{津贴}\end{matrix}$$

$$=\text{国民生产净值}-\text{企业间接税}+\text{津贴}$$

国民收入是按国民原则计算的，是该国常住居民参与生产经营活动而得到的收入。如果按国内属性的常住单位原则计算，那么该国经济领土为中心的常住单位参与生产经营活动而得到的收入，则称为国内收入。国民收入加上付给国外的要素收入，再减去从国外获得的要素收入，即为国内收入。

二、再分配统计

再分配是在初次分配基础上再次进行的分配。为了保证非生产活动的需要，社会救济的需要以及政府调剂各地区各部门生产成果分配使用的需要，都必须进行再分配。

1.再分配主要渠道。再分配主要通过财政、信贷及各种转移收支等渠道来进行。按再分配收支的资金性质，可分为非金融再分配和金融再分配。

金融再分配，是指由金融市场的借贷活动进行的再分

表7-1

国内生产净值收入的分配与再分配

单位：百亿元

机构部门	初次分配收入	非金融再分配收入						非金融再分配支出						可支配收入	其中		金融再分配			最终收入
		财产收入	收入税	社会保险	政府经常转移	其他经营转移	合计	财产收入	收入税	社会保险	政府经常转移	其他经营转移	合计		消费	储蓄	收入	支出	收支差额	
	1	2	3	4	5	6	7	8	9	10	11	12	13	14	15	16	17	18	19	20
总计	630	80	50	10	35	25	200	80	50	10	35	25	200	630	430	200	150	150	0	630
非金融企业	170	10			5	13	28	50	15			15	80	118		118	70	60	10	128
金融企业	24	22			15	2	39	10	10				20	43		43	60	50	10	53
政府	86	8	50		5	5	68	5		10	35	10	60	94	90	4	15	10	5	99
居民	350	40		10	10	5	65	15	25				480	375	349	35	5	30	—25	350

配。非金融再分配，主要包括财产收支、所得税、社会保险及补贴、社会救济金，政府拨款及居民赡家汇款等多种形式的转移收支。为反映各承受机构部门国内生产净值收入的再分配情况，可编制其再分配收支表。具体见表7-1。

在编制表7-1中，除财产收支、收入税（所得税）、社会保险三项单独列出外，政府拨款、社会救济金和社会保险补贴等，一并归入政府经常转移项目，机构部门间的互相转移收支，则归入其他经常转移项目。

各承受机构部门的初次分配收入，通过非金融再分配收支形成各部门的可支配收入。可支配收入经过金融再分配又形成各部门的最终收入。假设的表7-1数据，具体反映了国民经济的再分配情况。由此可见，其一个部门的再分配收入与支出是不相等的，但国民经济所有部门的再分配收入合计，是与其再分配支出合计相等。例如：非金融企业部门的再分配收入合计28＋70≠再分配支出合计80＋60，国民经济所有部门的再分配收入合计200＋150＝再分配支出合计200＋150。

2. 国内可支配收入与最终收入。国内可支配收入是一国常住单位的机构部门，通过分配和再分配所取得可用于消费和储蓄的收入。其计算公式如下：

$$\text{某一机构部门的可支配收入}=\text{初次分配收入}+\left(\text{非金融再分配收入}-\text{非金融再分配支出}\right)$$

$$=\text{初次分配收入}+\text{非金融再分配收支差额}$$

以表7-1资料，可以计算各机构部门的可支配收入。例如：非金融企业部门可支配收入＝170＋（28－80）＝118（百亿元）；

金融企业部门可支配收入=24+（39−20）=43（百亿元)。

国内最终收入是一国常住单位的机构部门，其可支配收入经过金融再分配后形成的最终用于消费和积累的收入。其计算公式如下：

$$\begin{aligned}\text{某一机构部门的最终收入} &= \text{可支配收入} + \left(\text{金融再分配收入} - \text{金融再分配支出}\right)\\ &= \text{可支配收入} + \text{金融再分配收支差额}\\ &= \text{初次分配收入} + \text{非金融再分配收支差额} + \text{金融再分配收支差额}\end{aligned}$$

以表7-1资料为例，机构部门的最终收入计算如下：

非金融企业部门最终收入=118+（70−60）=128（百亿元）；

金融企业部门最终收入=43+（60−50）=53（百亿元）。

可支配收入与最终收入是两个既相联系但又不尽相同的指标。可支配收入是从收入形成的角度考察的各个机构部门的收入。它的去向是消费和净储蓄。最终收入是从实现的角度考察各部门的收入。它的去向是最终实际用于消费和积累。所以，从各个机构部门看这两个指标之间相差金融再分配收支差。但是，从全社会看可支配收入总额等于最终收入总额。这两个指标能为政府从宏观上调节国家、集体、个人之间的分配比例关系提供科学依据。

3.国民可支配收入。国民可支配收入是一国常住居民的机构部门可支配收入的总和。它是从一个国家有权使用所掌握的物质产品和劳务的角度，表明一个国家可以自由支配的物质产品和劳务的总量。由于国内生产净值的分配与国民生产净值的分配关系密切，因此，可以通过国内生产净值计算国民可支配收入。

因为，

国民生产净值＝国内生产净值＋来自国外的要素收入－付给国外的要素收入

＝国内生产净值＋来自国外的劳动报酬净额＋来自国外的财产收入及盈利净额

而

国内可支配收入＝国内生产净值初次分配收入＋非金融再分配收支差额

则

国民可支配收入＝国民生产净值初次分配收入＋来自国外的其他现期转移收入净额

＝国内生产净值初次分配收入＋来自国外劳动报酬净额

＋来自国外的财产收入及经营利润净额＋来自国外的其他现期转移收入净额

式中，来自国外的其他现期转移，是指国家之间与要素

表7-2　　国民可支配收入的形成及其分配

	国内生产净值初次分配额	来自国外劳动报酬净额	来自国外财产收入及盈利净额	来自国外其他现期转移净额	国民生产净值初次分配额	国民可支配收入	国民可支配收入分配	
							总消费	净储蓄
	①	②	③	④	⑤＝①＋②	⑥＝⑤＋④	⑦	⑧
总计	630	15	10	5	655	660	439	221
非金融企业	170		5		175	175	35	140
金融企业	24		2		26	26	6	20
政府	86		3	2	89	91	80	11
居民	350	15		3	365	368	318	50

收入无关的再分配。内容主要有：（1）国际间灾害保险的赔偿；（2）国际间无偿转移，如无偿援助、相互缴纳所得税等。

一个国家的国民可支配收入及其分配情况，可见表7-2资料所示。

第二节　资金流量统计

商品是使用价值和价值的对立统一。在社会再生产过程中，商品总是表现为两种形态的运动：一是实物运动（包括物质产品和劳务），二是资金运动。前者形成商品流量，后者形成资金流量。在社会主义市场经济条件下，以货币为手段的资金运动不仅是商品价值运动的反映，而且是促进商品价值和使用价值的实现和加速社会经济发展的有力杠杆。因此，组织资金流量核算，不仅能综合反映国民生产成果的分配、再分配的全过程，揭示国民经济各部门收入分配状况，而且可以描述国民经济运行全貌，并能对国民经济各部门生产经营活动的最终成果作出综合的评价。

一、资金流量统计的意义

1.资金流量统计的概念　资金流量统计，又称资金流量核算。它是系统地反映全社会各机构部门在一定时期（如一年）内资金的来源和使用，以及全社会各种资金在各部门间的流量、流向和余缺调剂情况的统计分析方法。

资金流量是与经济活动中的存量（如资产与负债）相对而言的。它是一种动态的、时期性的量，而存量则是一种静态的、时点性的量。存量是流量运动的起点和终点，流量是存量变动的根据。

资金是产品、劳务以及财产等的价值表现。资金流量是按照事物的流量相反的方向运动的。但是，资金流量核算并不等于物的流量核算。因为，在现实经济生活中，有土地、无形资产和旧货的交易。它们不创造新的价值，因而不是国民生产核算的对象，但却是资金流量核算的对象。资金流量与货币流量不同，后者是前者的一部分。在社会经济运行过程中，存在信用交易的情况下，资金流量既包括货币的流量，也包括信用的流量。所以，社会资金形态可分为三种：货币形态的金融资金、信用形态的金融资金和实物形态的实物资金。因此，资金流量核算的研究对象，是指社会资金在一定时期的变动量，即社会资金运动。它相应地可以分为两大类：一类是与金融资产增减有关的金融资金运动——即金融资金流量。如货币、存款、贷款及债券等的变动；另一类是与金融资产增减无关的非金融资金运动——即实物资金流量。如产品、劳务、财产的收入、分配、再分配，以及消费、投资等的变动。

2.资金流量核算的理论依据　社会再生产是实物运动与价值运动的统一过程。国民生产一方面提供物质产品和劳务，另一方面创造价值，形成收入。收入通过分配和再分配形成消费和投资。从整体看，如不考虑与国外的往来，国内生产的收入流量与支出流量应该是恒等的。但从各个社会经济单位或社会经济部门看，收入与支出通常是不等的。部门收支的不平衡需要通过融通资金进行调剂。也就是说，在市场经济条件下，诸如企业、居民、政府等社会经济部门及其所属基层单位，在进行消费、投资的活动中，无一不伴随着金融资产和负债的增减变化，交织着货币和信用的运动，从而在部门间形成了资金的流动。同时道理，如果考虑到与国外的往来，也会产生国内各部门与国外部门的收支不平衡问题而引起国际间的融资活动而形成资金流动。所以，在国民经济的实物运动和价值运动过程中，产生社会经济部门之间收支不平衡，而引起资金流动，正是进行资金流量核算的客观依据。

资金流量的核算是市场经济发展的产物。资金流量核算最初是在美国形成的。1968年，联合国把资金流量核算纳入了国民经济核算体系，即新SNA。目前，资金流量核算已在世界上许多国家得到了推广和应用，美国、英国、日本、加拿大等国都已定期编制并公布资金流量的统计资料。资金流量核算正在成为各国中央银行和中央统计部门进行综合经济分析一个重要工具，为国家实行宏观调控提供依据。我国也已正式将资金流量核算纳入国民经济核算体系之中，成为国民经济核算的重要组成部分。

3.资金流量统计的范围。由于世界各国对资金概念的不同理解，以及资金管理的不同需要，形成了社会资金流量统计范围的不同口径：①核算中间、最终产品服务和金融交易所引起的货币收支，②核算最终产品、服务、金融交易有关的货币收支；③核算最终产品、服务中储蓄投资与金融交易所发生的货币收支；④核算金融交易引起的货币收支。

目前根据我国具体情况，为适应公有制为主体的社会主义市场经济发展的需要，资金流量核算范围，是采用第二种口径，即包括以增加值为起点的所有资金活动。

二、资金流量核算的方法

资金流量的核算是通过编制资金流量表进行的。通常采用的资金流量表是矩阵表，表式分两种：投入产出式和标准式。这里主要研究标准式资金流量表的编制。

1.资金流量表的结构．标准式资金流量表的基本结构见表7-3。它是由列的“机构部门”（宾栏）与行的“交易项目”（主栏）互相交叉构成的矩阵式表格。在每个部门下再分为使用和来源两栏，采用复式记帐方法以便从资金来源和运用两个方面，反映资金在各个部门之间的流动过程。标准表式是联合国统计委员会推荐使用的表式。这种表式相对投入产出表式来讲，反映内容要全面、灵活，容易看出数字之间关系，且编制难度要相对小些。所以，我国的资金流量表是按照标准表式结合我国实际设计的。

2.资金流量表的特点　标准式资金流量表按照矩阵形式，运用复式记帐原理进行编制．这种资金流量核算矩阵是对整个社会经济系统的资金运动中实物交易和金融交易的描述。具体反映了各个机构部门的收入、分配、消费、储蓄、投资和资金余缺情况以及通过各种金融活动调剂各部门资金的过程。所以，在资金流量表中，记入一笔资金来源的同时，必须记入同样一笔的资金运用。因此，表中各机构部门，在实物交易部分，一个部门的支出，必定形成另一个部门的收入来源；在金融交易中，形成一个部门的金融资产的同时，也同时形成另一个部门的金融债权．所以资金流量表中就形成

表7-3 标准式资金流量表（简表）

单位：亿元

交易项目 \ 机构部门		居民 1		企业 2		行政事业 3		财政 4		金融 5		国外 6		合计	
		运用 u	来源 s	运用 u	来源 s	运用 u	来源 s	运用 u	来源 s	运用 u	来源 s	运用 u	来源 s	运用 u	来源 s
实物交易	收入（Y）														
	净转移收入（T）														
	消费（C）														
	储蓄（S）														
	实物投资（I）														
	储蓄投资差（S—I）														
金融交易	金融资金运用（Fu）														
	金融资金来源（Fs）														
	借款（ΔL）														
	贷款证券（ΔF）														
	现金（ΔM）														

了一系列平衡关系而具有两个显著的特点：

第一，纵向反映各部门收支及其资产负债增减的变化。从纵向看，资金流量表把各部门收入，净转移收入、消费和实物投资与其金融资产或负债的增减变化联系起来，使各部门的储蓄投资差（即资金余额或差额）和其金融资产增量与负债增量之差相等。从而说明，如果一个部门有多余资金，必然要借给其他部门以增加本部门的金融资产，而金融资产增量与负债增量的差额，等于该部门的资金余额、反之，如某部门资金不足，就必须从其他部门筹措，从而增加该部门的负债，使负债增量超过资产增量，等于该部门的资金差额。所以，在资金流量表中，任何一个部门的来源总额必然等于资金使用总额。这称为“内部平衡”。用公式表示如下：

$$(Y+T-C)-I=F_u-F_s$$

即：$$S-I=F_u-F_s$$

上式表明，任何一个部门的储蓄投资差必然等于其金融资产增量和金融负债增量之差。

$$Y+T+F_s=C+I+F_u$$

此式表明，任何一个部门的资金来源总额必然等于资金运用总额。

第二，横向反映部门之间资产负债的变化。从横向看，资金流量表通过各种金融活动，又把各部门之间金融资产或负债的增减变化联系起来。一个部门的资金使用，必然是另一个部门的资金来源。而金融交易部分的每一种交易项目，都代表一种金融活动。一种金融活动既引起一些部门金融资产的变动，同时也相应引起另一些部门的负债变动，而且这两种变动量必然相等。所以，资金流量表中，每种金融活动（金融工具）所形成的各部门间的金融资产与负债两种变动量的平衡，称为“外部平衡”。用符号表示如下：

$$\Delta I_{u1}+\Delta L_{u2}+\Delta I_{u3}+\cdots+\Delta L_{un}=\Delta L_{s1}+\Delta L_{s2}+\Delta L_{s3}+\cdots+\Delta L_{sn}$$

$$\Delta F_{u1}+\Delta F_{u2}+\Delta F_{u3}+\cdots+\Delta F_{un}=\Delta F_{s1}+\Delta F_{s2}+\Delta F_{s3}+\cdots+\Delta F_{sn}$$

$$\Delta M_{u1}+\Delta M_{u2}+\Delta M_{u3}+\cdots+\Delta M_{un}=\Delta M_{s1}+\Delta M_{s2}+\Delta M_{s3}+\cdots+\Delta M_{sn}$$

此外，从纵向与横向结合起来看，还有如下三种平衡关系：各部门资金来源总和必然等于各部门资金使用总和（$\Sigma U=\Sigma S$）。

各部门金融资产总和必然等于各部门负债总和（$\Sigma Fu=\Sigma Fs$）。

各部门储蓄总和必然等于各部门投资总和。（$\Sigma S=\Sigma I$）

总之，在资金流量表中，任何一个数字的变动，都会通过所在列和所在行波及到整个资金流量表。这实质上也就反映了资金运动中流量、流向的全过程及其对各个部门活动所带来的具体影响。这种牵一发而动全身的特点，一般称为资金流量表的连锁特性。

3.我国的资金流量表的特点　我国的资金流量表采用标准式的矩阵表，该表分为收入与分配和金融两部分。（见表7－4、7－5）。表的主栏是交易项目；宾栏为交易主体，即机构部门。

表7-4

资金流量表（一）
（收入与分配部分）

项目 \ 部门	顺序号	居民		企业		行政事业		财政		金融		国外		合计	
		使用	来源	使用	来源	使用	来源	使用	来源	使用	来源	使用	来源	使用	来源
		1	2	3	4	5	6	7	8	9	10	11	12	13	14
一、部门增加值	1														
二、劳动者报酬	2														
三、上缴财政	3														
四、财政拨款	4														
五、财产收入	5														
六、其他转移	6														
合计	7														
七、可支配总收入	8														
八、总消费	9														
九、总储蓄	10														
十、资本转移	11														
十一、总投资	12														
1. 固定资本形成	13														
2. 库存增加	14														

交易主体的划分。表中的交易主体分列了居民、企业、行政事业、财政、金融、国外六个机构部门。这些机构部门的基本构成为：①居民——包括城乡居民及个体经营户；②企业——包括金融机构以外的从事赢利活动的各种经济类型的法人企业和单位；③行政事业单位——包括以政府预算拨款为主要收入的行政、事业单位；④财政——指国家财政收支，可以分列中央财政和地方财政、预算内和预算外等；⑤金融——包括中央银行（中国人民银行）、各专业银行和其它银行、非银行金融机构（如保险公司、证券公司等）、政府金融机构（如证券转让交易部）；⑥国外：指对国外发生的资金往来，与国际收支核算对应。可见，宾栏的机构部门划分实际上反映了资金流量表的核算范围。

交易项目的设置。由于资金运动可以分为实物交易和金融交易两个类型。因此，在资金流量表（一）（收入和分配部分）的主栏，主要反映实物交易，而资金流量表（二）（金融部分）的主栏反映金融交易。

实物交易主要是指伴随着物质产品和服务交易而发生的货币流动，实物的买卖是货物及服务与货币的换位。这种交易的特点是所有权的变更，即商品所有者失去商品得到货币，货币所有者失去货币得到商品。还有些社会经济活动，如上缴财政、财政拨款或补贴、私人间赠送，虽不涉及商品和货币的换位，而属于收入分配的单方面转移，但仍然是所有权的变更。这些活动也列入实物交易部分进行核算，以便与金融交易的核算区别开来。所以，实物交易部分主要描述增加值（国民生产总值或国内生产总值）的分解，以及各部

表7-5

资金流量表（二）
（金融部分）

部门 / 项目	顺序号	居民		企业		行政事业		财政		金融		国外		合计	
		使用	来源	使用	来源	使用	来源	使用	来源	使用	来源	使用	来源	使用	来源
		1	2	3	4	5	6	7	8	9	10	11	12	13	14
一、总储蓄与总投资差	1														
二、国内金融交易	2														
1. 通货	3														
2. 活期存款	4														
3. 定期存款	5														
4. 政府债券	6														
5. 其他债券及集资	7														
6. 短期贷款	8														
7. 长期贷款	9														
8. 财政借款	10														
9. 其他	11														
三、国外金融交易	12														
长期资本往来	13														

续表

1. 直接投资	14													
2. 股票、债券	15													
3. 借　　款	16													
4. 其　　他	17													
短期资本往来	18													
1. 借　　款	19													
2. 其　　他	20													
四、储备资产	21													
1. 黄　　金	22													
2. 外汇储备	23													
3. 特别提款权	24													
4. 在基金组织的储备头寸	25													
5. 对基金信贷的使用	26													

门现期往来和转移收支活动，以反映增加值在机构部门间的分配和使用。在分解部门增加值的基础上，形成分部门的储蓄和投资。正如前述一样，就社会经济活动的整体来看，储蓄应等于投资，但分部门来看，储蓄往往不等于投资，即各部门收支不一定平衡。各部门储蓄与投资之间的差额。依靠金融交易来调剂。这样，储蓄和投资差也就成为联结实物交易和金融交易的枢纽。

金融交易主要是借贷行为，每发生一笔交易同时在双方产生资产或负债。借贷的特点是在一定时期内转移资金的使用权，到期必须偿还，资金的所有权不变。区别实物交易和金融交易的标准是看所有权是否发生改变。所以，金融交易部分，是反映以现金、信用、证券等金融资产与金融负债为交易对象的金融活动。每笔金融交易并不影响一个部门或部门之间的收入增减，只是体现为债权或债务（资产或负债）的增加或减少。例如，企业获得一笔贷款，并不意味着收入增加，只是增加了一笔负债。表中金融交易项目分为国内金融交易和国外金融交易，列示了各种金融工具指标，以反映全部金融活动。在实物交易部分的“总储蓄与总投资差。”盈余必然在金融交易部分表现为金融资产，赤字必然表现为负债。所以，金融交易部分正是通过对全部金融活动的描述，反映资金在各部门金融交易帐户中的流量、流向和余缺，从而揭示了金融状况与一般经济活动的相互作用。可见，资金流量表中，交易项目的设置及其内在联系规定了资金流量表的核算内容。

4. 我国资金流量表的编制。编制资金流量表，首先，了解资金流量表的资料来源。资金流量表需要的资料很多，不可能全部依靠专门组织的调查来取得。因此，编制资金流量表要善于利用现有的统计、会计核算资料，特别是各主管业务部门的统计、会计资料，从总量上进行必要的调整计算。主要是有关部门的财务决算表、业务状况表、资金平衡表等，其中财政、金融部门是大头。总的来看，编表所需资料的来源有：①财政部门的财政预算内外收支决算表；②中央企事业单位决算表；③税收会计年报总表；④金融系统（银行、信用社、信托投资、保险公司等）业务状况表、专用基金表、损益表等；⑤人民银行的市场货币流通状况调查表；⑥工商局有关个体、私营企业资金活动情况表；⑦国家统计局有关国内生产总值、居民货币收支、劳动工资等统计报表；⑧国际收支平衡表。上述资料取得后，要根据资金流量表的部门分类、交易类别的要求，从中选择，进行加工整理方可使用。

其次，选择资金流量表的编制方法，资金流量表的编制方法有两种选择：①根据各机构部门的收入—支出帐户和储蓄—投资帐户作为资金流量总框架和主要内容，并根据资金流量核算的要求进行加工处理和进一步细化而得到资金流量表。②根据各机构部门期初期末资产负债情况，测算本期资产与负债的变动量，即资金流量，通过一些技术调整、处理来编制资金流量表。目前国际上多数国家采用前者，至于后者难度较大。

第三，掌握资金流量表的编制步骤。编表步骤大致如下：首先，将国民经济系统所属单位，根据其在收入分配中的行为特点和金融市场上行为特点划分为不同的机构部门。

其次，确定各部门资金来源与资金运用的交易项目。一般来说，各机构部门的资金来源包括收入、储蓄、债券、变卖资产和减少现金余额。资金运用包括消费、投资、还债、增加资金余额等。第三，根据各机构部门活动的特点以及交易的内容，设立“收入与支出”、“消费”、“投资”、“金融”等帐户，描述各机构部门资金运动的来龙去脉。第四，根据各机构部门各类帐户中资料，编制各机构部门的“资金来源和使用表”。最后，根据各机构部门的“资金来源和使用表”中资料，按矩阵表形式汇总，即编制资金流量表。

5.资金流量表的分析应用。资金流量表以其独特的结构而形成的综合功能，可以集中、系统、全面地描述一个国家或地区的社会资金活动，清晰地反映社会经济的运行状况。通过对资金流量表中丰富的信息开发利用，可以深入研究分析国民经济和社会发展中的情况和问题，为宏观调节提供决策依据、一般来说，可以通过采用总量分析、结构分析和动态分析等方法，对资金流量表中资料可作如下几方面分析：①分析资金收入分配去向，揭示国家、集体、个人三者之间分配关系；②分析资金运动状况，揭示部门之间的联系；③分析国家财政、金融政策及其它经济政策的实行，对资金流量的影响程度；④分析金融市场的变化发展趋势，为国家引导资金流向提供依据等等。

第三节　财政信贷资金核算

资金流量核算是以全社会资金运动为对象，核算各机构部门资金来源与运用，以反映全社会各种资金在各机构部门间的流量和流向及其相互关系。但是，在社会主义市场经济条件下，我国的财政与信贷部门对社会经济的发展和资金的分配和使用有特殊的作用。所以有必要单独详细反映财政和信贷资金的来源和使用过程，作为资金流量核算的补充。

一、财政信贷资金统计意义

财政信贷资金是指国家直接掌握的并能够有效调控的社会资金。在我国，财政预算和银行信贷，是国家进行收入分配、筹集和运用资金的两个基本渠道。国家要履行各项管理职能，加强对国民经济和社会发展的宏观引导和干预，都必须掌握一部分资金，以便有计划地运用。在我国财政信贷资金包括国家财政预算内资金、国家预算外资金、国家银行信贷资金三部分。这三部分资金在整个社会资金中占极大比重。因此，这部分资金的收支平衡关系重大，若收入大大超过支出，不利于资金的充分利用，导致社会经济发展的萎缩，若支出超过收入过多，可能形成财政赤字，造成通货膨胀。所以，财政信贷资金的平衡在宏观管理和调控中具有举足轻重的作用。

国家财政预算内资金。它是指国家集中掌握和分配使用并列入国家财政预算的资金。预算内资金由中央和地方两个部分组成。主要反映财政的分配关系。国家财政以收抵支，收支平衡，表明国家掌握的资金来源同资金需要之间是基本适应的，这就是财政收支平衡。若国家预首内支出大于收入，就形成收入的超分配。结果财政向银行透支或借款，迫使银行超经济发行货币，必然导致物价上涨，货币贬值。

国家预算外资金，是指不纳入国家预算，由各级地方财政部门、各主管机关、各企事业单位自行筹集、分配使用的资金。它由地方财政预算外资金、事业行政单位管理的预算外资金、国营企业以其主管部门管理的预算外资金三部分组成。随着改革开放以来，我国预算外资金的来源与运用范围不断扩大，数额增长较快，是预算内资金重要补充。它的收支平衡与否也会直接影响社会经济的正常发展。

银行信贷，是社会主义国家筹集和运用资金的另一个重要渠道。银行信贷资金的来源，由各种存款、货币发行、银行自有资金所组成。它主要用于各项贷款、金银库占款、外汇库存占款三项。银行信贷按照有借有还原则，筹措和分配社会资金，通过有偿使用进行宏观调节，促进国民经济和社会的发展。但是，在现实的社会经济生活中，若经常出现信贷资金收支的不平衡，就如同财政收支不平衡一样，会严重影响社会经济的协调、稳定、持续的发展。

总之，我国的财政和信贷两种资金都必须保持平衡。它们既有分工，又有内在联系。应该对其进行统筹规划，加强管理和监督，这是发展社会主义市场经济的必要条件。因此，在社会经济统计学中，研究社会资金流量核算方法的同时，应该进一步研究分析财政信贷资金的数量特征的原理和方法。

二、财政信贷资金平衡表

社会经济统计中研究财政信贷资金的运动状况，主要是通过编制财政信贷资金平衡表进行的。财政信贷资金平衡表，它反映国家财力的规模、结构以其平衡状况，为国家制

表7-6　　　　财政信贷资金平衡表

项　　目	合　计	国家财政预算内	国家财政预算外	国家银行信　贷
	1	2	3	4
一、资金来源总计				
来自国内合计				
1.各项税收及附加				
2.更新改造资金				
3.大修理基金				
4.留用利润				
5.债务收入				
6.吸收存款				
7.其他收入				
来自国外合计				
其中：债务收入				
二、资金运用总计				
用于国内合计				
1.固定资产投资				
2.增加流动资金				
3.大修理支出				
4.经济建设事业费				
5.社会文教卫生科研事业费				
6.行政管理费				
7.国防战备费				
8.国家后备				
（1）物资储备				
（2）金银外汇				
9.债务支出				
10.其他支出				
用于国外合计				
其中：债务支出				
对外援助				
三、平衡差额				

定财政金融政策，进行宏观调节提供重要依据。

1.财政信贷资金平衡表的结构。我国的财政信贷资金平衡表的表式开表7-6。

财政信贷资金平衡表，是一张资金来源与运用平衡的单式记录的综合表式。表的主栏由资金来源与资金运用的主要项目（指标）所组成。而表的宾栏，按资金表类别分列，由国家财政预算内资金、国家财政预算外资金、国家银行信贷资金所组成。

在财政信贷资金平衡中的主要平衡关系是：

资金来源总计＝来自国内合计＋来自国外合计

资金运用总计＝用于国内合计＋用于国外合计

资金来源总计＝资金运用总计＋平衡差额

应该注意，在该平衡表中宾栏的合计栏不等于国家财政预算内资金、国家财政预算外资金、国家银行信贷资金三栏的简单相加之和。因为这三大类资金之间有上缴、下拨等相互转移的因素。在具体核算时，应将这些交叉重复的因素，予以剔除。

2.财政信贷资金平衡表中指标设置以核算范围。资金来源方，各项税收及附加，纳入国家财政预算收入的各种直接的和间接的税、费、基金等收入和归地方财政掌握的各项附加费收入以其他收入，纳入国家预算收入的如产品税、营业税、增值税、所得税、利润调节税、建筑税、奖金税、工资调节税、固定资产和流动资金占用费、能源交通重点建设基金、调节基金等。归地方财政掌管的如工商税附加、农业税附加、城市公用事业附加、教育费附加等。

更新改造资金。主要由固定资产基本折旧基金建立的、用于设备更新、技术改造的按规定由企业掌握提取使用的一项专用基金。

大修理基金。由企业掌握按规定提取、用于大修理的专用基金。

留用利润。企业收入在扣除成本（费用）、完成上缴国家税收任务后按规定留归企业掌握使用的那部分利润。

债务收入。由国家向国内企事业单位和居民举借的纳入国家预算的债务收入。包括公债券、国库券和特种债券收入等。

吸收存款。国家银行吸收社会上暂时闲置的资金。包括企事业、政府机关、群众团体等单位的存款和居民存款。

其他收入。指上述各项以外的来自国内的财政信贷的其他资金。

来自国内合计。是上列七项收入的加总。

来自国外合计。是指纳入国家预算内由国家统借统还的、向国外举借的债务收入。

资金运用方。固定资产投资。国家预算内、外和国家银行信贷用于固定资产投资的资金。如预算内的基本建设拨款、挖革改拨款及其他固定资产投资性专项拨款。预算外资金转作基本建设。用于更新改造及其他固定资产投资性支出，国家银行的固定资产投资性贷款等。

增加流动资金。包括财政预算内增拨国营企业流动资金、企业用预算外资金补充本身流动资金和国家银行发放的流动资金贷款。

大修理支出。它是指财政预算外资金用于大修理支出。

经济建设事业费。是指财政预算内、外用于工、农、建、运、商等生产建设部门的事业经费拨款支出。

社会文教卫生科研事业费。它是指财政预算内、外用于文化、教育、卫生、科研等部门的事业事业经费拨款支出，以及对民政等部门的抚恤、救济等事业经费拨款支出。

行政管理费。财政预算内资金用于行政管理部门的各项经费支出。

国防战备费。国家财政预算内资金用于国防战备的拨款。

国家后备。国家预算内用于增加物资储备的拨款和国家银行用在增加金银、外汇的资金。

债务支出。国家财政预算内用于偿付国内债务的还本付息支出。

其他支出。除用于上述各项支出以外的财政信贷资金的运用。

用于国内合计。上述十项支出的累计加总。

用于国外合计，包括国家预算内资金用于对外援助和归还国外债款本息的支出。

平衡差额。它等于“来源总计”减“运用总计”。当来源小于运用时，以负值表示；当来源方大于运用方时，以正值表示。应该注意，从全国看，在财政预算内外为结余或赤字，在银行信贷为货币回笼或投放。平衡差的合计数不是国

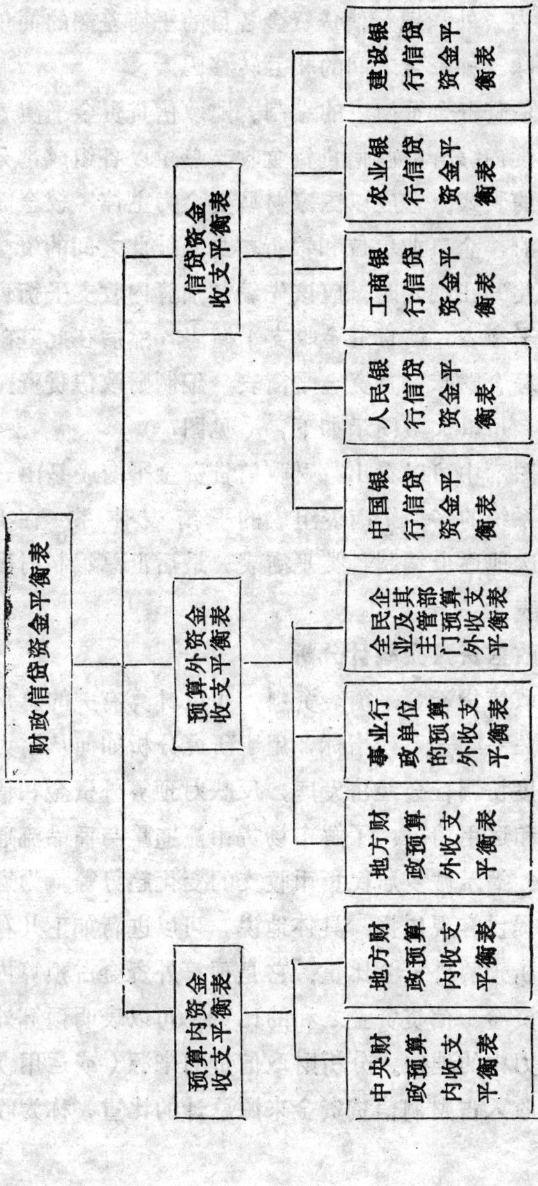
财政信贷资金平衡表
预算内资金收支平衡表
预算外资金收支平衡表
信贷资金收支平衡表
中央财政预算内收支平衡表
地方财政预算内收支平衡表
地方财政预算外收支平衡表
事业行政单位的预算外收支平衡表
全民企业及其主管部门预算外收支平衡表
中国银行信贷资金平衡表
人民银行信贷资金平衡表
工商银行信贷资金平衡表
农业银行信贷资金平衡表
建设银行信贷资金平衡表

图7-1

家财政预算内、外和银行信贷资金各目的平衡差额的简单加总，尚应剔除三种资金之间的相互转移因素。

3. 财政信贷资金平衡表的编制。财政信贷资金平衡表是反映一定年度内综合财政信贷资金收支总量以各组成部分收支平衡状况的表式。它应以国家财政资金为主体，较全面地反映各级政府、企事业单位和银行本身及彼此之间的资金运动过程。因此，在编表时，应该先编制预算内收支平衡表、预算外收支平衡表，信贷资金收支平衡表，然后在此基础上才可以编制综合财政信贷资金平衡表。编制财政信贷资金平衡表的过程，可以大致图示如下：（见图7-1）

从上列图示中可以看出，财政信贷资金平衡表是由一个多层次、多系统的多种平衡表组成的平衡表体系。在实践中，应分层次地逐步编制各类平衡表，最后汇总编制财政信贷资金平衡表。

三、财政信贷资金统计分析

利用财政信贷资金平衡表资料，可以计算有关的总量结构以及比例关系等一系列指标，用于研究分析如何从财力物力的综合角度协调社会经济发展，反映对预算外资金和信贷资金的引导和运用情况、了解市场货币流通量与商品流通量的适应状况、揭示城乡居民货币收支的变化趋势等，为宏观管理和决策提供客观依据。具体地说，可以进行如下几种主要分析：分析预算外资金比重。它是预算外资金占预算内资金、预算外资金、信贷资金之和的比重，可以表明预算外资金在国家财力中的地位。分析财政信贷的来源（或运用）的构成。各项收入占财政信贷资金来源总计的比重，称为收入结构，反映资金来源构成的特征。各项支出占财政信贷资金运用总计的比重，称为支出结构，反映资金运用去向的特征。将这些比重指标联系起来综合分析，可以揭示一定时期国家财政信贷资金平衡比例关系的状况及其形成的原因。分析财政信贷资金运用中用于积累与消费的比例关系，为探索国家在具体历史条件下确定合理的积累、消费之间数量界限提供依据。

总之，将财政信贷资金核算和资金流量核算有机地结合在一起，有助于更科学地、全面地、系统地、具体地分析研究国民经济收入分配中一系列的重大比例关系，更好地发挥统计的监督作用。

第四节　价格统计

价格是商品价值的货币表现。在社会主义条件下，要自觉地运用价值规律促进市场经济的健康发展，就必须掌握价格这个宏观调控的重要工具。

一、价格统计的意义和内容

在社会主义市场经济条件下，要正确运用价值规律，充分发挥价格在国民经济和社会生活中的杠杆作用，就必须对各个时期、各类商品的价格水平及其变动情况，以及各类商品价格的差价，比价等进行统计分析研究。价格统计，要经常反映各类商品生产、交换和消费的价格水平、价格关系的现状及其变化的趋势，研究价格及其变化对国民经济和社会生活的影响，为自觉运用价值规律、制定价格政策、调节国民生产和分配关系，搞好宏观管理和间接控制提供依据。

价格统计的内容包括如下三项主要内容：

1. 正确反映商品的价格水平。价格统计必须经常地、系统地调查和整理、积累商品的成本、利润和价格资料，计算商品的平均价格，描述综合价格水平。

2. 分析各类商品差价和比价关系。计算各类商品的差价和比价，反映商品价格之间的比例关系，研究商品之间的比价和差价是否合理，是否有利于生产的发展，有利于人民生活的改善，为合理调整价格提供依据。

3. 编制和分析研究各种价格指数。统计部门编制各种价格指数，观察我国各种商品价格变动的幅度和变动趋势及其原因，以揭示价格变动的特点和规律性。

二、商品价格水平统计

为了反映商品在一定时期或一定地区范围内的价格水平，要在掌握物价资料的基础上，计算平均价格、商品的平均价格，就是某种或某类商品在一定环节、市场、时间的价格水平。它是分析商品各种价格间的差价、比价以及物价变动情况的重要依据。计算商品平均价格的基本方法，是以商品购销总额除以商品购销总量来确定的。其计算公式为：

$$\text{商品平均价格}=\frac{\text{商品销售总额}}{\text{商品销售总量}}$$

在实践中，由于掌握的资料不同和分析研究经济问题对平均价格精确度要求不同，计算平均价格可灵活采用各种不同的计算方法。

1. 简单算术平均法。当缺乏商品销售量资料时，把一种商品的不同价格简单相加，然后除以价格项数求得其平均价格。其计算公式为：

$$\bar{P}=\frac{P_1+P_2+\cdots+P_n}{n}=\frac{\Sigma P_i}{n}$$

式中：$\bar{P}$——平均价格；P_i——各种不同价格；n——价格总项数。

2. 序时平均法。如果间隔一定日期搜集的价格资料组成的动态数列，则可按序时平均法计算其平均价格。其计算公式为：

$$\bar{P}=\frac{\frac{P_1}{2}+P_2+\cdots+P_{n1}+\frac{P_n}{2}}{n-1}$$

3. 按销售日数加权算术平均法。当掌握商品价格执行天数时，可用执行日数加权计算其平均价格。其计算公式为：

$$\bar{P}=\frac{P_1D_1+P_2D_2+\cdots+P_nD_n}{D_1+D_2+\cdots+D_n}=\frac{\Sigma PD}{\Sigma D}$$

式中：D——价格执行日数。

4. 按销售量加权算术平均法。如果掌握某种商品与价格对应的销售量资料，则可采用其销售量为权数的加权算术平均法计算平均价格。其计算公式为：

$$\bar{P}=\frac{\Sigma Pq}{\Sigma q}$$

式中：q——商品销售量

5. 按销售额加权调和平均法。在没有商品销售量，只有商品销售额时，可以金额为权数的加权调和平均法计算平均价格。其计算公式为：

$$\bar{P}=\frac{\Sigma Pq}{\Sigma\frac{Pq}{P}}$$

6. 混合平均价格计算。在实际工作中，有时要计算包括各种等级、规格、牌号的某一商品集团的混合平均价格。其计算公式为：

$$混合平均价格=\frac{某一商品集团销售额}{某一商品集团销售量}$$

三、商品差价和比价统计

1. 商品的差价统计。同种商品在不同流转环节、不同地区、不同季节、不同规格质量，以及国营牌价、议价与集市价格之间，存在多种不同的差异。同种商品的这些价格差别，称为商品差价。商品差价合理与否，关系到社会生产和人民生活，以及国家、集体、个人等多方面利益，也影响城乡之间、地区之间、部门之间的商品流转。

商品差价统计，除了计算同一商品不同价格的绝对差额之外，还要计算差价率指标，表示差价在计算基价的基础上增加的百分比，反映各种价格差距的幅度。

商品差价统计主要内容有：地区差价、季节差价、质量差价、进销差价、批零差价、牌议市差价等。它们的计算原理和方法基本相同，一般都用差额和比率表示。例如：季节差价，指同种商品在同一市场的收购价格或销售价格在不同季节之间的差额。季节差价一般以全年最低价格（旺季价格）为计算基价。其计算方法为：

$$季节差价=淡季价格-旺季价格$$

$$季节差价率=\frac{季节差价}{旺季价格}\times 100\%$$

2. 商品的比价统计。商品比价是指同一市场同一时期各种不同商品价格之间的比率。由于国民经济各部门、各产品之间存在着错综复杂的技术经济联系，商品之间必然互相影响。合理的比价有利于分配社会劳动和商品资源、调节商品生产和市场供求、促进国民经济和社会按比例发展。

商品比价统计内容主要有农产品之间、工业品之间、工农业商品之间的比价。各种商品比价计算原理和方法基本相似。

工农业商品比价，它是指同一时间同一市场农副产品的收购价格与工业品零售价格之间的比率。它反映国家与农民之间、城乡之间的交换关系。工农业商品比价有单项比价和综合比价两种。工农业商品单项比价是指某一种农产品与某一种工业品之间的比率，其计算公式为：

$$\text{工农业商品单项比价}=\frac{\text{某种农产品收购价格}}{\text{某种工业品零售价格}}$$

工农业商品综合比价是工农业商品交换中各种产品比价的综合反映，一般是通过计算工农业商品综合比价指数来表示。其公式为：

$$\text{工农业商品综合比价指数}=\frac{\text{农副产品收购价格指数}}{\text{农副工业品零售价格指数}}\times 100\%$$

或

$$\text{工农业商品综合比价指数}=\frac{\text{农副工业品零售价格指数}}{\text{农村产品收购价格总指数}}\times 100\%$$

以上两个指数的公式，前者反映农副产品交换工业品的变化情况。指数值若大于1，说明报告期农副产品交换工业品数量比基期增加的幅度。后者反映工业品交换农副产品的变化情况。指数值若小于1，说明报告期工业品交换农副产品比基期缩小的幅度。此外，计算工农业商品综合比价指数可以用于分析工农业商品比价变动对农民实际收益的影响效果，并用来反映不合理工农业商品交换比价及其发展趋势形成的所谓"剪刀差"。

四、价格指数的编制与应用

1. 价格指数编制的意义。价格指数是说明不同时期商品价格水平变动程度的相对指标。编制价格指数，是为了研究价格变动对国民生产、社会发展、城乡人民生活和国家财政收支的影响。以便为国家制定价格政策、税收政策、工资政策、搞好国民经济和社会发展的综合平衡提供依据。

价格指数的种类。按所包括的范围不同，分为个体价格指数、价格类指数、价格总指数。按所采用的基期不同，分为定基价格指数、环比价格指数，按时间长短不同，分为月价格指数、季价格指数、年价格指数。按反映商品的流转环节不同，分为工业品出厂价格指数、农副产品收购价格指数、批发价格指数、零售价格指数等。按价格管理形式不同，分为牌价指数、议价指数和市价指数。

2. 价格指数的编制方法，科学地编制价格总指数，首先，要根据编制指数的目的和掌握资料的情况，正确选择下列的几种计算公式。第二，正确地选择代表规格品，一般应从

综合公式$\bar{K}p=\dfrac{\Sigma P_1Q_1}{\Sigma P_0Q_1}$；加权平均数公式$\bar{K}p=\dfrac{\Sigma KpP_0Q_1}{\Sigma P_0Q_1}$；

$$\bar{K}p=\frac{\Sigma P_1Q_1}{\Sigma \frac{1}{Kp}P_1Q_1}；\quad Kp=\frac{\Sigma KpW}{\Sigma W}。$$

每一类商品中挑选在该类商品流转额中占较大比重的那些商品中的生产和供应比较正常、质量适中的商品作为代表规格品。第三，正确处理代表规格品的缺价问题，某些代表规格品由于市场产销变化缺价时，应根据缺价时间长短和不同情况进行不同处理。第四，正确选择代表地区和市场，代表地区和市场的选择，应在科学分类基础上，依据随机原则，用抽样方法进行。第五，正确选择权数，物价权指数的权数是权衡各项商品价格变动的重要因素，应根据研究目的和资料条件来确定权数。第六，正确选择基期。一般可以根据编制指数目的和市场物价波动程度来确定。

3. 我国编制的价格总指数。我国现在编制的价格总指数有农副产品收购价格指数，国营商业零售牌价指数，议价商品零售价格指数，集市贸易价格指数，全社会零售物价总指数、农村工业品零售价格指数、职工生活费用价格指数、工业品出厂价格指数、批发价格指数以及正在着手编制的国民经济综合价格指数等。下面主要介绍全社会零售物价总指数和国民经济综合价格指数的编制原理和方法。

全社会零售物价总指数的编制。全社会零售物价总指数是反映不同时期市场零售物价总水平变动趋势和程度的相对数。它包括城镇和农村两个部分，要分别编制城镇社会零售物价总指数和农村社会零售物价总指数。

社会零售物价总指数所包括的消费品有七个大类。即食品类、服装类、日用品类、文化娱乐品类、书报杂志类、药及医疗用品类、燃料类等。在大类下又分成中类，中类下分为小类。七大类消费品包括了廿四个中类三十九个小类，共二百八十七种商品。农村社会零售额价格指数中的农业生产资料也分成七个大类，包括五十种商品。

编制全社会零售物价总指数的价格，包括牌价，议价和市价。因此，在编制指数前，首先计算全社会综合平均零售价格。即同一种商品在同一时期内零售牌价和议价、市价各按其零售量加权算术平均法计算的平均价格。

社会零售物价总指数是采用固定加权算术平均法计算的。计算公式为：

$$Kp=\frac{\Sigma KW}{\Sigma W}\times 100$$

式中：K为单项商品价格指数，W为权数，

$$W=\frac{p_0\ q_1}{\Sigma p_0\ q_1}\qquad \Sigma W=100$$

在实际工作中，确定报告期的权数W时，一般是根据上期的零售额，并参照当期的计划与市场供求实际情况修正而定。权数的确定，可以采取分层的办法，依次确定大类、中类、小类、商品的权数。每一层次的权数之和等于100。权数一般采用整数，而不用小数。

社会零售物价总指数的编制过程如下：

第一步，根据报告期和基期综合平均价格，计算每一种商品的个体价格指数。其计算公式为：

$$Kp=\frac{\overline{P}_1}{\overline{P}_0}\qquad (\overline{P}\text{——综合平均价格})$$

第二步，计算小类指数，采用固定加权算术平均法计算。其计算公式：

$$Kp=\frac{\Sigma KpW}{\Sigma W}$$

（Kp——个体价格指数，W——各种商品权数）

第三步，仍然采用固定加权算术平均计算中类指数。

第四步，计算大类指数。其方法同上。

第五步，计算总指数，对大类指数进行固定加权平均求得。其计算公式为：

$$Kp=\frac{\Sigma KpW}{\Sigma W}$$

（Kp——大类指数。W——大类商品权数）

编制全社会零售物价总指数，可以反映零售商品价格变动程度和趋势，及其对城乡居民生活支出和国家财政收入的影响情况。

国民经济综合价格指数。国民经济综合价格指数也就是国内生产总值的缩减指数。缩减指数，又称紧缩指数。它是用基本商品物价指数紧缩现价价值量，求得不变价的价值量数据，然后运用帕氏指数公式，即现价的价值量除以不变价的价值量来计算的物价指数。所以，国民经济综合指数编制时，首先利用国民经济核算中投入产出表的现价数据，以及各生产部门的总产出和中间投入的物价指数，推算各生产部门的不变价的增加值，求得不变价的国内生产总值数据，然后用现价的国内生产总值除以不变价的国内生产总值，计算出国内生产总值的价格指数。

由于国内生产总值的计算涉及国民经济中的物质生产部门和非物质生产部门，包括的范围广，而且它是各部门的产出扣除中间消耗后的增加值。因此，国民经济综合价格指数能从投入、产出两个相关的角度，综合地反映国民经济总体的价格变动。

编制国民经济综合价格指数的步骤大致如下：

第一步，计算报告期不变价格总产出。其推算公式如下：

$$X_{01}=\sum_{i=1}^{n}\frac{X_{1i}}{P_{Xi}}$$

式中，X_{01}——按不变价格计算的报告期总产出；

X_1i——报告期 i 部门（行业）现价总产出；

Kp_{Xi}——i部门（行业）总产出的物价指数。

第二步，计算报告期不变价格的中间投入。其公式如下：

$$x_{01}=\sum_{i=1}^{n}\frac{x_{1i}}{\overline{K}p_{xi}}$$

式中，x_{01}——按不变价格计算的报告期中间投入；

x_{1i}——按现价计算的报告期i 部门（行业）中间投入；

$\overline{K}p_{xi}$——i部门（行业）中间投入的物价指数。

第三步，计算报告期不变价格的增加值。其公式如下：

$$y_{01}=X_{01}-x_{01}=\sum_{i=1}^{n}\frac{X_{1i}}{\overline{K}p_{Xi}}-\sum_{i=1}^{n}\frac{x_{1i}}{\overline{K}p_{xi}}$$

式中，y_{01}——按不变价格计算的报告期增加值。

第四步，计算国民经济综合价格指数（或称国内生产总值物价指数，亦称国内生产总值的缩减指数）。其计算公式如下：

$$\bar{K}p_y=\frac{X_{11}-X_{11}}{X_{01}-X_{01}}=\frac{X_{11}-x_{11}}{\sum_{i=1}^{n}\frac{X_1}{P_{X_i}}-\sum_{i=1}^{n}\frac{x_{1i}}{P_{xi}}}=\frac{y_{11}}{Y_{01}}$$

式中：Kp_y——国内生产总值物价指数；

X_{11}——报告期现价总产出；

x_{11}——报告期现价中间投入；

y_{11}——报告期现价增加值。

上述国内生产总值物价指数的编制通常称为生产法的紧缩编制方法。一般是在投入产出的V表和U表基础上编制。在利用价格指数进行紧缩计算时，要尽可能利用详细分列的中类甚至小类行业价值量和相应的价格指数进行紧缩计算。实践证明，分得越细，紧缩后的结果汇总就越准，越接近实际。此外，如同国内生产总值计算方法一样，还可以用支出法的紧缩来编制其物价指数。

为了计算国民经济综合价格指数，在我国新国民经济核算体系中专门设置了“国民经济综合价格指数表”。见表7-7。

从表7-7中可以看出，这张表中包含了生产与使用两方面的价格指数，在生产方面分别从三次产业和国民经济行业部门列出总产出、中间投入和国内生产总值等物价指数；在使用方面主要从国内生产总值使用的几部分列出总消费、总投资、进出口及其具体分类项目的物价指数。所有这些价格指数都可以采用紧缩法来编制。

在表7-7中，国民经济综合价格指数计算结果显示：1992年某地区总产出价格比上年上涨了17.6%，中间投入价格上

表7-7　**1992年某地区国民经济综合价格指数表**　单位：亿元

项目	生产：总产出：按当年价格计算 (X_{11})	生产：总产出：按上年价格计算 (X_{01})	生产：总产出：指数 (%) (K_{pX})	生产：中间投入：按当年价格计算 (x_{11})	生产：中间投入：按上年价格计算 (x_{07})	生产：中间投入：指数 (%) (K_{px})	生产：国内生产总值：按当年价格计算 (Y_{11})	生产：国内生产总值：按上年价格计算 (Y_{01})	生产：国内生产总值：指数 (%) (K_{py})	使用：项目	使用：国内生产总值：按当年价格计算 (Y_{11})	使用：国内生产总值：按上年价格计算 (Y_{01})	使用：国内生产总值：指数 (%) ($\bar{K}_{tp}$)
	1	2	3 = 1÷2	4	5	6 = 4÷5	7	8	9 = 7÷8		10	11	12 = 10÷11
总　计	607.0	516.3	117.6	444.7	391.4	113.6	162.3	124.9	129.9	总计	162.6	124.9	129.9
第一产业	175.1	150.3	116.5	130.8	111.2	117.6	44.3	89.1	113.3	总消费	113.6	81.4	139.6
…	…	…	…	…	…	…	…	…		…	…	…	
第二产业	310.5	270.2	114.9	231.6	205.1	112.9	78.9	65.1	121.2	总投资	48.7	43.5	111.9
…	…	…	…	…	…	…	…	…		…	…	…	
第三产业	121.4	95.8	126.7	82.3	75.1	109.6	39.1	20.7	188.9	出口	6.5	5.1	127.5
…	…	…	…	…	…	…	…	…		进口	4.6	4.1	112.2

涨了13.6%，而国民经济综合价格却上涨了29.9%。

4.价格指数的应用。根据不同研究目的，可以从多方面利用价格指数资料进行统计分析。现在择段说明如下：

①分析价格变动对货币购买力的影响

货币购买力是指单位货币能够买到的商品和服务的数量。所以商品和服务价格的变动与货币购买力的变动成反比关系。因此，要研究价格变动对货币购买力的影响，先要计算货币购买力指数，其计算公式为：

$$\text{货币购买力指数}=\frac{1}{\text{职工生活费用价格指数}}$$

分析价格变动对货币购买力影响程度，是用（货币购买力指数－1）表示的。

（货币购买力指数－1）的数值，若为正值，表示报告期比基期货币购买力提高的程度；若为负值，则表示报告期比基期货币购买力降低的程度。

②分析价格变动对职工实际工资的影响

在价格频繁波动的条件下，对职工的工资收入应区分为货币工资和实际工资进行动态分析。职工的货币工资是说明职工从工资分配中得到的货币收入，而实际工资是说明职工用货币工资所能够实际买到的商品和服务的数量。因此，商品和服务的价格变动，对职工的实际工资会发生直接的影响。所以，职工购买的商品和服务的价格变动与职工的实际工资变动成反比关系。

价格变动对职工实际工资的影响，可以计算职工实际工资指数进行研究，其计算公式为：

$$职工实际工资指数=\frac{职工货币工资指数}{职工生活费用价格指数}$$

$$=职工货币工资指数\times货币购买力指数$$

从上述关系式中可以看出，货币工资的增减和职工生活费用价格的升降，都会影响职工的实际生活水平。

③价格变动对农民货币收支的影响分析

价格变动，主要是农副产品收购价格的变动和供应农村的工业品零售价格的变动，对农民的货币收支都有直接的影响。研究价格变动对农民货币收支的影响，一般是利用农村工业品零售额及其价格指数，结合农副产品收购额及其价格指数进行分析。其计算分析过程如下：

农副产品收购价格变动影响农民货币收入的增（减）额

$$=\begin{matrix}报告期农副\\产品收购额\end{matrix}-\frac{报告期农副产品收购额}{农副产品收购价格指数}$$

农村工业品零售价格变动影响农民货币支出的增（减）额

$$=\begin{matrix}报告期农村\\工业品零售额\end{matrix}-\frac{报告期农村工业品零售额}{农村工业品零售价格指数}$$

工农业商品价格变动影响农民货币收支的净增（减）额

=农副产品收购价格变动对农民货币收入增（减）额

－农村工业品零售价格变动对农民货币支出增（减）额

④应用价格指数测定通货膨胀

通货膨胀是指一般价格水平的持续上涨，也就是指流通中的货币量超过商品和劳务在流通中所需要的货币量，从而引起货币贬值和物价上涨。通货膨胀是现代市场经济中的一个共性现象，在我国的经济生活中同样也受到通货膨胀的干扰。因此，从定量方面描述它、研究它成为社会经济统计中一个重要内容。

统计中研究通货膨胀问题，一般测定通货膨胀率。而测定通货膨胀率的方法有多种。而一般常用的是价格指数测算法。

通货膨胀价格指数测算法，是运用价格指数的变动来反映通货膨胀程度的一种方法。其计算公式为：

$$通货膨胀率=\frac{报告期价格指数}{基期价格指数}\times 100\%-100\%$$

从公式可以看出，若计算结果大于100%，表明存在通货膨胀；若计算结果小于100%，则说明出现了通货紧缩，即价格下跌，币值提高。

在完全市场经济的条件下，由于价格变动均受市场机制的影响，所以用价格指数增长率来反映通货膨胀，既能反映实际情况，又因计算简单明了，易于施行。

当采用价格指数测定通货膨胀时，最关键的问题是如何正确选择价格指数来代表一般价格水平的变动。一般来说，在价格指数中，可供选择的价格指数有：职工生活费用价格指数、全社会零售物价总指数、批发价格指数、国民经济综合价格指数等。这几种价格指数都各有其特点和不足之处，所以，应根据研究目的和实际资料情况，加以综合考虑后采用某种价格指数测定通货膨胀率。

⑤消除价格变动的影响

为了对国民经济总量指标进行历史对比，必须采用可比价格。因此，对用现价计算的总量指标，需要进行价格调整，消除价格变动的影响，以单纯反映国民经济成果的实物量的动态变化。

消除价格变动的影响，可以采用价格指数法又称为缩减法。即直接将报告期总量(ΣP_1Q_1)除以价格指数($\Sigma P_1Q_1 \div \Sigma P_0Q_1$)，得到按基期价格计算的报告期总量($\Sigma P_0Q_1$)，其计算过程如下：

$$\Sigma P_1Q_1 \div \frac{\Sigma P_1Q_1}{\Sigma P_0Q_1} = \Sigma P_1Q_1 \times \frac{\Sigma P_0Q_1}{\Sigma P_1Q_1} = \Sigma P_0Q_1$$

第八章　国民经济使用统计

第一节　国民经济使用统计的一般问题

一个国家或地区在一定时期内取得的国民经济活动成果，经过分配、流通最后便进入使用。国民经济活动成果使用，既是社会再生产的继续和不断扩大的过程，又是社会物质和文化消费需要不断得到满足的过程。因此，社会经济统计必须研究国民经济活动成果使用及其对社会扩大再生产和人民生活的影响。

一、国民经济活动成果使用的内容

国民经济活动成果使用，从不同角度出发可以有不同的组成内容。从广义生产统计的国民经济活动成果出发，它既有物质产品使用，又有劳务的消费。从国民经济活动成果总量包括范围不同来分，有国内（国民）总产出的使用，国内（国民）生产总值的使用和国内（国民）生产净值的使用。从使用去向出发，国内总产出一部分用于补偿国民经济活动过程的各种中间消耗和固定资产的磨损，其货币表现称为补偿基金；另一部分用于满足个人和社会集体物质文化生活的需要，其货币表现称为消费基金；再有一部分用于扩大生产性、非生产性的建设和增加社会储备的产品。即积累的产品，其货币表现为积累基金；还有一部分用于净出口。因此从国内生产总值使用的内容看。包括用于固定资产磨损的折旧基金，用于消费的消费基金和用于积累的积累基金，还有一部分用于净出口。而国内生产净值使用的内容，只包括消费基金、积累基金和净出口 3 个部分。

国民经济使用统计，可根据上面划分的各项内容，分别进行统计和分析。

二、国民经济活动成果的生产额与使用额

在研究国民经济使用时，必须注意国民经济活动成果生产额、可供使用额和最终（实际）使用额之间的区别，及其在数量上的差额。它们的差额，主要是由于商品、劳务进出口和产品损失而引起。

国民经济活动成果使用额，不仅取决于生产达到的水平，而且还受进出口的影响。如果进口大于出口，则国民经济活动成果可供使用额会大于生产额；反之，进口小于出口，那么国民经济活动成果可供使用额便会小于生产额。从一个国家来说，进出口要求基本平衡，因而国民经济活动成果生产额与可供使用额便比较接近。但是，我们对国内各个地区作分别考察时，两者之间的关系就不一样了。先进地区，可能有较多部分成果，通过上缴财政或跨地区投资，大量调出，其本地区的国民经济活动成果生产额会明显地大于可供使用额。经济落后地区，则可能由于上级财政支援，使本地区国民经济活动成果可供使用额明显大于它的生产额。因此，国民经济活动成果可供使用额与生产额的关系，可用下列公式表示：

$$\begin{aligned}\text{国民经济活动成果可供使用额} &= \text{国民经济活动成果生产额} + \text{进口额（地区为调入、进口）} - \text{出额口（地区为调出、出口）} \\ &= \text{国民经济活动成果生产额} - \text{净出口额（或地区净出口、调出额）}\end{aligned}$$

上式国际间进出口资料，可以利用国际收支平衡表进行计算。对于某个地区的商品调入、调出问题、计算比较复杂。一般用两类方法来计算地区商品调出、调入资料。一是从实物运动考察，即利用商品流通统计资料，如商业、物资供销及生产企业的对地区外购销统计资料，来推算物资的流出、流入数。即：

$$\begin{aligned}\text{地区商品净流出额} &= \text{地区商业系统对区外销售额} - \text{地区商业系统从区外购进额} + \text{地区物资系统对区外销售额} \\ &\quad - \text{地区物资系统从区外购进额} + \text{地区生产企业对区外销售额} - \text{地区生产企业从区外购进额}\end{aligned}$$

这种方法推算的社会商品净流入额（或净流出额），要依靠所有对区外发生社会商品购销往来单位、部门有健全的对区外购销商品的统计。

另一种是借助社会商品的资金运动进行计算。如利用财政上缴下拨差、银行信贷收支差（包括货币投放回笼差），来推算地区物资的流入、流出数额。按照资金运动与物资流向的对应关系。财政上缴伴随着物资的流出，财政下拨为物资的流入；信贷资金收差扩大、付差缩小为物资的流出，信贷资金收差缩小、付差扩大则为物资的流入。因此，其核算公式为：

$$\text{地区社会商品流出流入差额} = \text{财政上缴下拨差额} + \text{地区信贷收支差变化额} + \text{货币投放回笼差}$$

上式是以代数和运算，习惯上差额是正数为物资的净流出，负数则为物资的净流入。

或者利用银行的异地联行往来帐户加以推算。其根据是资金流入即为物资的流出，资金流出则为物资的流入。推算公式为：

$$\text{地区社会商品流出额}=\text{地区联行来帐额}-\text{地区联行来帐额中非商品资金}$$

$$\text{地区社会商品流入额}=\text{地区联行往帐额}-\text{地区联行往帐额中非商品资金}$$

显然，社会商品流出额减流入额，即得地区社会商品的净流出额。

此外，国民经济活动成果可供使用额除用于消费、积累和净出口以外，还用于弥补意外损失。在国民经济活动过程中，一些非正常的意外损失难以避免。如由火灾、水灾和地震所造成的固定资产和流动资产的减少，这些损失在价值上不能由补偿基金来补偿，而需要用国民经济净成果来补偿。这里所说的损失，不包括国民经济生产过程中发生的正常损耗和由于正常原因而在储备与流通过程中的损失，这些损失已计入产品成本，不能重复计算。另外，也不能包括特大自然灾害造成的损失，因为这些损失不是一年而是需要几年才能弥补的。国民经济成果可供使用额扣除上述损失后的余额，称为国民经济成果最终（或实际）使用额。用公式表示为：

$$\text{国民经济活动成果最终(或实际)使用额}=\text{国民经济活动成果可供使用额}-\text{损失额}$$

三、国民经济活动成果使用统计的内容

根据前面的剖析，国民经济成果使用的构成内容和使用

去向，可以做出下面的综合图解，并进而确定国民经济使用统计的主要内容。

国民经济活动成果使用构成内容和使用去向的综合图示。

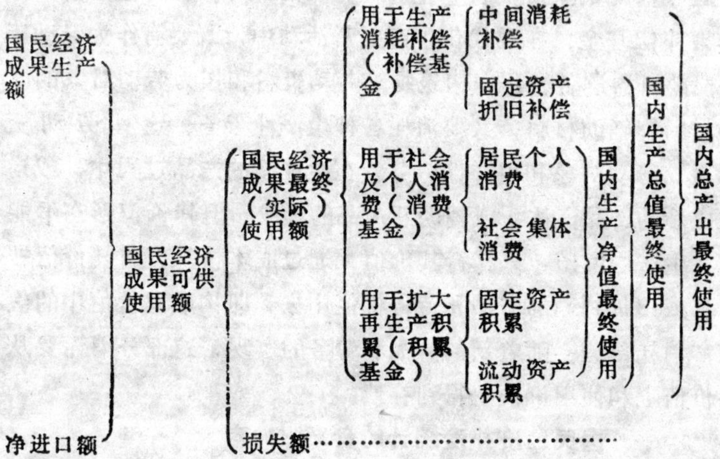

图8-1

国民经济使用统计是根据上述图解分析研究国民经济总成果的使用去向和机成，以及它们之间的相互关系。国民经济活动总成果(总产出)用于补偿的部分必须保证，否则，社会再生产就无法进行。余下为国内生产净值部分，主要用于消费和积累，此多彼少，与人民生活和扩大再生产有密切的联系。因此，国民经济使用统计重点是关于消费和积累的统计研究。其具体内容是计算国民经济成果的使用指标，包括补偿基金、消费基金和积累基金，以及分析研究它们之间的比例关系和各自内部的结构比例等等。

第二节　国民经济补偿统计

国民经济补偿是国民经济活动成果中，用于补偿生产经营中消耗的生产资料和生产性劳务的部分。其价值形态，即为补偿基金。在现代化生产经营活动中，既要有作为劳动手段的机器设备、厂房构筑物等劳动资料和作为劳动对象的原材料和辅助材料，又要消耗各种生产性劳务。这些劳动资料、劳动对象和生产性劳务，在生产新的产品过程中，或构成新的产品实体，或辅助新产品的形成。但其价值形态不能在生产中增殖，只移行其价值。通过成本核算，将其价值转移或追加到新的产品和劳务价值中去，即构成总价值中的生产消耗部分。随着新的产品和劳务的实现，这部分消耗要从价值上和使用价值上得到补偿。

一、国民经济补偿统计的意义、内容

国民经济补偿统计对于研究社会再生产、分析国民经济不同部门间的技术经济联系十分重要。首先，为使社会再生产连续不断地进行，那么随着社会产品的实现，对于生产过程耗用的那部分物质资料和生产性劳务，必须及时地从使用价值和价值两个方面给予补充和补偿。即把国民经济总成果的一部分，再转化为生产资料或新的生产要素。其次，随着经济技术的发展，生产集约化、专业化程度不断提高，部门之间、企业之间的分工协作日益加强。因此，生产过程发生的各种消耗与补偿，正是体现了国民经济不同部门之间错综复杂的技术经济联系，国民经济补偿统计除了计算补偿总

量以外，还应研究各种消耗补偿之间的技术经济联系。

国民经济补偿内容，主要是劳动对象的补偿和劳动手段的补偿，由于这两种补偿的特点不同，补偿核算方法也有区别，需要分别加以研究。

二、劳动对象补偿统计

劳动对象补偿是一定时期内社会再生产过程中已消耗掉的原料、材料及辅助材料，在价值上和物质上作相应的补偿和替换。

劳动对象补偿根据它自身耗用的性质，具有这样一些特点：

首先，劳动对象在社会再生产过程，一旦被投入就一次性耗用，构成新的产品实体，或辅助新的产品形成。再生产是连续不断进行的，新创造的产品实现之后，已消耗的劳动对象也要随时补充，具有边生产、边消耗、边补偿，不断循环的特点。

第二，劳动对象泛指生产过程的原料、材料和所有动力、燃料、辅助材料生产性劳务等。辅助材料的内容又是多种多样，例如各种润滑油剂、催化剂、采光照明材料、包装材料、劳保用品、办公用品，以及作为劳动手段的低值易耗品等。所以，劳动对象补偿其实物内容广泛，品种规格不计其数。

第三，劳动对象补偿指实际用于生产耗用的补偿。由于社会产品用途的多样性，一种产品可以作多种使用，劳动对象补偿统计应以社会产品的实际提供生产耗用的数量为准，耗用多少即为补偿多少。

为反映总的补偿规模、主要原材料补偿数量及产品部门之间的技术经济联系，劳动对象补偿统计的主要指标有：劳动对象补偿总量，分产品部门的主要原材料、动力、燃料的消耗补偿量，以及产品部门的直接消耗系数。

劳动对象补偿总量是反映一定时期内用于生产过程的全部劳动对象的总量。劳动对象耗用补偿是国民经济总成果使用的组成部分，用于中间耗用的总量大，用于人民生活消费和增加积累使用的最终产品总量就小。由于经济技术进步，一方面会节约劳动对象的耗用，另一方面单位劳动力、单位劳动手段所推动劳动对象的能力增强。从内含上会增加劳动对象的耗用补偿的数量。加之生产专业化和协作化的发展，大大增加了中间产品的消耗和周转量，从而使国民经济总成果被用于劳动对象的数量和比重，有不断扩大的趋势。在社会再生产过程中，劳动对象是边消耗、边补偿的。一个时期（通常为一年）劳动对象的补偿总量，也就是其消耗的总量。因此，核算劳动对象补偿总量，就是计算国民经济各部门的中间产品和劳务消耗总量。这就要利用各个部门的生产费用资料；对于个体经营者、承包农户等，则要利用有关调查资料，从中整理汇总取得。

主要原材料、动力、燃料的消耗补偿量，可以通过编制主要原材料、动力、燃料的资源和使用平衡表来确定。其一般表式如表8－1。

它一方面反映各主要原材料的资源形成，另一方面反映其各种使用去向。这里，把用于生产性消费量、基建消费中用于建筑安装工程的消费量及其他消耗中属于生产社会产品

表8-1　　主要原材料资源与使用平衡表

物资名称：　　　　　　　　　（计算单位：）

项　目	数　量	项　目	总　量
资源总计		使用总计	
一、生产量		一、消费量	
二、进口		生产性消费	
三、动用国家储备		（按部门分列）	
四、其他收入		基建消费	
五、期初库存		（按部门分列）	
		其他消费	
		二、出口	
		三、拨交国家储备	
		四、其他支出	
		五、期末库存	

和提供服务活动的消费量进行加总，即为某种原材料的消耗补偿的数量。

产品部门的直接消耗系数，它可以利用编制的投入产出表的资料进行计算。价值型的投入产出表，不仅有各种中间产品的消耗补偿数量，而且也可合计出全部用于中间产品的消耗补偿的总量。因此，利用投入产出法来计算与分析劳动对象补偿问题是一种很科学的方法。

三、劳动手段补偿统计

劳动手段即劳动资料，是人民在社会生产活动中用以改变和影响劳动对象的一切物质条件，如生产用厂房、构筑物、道路、桥梁等。

劳动手段的使用价值、价值的消耗转移、补偿等，与劳动对象相比，有着很大的不同。

首先，它有独特的价值转移方式。由于它能在较长的时间内多次参与生产过程并发挥作用，随着不断使用逐渐磨损，而它的价值形态会比例于它的磨损程度，用提取折旧的方式转移到新创造的产品中，随着产品的实现而得到价值的补偿。

其次，劳动手段价值简单再生产具有导致使用价值扩大再生产的特点和规律。其一，劳动手段即生产用的固定资产，可以较长期地使用，而它们的折旧基金是从它提取之日起，到它们全部磨损退废更新之日止，这当中除了一部分用于原有固定资产的大修理费用外，其余累积下来的折旧基金就可提前添置新的固定资产，扩大生产能力。或者从国民经济整体来说。年提取的折旧额总是大于当年用于固定资产实物补偿更新的价值，其超过部分即可用以购置新的固定资产，实现扩大再生产。对此，恩格斯曾经作了深刻的分析。他举出1000英镑的投资作例子。假定1英镑买1个纱绽，使用时间10年，第一年可以提取折旧100英镑，购买100个纱绽投入生产，第二年便有1100个纱绽；第二年又可提取折旧110英镑，并购买110个纱绽投入生产，第三年参加生产纱绽达1210个，……这样，10年之后累计，参加生产的纱绽数共达15934个。10年平均，每年平均使用1593个，①“由于扣除的数额都是预付给他的，他不从自己的利润中付出一文钱用于

---

①《马克思恩格斯全集》第31卷，第337～338页。

购置新机器，就能靠自己的旧机器，使自己的机器数量几乎增加百分之六十。”① 这里。恩格斯说的平均扩大率，是在机器机能时间以内发生的。如果把机能时间以后继续扩大的因素考虑进去，那么，可以得出如下的计算公式：

$$\text{固定资产扩大率}\quad r=\frac{n-1}{n+1}$$

n 为机能时间或可使用年数，假设 $n=3$，即机能时间或可使用时间为 3 年，每年提取原设备价值的三分之一的折旧费，如果购买相应的设备投入生产，扩大率为：

$$r=\frac{n-1}{n+1}=\frac{3-1}{3+1}=50\%$$

若 $n=5$，扩大率 $r=66.6\%$；若 $n=10$，扩大率 $r=81.8\%$。可见，固定资产发挥机能时间年限愈长，扩大程度愈大，但其极限不会超过100%。

以上是就再生产作为一个独立环节说明问题。但是社会再生产是连续进行的。在连续简单再生产条件下。随着生产过程的固定资产的退废与更新逐渐平衡。其固定资产折旧引起的扩大也渐趋停止。而在连续扩大再生产的情况下，由于每年都有新的固定资产投入生产，因而由折旧引起的扩大再生产这个特点，在再生产的各个阶段都会存在，这个扩大率计算公式还是可以应用的。

其二，在现代科学技术进步的条件下，新技术水平的设备不断涌现，可以购置效率更高的来更新补偿效率低下的退废的固定资产，从而扩大原有的生产规模。

---

①《马克思恩格斯全集》第31卷，第335页。

其三，生产技术革新，劳动消耗降低，如果固定资产再生产的价格也随之降低，同样的劳动手段补偿资金，可以购买更多的固定资产来投入生产。但要指出的是，在实践中，当经济效果下降，物价上涨，而折旧仍按原始价值提取时，那么劳动手段折旧资金便不能买到同样多的固定资产用于补偿退废的固定资产。因此，必须改进经济核算，建立重置成本，按固定资产重置价值提取折旧基金，以保证固定资产使用价值上的相应补偿，是很必要的。

固定资产补偿基金从使用构成来说，可以分为两部分。一是大修理折旧基金，专供机器设备、厂房、建筑物的大修理之用，恢复补偿固定资产的使用价值磨损和价值的丧失。二是基本折旧。作为固定资产更新补偿之用。但在实践上，折旧与新投资又经常结合在一起使用，固定资产的价值补偿与实物替换更新也难以分清。

劳动手段的补偿价值，就是通过核算固定资产的折旧额来确实的。折旧额是根据原有固定资产总额按一定的折旧率来提取的资金数额。折旧率的高低由固定资产的使用年限来决定的。使用年限，除考虑设备本身的有形磨损外，还应考虑由技术进步引起的无形磨损，相对提高产品成本等提前退废的经济因素。劳动手段补偿基金，是经济核算的重要部分。企业部门、营利部门一般可以从生产财务核算资料中，取得有关数据。至于非营利的服务部门，个体经营、农户等生产用固定资产的折旧额，则要利用有关调查资料，进行科学估算来确定。

第三节　消费、积累和投资统计

国民经济总产出，一部分用于补偿社会再生产过程的消耗，一部分用于满足居民个人和社会集体的物质文化生活的需要，即归结为消费统计的内容；另一部分则用于扩大再生产的投资和储备增加，即归结为积累和投资统计的内容。

一、消费统计

1. 消费。指生活消费，用于居民和社会的物质文化生活需要的消费。这种消费是在生产过程以外执行生活职能，即原来意义上的消费。消费统计研究的就是这种狭义的生活消费。消费统计是国民经济使用统计的重要内容。

2. 消费内容及其构成分类。生活消费包含内容，从被消费的实物形态来说，既有对物质产品即消费品的消费，又有对生活服务的消费；根据消费主体的不同，包括居民消费和社会消费；按照与居民关系的密切程度，社会消费又进一步分为集体消费和政府消费两部分。用于实现生活消费的产品和服务的资金，即称为消费基金。在我国国民经济核算中，称为总消费。

居民消费基金及其构成分类。居民消费基金（在我国国民经济核算体系中，简称居民消费），是指直接为常住居民生活消费享用的物质产品和生活服务的价值总量。一是居民直接购买用于生活消费的各种消费品价值。包括各种耐用消费品和非耐用消费品。二是直接购买用于生活消费的各种生活服务价值。包括交通费、房租、洗澡理发、日用品修理、医疗保健、教育、文化、家庭保姆等。三是居民以实物工资获得的各种消费品和生活服务折合价值，包括居民得到的免费或低于市场价获得的消费品和生活服务。四是居民自产自用的消费品，自有住房的虚构房租消费等价值。

为反映居民消费构成及它们之间消费比例关系，对居民消费基金可作各种分类。一般有这样一些构成分类：根据居民的社会集团可分为职工消费基金、农民消费基金和其他居民消费基金；根据居民居住地域可分为城镇居民消费基金、农村居民消费基金等等。这些不同类型的居民，他们收入水平不同，消费内容特点不同，可以分类研究，也可以从各类型之间构成的静态上和动态上进行对比分析。

社会集体消费基金，在我国国民经济核算中，简称社会消费。它包括政府消费和集体消费两部分。政府消费，是指政府向社会公共服务部门购买其活动成果，供全社会享用的那部分财政拨款支出。主要包括行政管理费、国防和武警等经费、文教科学卫生和体育事业费、城市维护费、地质普查经费等，但不应包括这些费用中用于固定资产投资、人民助学金及救济金等，再加上行政事业单位虚拟固定资产折旧。集体消费，是居民集体享用由集体支付的那部分基金。包括集体福利设施费、集体福利事业补贴、文娱体育宣传费与农村村民委员会经费等。

3. 消费基金统计核算的几个原则。第一，必须遵循国民经济核算的平衡原则。根据这个原则，就是“生产划到哪里，生产成果就算到哪里，最终使用和中间消耗也计算到哪里”。这样，凡是非生产部门、单位和居民对生产成果的享用，均计入消费基金。凡是生产部门对生产成果的消耗均为中间消耗。例如，文化教育、医疗卫生等服务部门，已按广义生产划入生产范围，它们服务过程中的耗用是中间消耗；而居民集体享用它们提供的服务即为消费，按服务项目的全部价值计入消费基金。居民家庭自制成衣、烹饪食品的活动，不计算生产成果，也不计入消费。反之，个体经济、农民作为生产主体其农副业等生产活动计入国民经济成果的，当用于生活消费时，亦计入消费基金。第二，必须把对社会产品和劳务的消费与货币支付区别开来。在许多情况下，人们是通过货币支付来购得产品和劳务，用于生活消费，其价值组成消费基金。但是，并不是所有货币支付都是对产品和劳务的享用消费，不能不加区分地全部计入消费基金。例如，居民向机关团体的义务缴纳，如党费、团费、工会会费、税金等，是属于国民收入的再分配，并不是购买服务消费，因而这种货币支付就不应计入消费基金。再有，在农民消费中，自产的农产品、自建的房屋等，在生活享用时，并不发生货币支付，但这部分是社会产品，对它们消费也相应作价计入消费基金。第三，必须按消费价格计算产品和劳务的价值。因为，国民经济最终成果包括生产、流通等环节创造的或追加的价值，那么，消费享用的成果也应包含所有部门参与形成的价值。即消费基金应根据最终消费价格计价核算。第四，耐用消费品消费必须分期分摊。不论居民个人或社会集体，在消费品中有些耐用消费品，如房屋、电视音响、家用电器、自行车、缝纫机等，都要几年、几十年才逐步消费完毕，而消费基金一般是核算一年内实际消费产品和劳务的总和。因此，原则上应对这些耐用消费品，采用分年摊销。但是，这是一项相当复杂的工作，所以，实际工作中，除住房以其折旧计入消费基金外，其他物品不论其实际使用时间的长短，按其购买量全部计入当年消费基金。

4. 消费基金核算方法。根据所掌握的资料及研究目的不同，消费基金可以分别采用两种方法进行核算。一种是最终产品法，又称直接法。它直接根据被消费的产品和服务的数额加总求得。这种方法，可以反映和研究消费的产品和服务的实物构成，但是所需的资料比较多，花费的工作量也大。另一种是收支平衡法，又称间接法。这种方法依据收支项目进行平衡推算间接求得。它可以从中反映和分析消费基金的资金来源和形成过程，而且工作量比较小，但是收支项目比较复杂，容易发生重复或遗漏。在实践应用时，条件许可，两种方法应相互补充结合应用。现在就这两种核算方法，简要说明如下：

最终产品法。利用最终产品法，应从消费基金的下列构成部分，逐项进行计算，然后汇总。

居民消费基金。它包括商品性消费、自给性消费以及购买生活服务支出的消费。商品性消费主要可利用社会商品零售总额资料来计算。从社会商品各类零售总额中扣除其中售予社会集团、农业生产资料及建筑材料的零售额，便可得到居民的商品性消费额，自给性消费，主要为农村的实物分配、自产自用产品的消费，其数额主要根据农村收益分配报表资料和农村住户调查资料，进行科学推算确定。居民住房消费，凡居民住户缴纳房租的按房租数额计入居民消费基金，但居民自有住宅的磨损折旧消费，应根据居民自有住房面积和使用年限进行估算。购买生活服务消费，指居民用货币直接购买文化生活服务的消费。如看电影、理发、沐浴、照相、交通客运费、邮电费、学杂费、医疗保健费（直接支出）、保育费、修理服务费等，可根据直接为居民生活服务行业的营业收入来确定。公费医疗费，指由企事业单位，国家机关代职工支付的医疗保健费用部分，也应计入居民消费。此外，还包括居民从企事业单位、国家机关单位获得的免费或低于市场价格的实物。它应按市场价格估价，将全部或差价部分在计入实物工资收入的同时，计入居民消费。这两项可从单位财务部门会计核算，或城乡居民住户调查等资料中，加以调整加工取得。由此可以得出居民消费基金计算公式：

居民消费基金＝商品性消费＋自给性消费
＋居民文化生活服务消费＋住房及水电消费
＋公费医疗费＋获得的实物性消费

社会消费基金。政府消费基金可直接取自财政支出的相应科目。具体包括政府财政拨款形式的支出，如行政管理费、国防和武警部队经费等，加上这些方面的固定资产折旧费。集体消费基金，其主要取自年度财政部门决算支出明细表和地方财政预算外的各项事业经费支出明细科目、以及劳动部门的“全部职工保险福利费情况”表等。

把上列各部分相加，即得总消费。即：

总消费＝居民消费＋社会消费
＝居民消费＋政府消费＋集体消费

收支平衡法。用收支平衡法推算消费基金，就是根据国民收入分配、再分配和最终使用的平衡关系，进行直接推算。以居民消费基金计算为例，根据我国现行统计调查报表制度，利用商业统计分别编制的非农业居民和农村居民的货币收支平衡表，并同时在收支平衡项目中相应列出实物分配和自产自用的作价。然后，先计算各阶层居民的初次分配收入，加入各种再分配收入，再减去各种再分配支出（包括财政交纳、转移支付和居民储蓄、手存现金增加额），即为居民消费基金。具体计算见表8-2。在实际工作中，一般分别按

表8-2　居民个人消费基金的两种计算方法　（单位：万元）

收支平衡法		最终产品法	
（一）居民收入	5000	（一）居民消费品零售额	2535
1.全民所有制职工工资收入	1050	（二）实物分配给居民	1300
2.集体所有制职工工资收入	500	（三）居民自产自用	250
3.其他职业者收入	150	（四）直接为居民的文化	
4.农民净货币收入	1200	生活服务总额	700
5.居民自得财政及其它收入	250	（五）居民住房磨损	100
6.侨汇收入	200		
7.实物分配作价收入	1300		
8.自产自用产品作价收入	250		
9.住房磨损折旧	100		
（二）居民各种再分配支出	115		
1.居民各种义务缴纳	50		
2.汇出及带出净额	5		
3.储蓄及手存现金增加	60	（六）居民个人消费基金	4885
（三）居民个人消费基金	4885	（一）+（二）+（三）	
（一）－（二）		+（四）+（五）	

非农业居民和农村居民进行平衡推算。

直接法计算需要较多的资料，较为复杂。但它可以反映消费的内容与构成。收支平衡法主要根据有关项目平衡推算，比较容易取得资料。但因分配、再分配过程复杂，难免发生遗漏和差错，准确性较直接法差些。但它可以观察消费的资金来源与形成过程。因此，有需要可以两种计算方法结合运用，起到取长补短，相互核对的作用。

二、积累统计

1. 积累的概念。积累是从国民经济成果使用角度考察的经济范畴。它是相对于消费来说，国内生产净值扣除用于消费和净出口以后的余额，体现为本期新增加的国民财产——通常称为积累。积累的实物形态，为用于扩大再生产的生产资料和增加用于生活消费的生活消费资料的储备积累。

由上所述，我们可以进一步明确积累的内容：第一，积累是物质产品的积累。因为不管具体形态如何，积累的国民财产都具有物质形式，或者说，只有消费后多下来的物质产品才可积累起来。而各种劳务，边生产边消费，是谈不上积累的，即使为物质产品生产服务的劳务价值，或某些工程的劳动用工，如兴修水利用工等的劳务价值，必须体现或凝结在积累下来的物质产品中，才算作积累。如果劳务不依附于物质产品，就无法保存下来，不能算作积累。第二，积累也不同于一般意义上的积蓄。因为，积蓄一般都是非物质性的，如银行存款、手存现金、股票、债券以及其他有价证券等。从国民经济总体出发，某些单位或居民的这种积蓄，会在另外一些单位以物质产品形态表现出来。这些物质产品的积累，已由物资拥有单位计入积累基金。如果把上述金融资产的积蓄再计算为积累，便会发生重复。第三，是列入社会总产品的那部分积累。例如社会总产品包括了改良耕地、造林育林的价值，那这部分成果仍是积累的财产，其价值应计入积累；反之未计入产值，就不能计入积累。

2.积累的主要分类。为深入研究不同类型的积累对于社会生产和人民生活的不同作用，以及分析积累内部各组成部分之间的比例及其变化，需要对积累作分类统计。

根据积累的用途或目的，可以分为生产性积累，非生产性积累，以及国家储备的积累，可据以分析生产性与非生产性的构成比例及其变化。凡用于生产经营过程的积累，称为生产性积累和投资，其实物内容为各种生产经营用的生产资料。如工业生产过程用的厂房、建筑物、机器设备的增加量，在制品、半成品以及各种原材料、燃料储备的增加；在农业生产过程中用的各种农业机械、水利工程、人造林木及牲畜、家禽等的增加数；在商品流通、交通邮电等部门用的各种经营用房屋建筑、设备及生产资料储备等的增加额；在文化生活服务、教育卫生等第三产业用的各种房屋建筑、设备、用具等增加额。非生产性积累，是指不参加生产过程的积累，其实物内容为各种生活消费资料。它主要是各级行政管理机关、国防治安机构等非生产部门增加的房屋建筑、设备的增加量，商业部门的一般生活消费品储备的增加，居民住宅建筑的增加量等。至于国家储备的积累，主要是指增加国家物资后备，以用于国民经济遇到重大自然灾害和其他自然事故需要作的准备，以保证国民经济仍可维持正常运行。这项积累如果不单列，可以并入流动资产积累之中。

积累按所有制形式，可分为全民所有制、城镇集体所有制、农村集体所有制、城乡居民建房、中外合资（中方部分）及其他所有制的积累等。这种构成分类用以观察积累在各种所有制中的分配数额、所占比重及其变化趋势等。

积累按不同产业部门，可以分为工业、农业、建筑业、交通运输业、邮电业、文化教育、医疗卫生等各部门的积累，以反映和分析积累的产业部门结构及其变化等。

积累还可按地域分为各省、自治区、直辖市等的积累，按经济区可以分为沿海、内地、特区、老区、少数民族地区、边远地区等的积累，以观察积累对各地区经济发展进行协调平衡、突出重点、兼顾一般、照顾特殊等问题。

3.积累的核算。积累是从本期国内生产净值的最终使用额中扣除生活消费额之后的余额。它是本期国民财产净增加的数额。

积累基金，可以从不同角度加以统计核算确定。第一种方法，如果从国内生产净值最终使用额的使用去向构成出发，那么在先计算出其他构成部分资料时，便可用平衡法推算出本期的积累基金。即：

积累基金＝国民生产净值可供使用额－消费基金－净出口额

第二种方法，从国民财产期末、期初存量变动结果出各，来计算本期实际积累基金数额。即：

积累基金＝本年末国民财产总额－上年末国民财产总额

$$
=\left(\text{本年末固定资产总额}+\text{本年末流动资产总额}\right)
$$

$$
-\left(\text{上年末固定资产总额}+\text{上年末流动资产总额}\right)
$$

第三种方法，从固定资产本期增减变动流量出发，加上流动资产期末比期初的增加额，来计算本期的积累基金数额。即：

$$
\left(\text{积累基金}=\text{新增固定资产总额}+\text{大修理总额}-\text{固定资产折旧总额}-\text{退废的固定资产残余价值}\right)
$$

$$
+\left(\text{期末流动资产总额}-\text{期初流动资产总额}\right)
$$

上述第二种方法算式中的固定资产总值，一般指原值，也可以用净值。第三种方法中的固定资产均指净值。这几种计算积累基金的方法，可根据掌握资料选用。如用两种方法同时进行计算。则既可相互核对，又能从不同方面去分析积累基金问题。

在社会经济统计实践中，多采用第二、三种方法计算积累基金，都是对固定资产和流动资产积累的核算，并按照社会经济活动部门及所有制形式，分别计算汇总而来。计算资料的基本依据是固定资产统计报表和有关部门的财务报表。对于不够完整和欠缺的部门，如农村集体所有制单位、其他所有制单位和城乡居民个人等固定资产和流动资产积累的资料，需要通过有关部门的统计年报资料，或作专门补充调查等加以搜集。

三、投资统计

1. 投资的概念。投资是从扩大再生产条件角度考察的经济范畴。投资是经济主体——企业或个人，以获得未来收益为目的，预先垫付一定量的资金或实物，以经营某项事业的活动。一般意义来说，投资包括金融资产投资和实物资产投资。但在这里，投资着眼于实物资产投资。

积累与投资存在密切的联系。积累是投资的源泉，投资则是积累的具体应用。另外，积累与投资的内容亦有区别。积累只就新增加的国民财产而言，凡是本期累积增加的社会产品，不管使用去向，都属于积累。投资只是把积累预先“垫付”于社会扩大再生产过程那部分，才算作投资。例如，生活消费品储备增加，包括有些不适销对路造成积压的产品储备增加，虽都算作积累，但从使用着，显然不能算作投资。但是在我国国民经济核算体系中，并没有严格区分投资与积累的差别，只设置总投资一个指标进行考察。亦即把总的积累，包括生产用固定资产补偿基金使用在内，统称为总投资。

国民经济核算，总投资把生产用固定资产补偿基金包括在内，既有理论上的解释，又是实践的需要。本章第二节已经论述，固定资产补偿基金，是补偿基金的一部分用于维持固定资产简单再生产，本来不属于积累。但是，在实际上，固定资产折旧补偿基金，用于补偿更新固定资产存在扩大再生产的特点和规律。马克思指出：“折旧基金，即补偿固定资产磨损的基金，同时也就是积累基金①。”把折旧基金也列入积累基金是理所当然。同时，从国民经济管理实际出发，把固定资产补偿基金独立核算考察，也有困难之处。因

①《马克思恩格斯全集》第26卷Ⅲ第58—59页。

为，固定资产补偿基金常常与积累投资结合在一起使用，统一形成对投资品的总需求和投资的总规模。

2. 总投资的核算。总投资，在国民经济核算中，分为固定资产形成和流动资产库存增加两部分。总投资的核算，就是分别对这两部分的核算，然后加总求得。

固定资产形成的核算。固定资产形成，是指各常住单位在一定时期内用于购置和建造固定资产的全部投资。具体包括各类房屋、建筑物、机器设备、役畜、种畜、多年生产经济技术和在建工程等。从资金来源看，包括用基本建设投资支出形成的固定资产、用更新改造投资和大修理基金支出所形成的固定资产价值，以及其他资金支出形成的固定资产价值。其计算资料主要取自统计部门各种所有制投资完成额，扣除其中不形成固定资产的投资费用，另外再根据财政部门国防费支出中的有关资料进行加工计算。

库存增加的核算。库存增加即流动资产的增加，是指常住单位在一定时期内库存物资增加的价值总和。它包括定额流动资产和非定额流动资产。定额流动资产，如生产企业的储备资金、生产资金和成品资金等，商业企业的商品库存及材料资金以及其他部门的定额流动资产。非定额流动资产，如生产企业的特准储备的物资，银行库存金银、农村各种合作经济组织和农民个体经营户饲养的小家畜、粮食及乡村企业的流动资产等。库存增加一般以期末库存价值减期初库存价值计算。资料可根据各主管部门财务报表中的定额流动资产和非定额流动资产中的实物部分进行计算。国家储备的物资，可以从国家储备部门取得资料。金银库存，可从银行取得资料。城镇集体，可从工商管理部门搜集资料，结合有关资料进行计算和估算。农村部分从农业统计年报和乡、村企业主管部门搜集资料估算。

由上可以归纳出总投资额计算公式：

$$\text{总投资额}=\begin{matrix}\text{新增固定}\\\text{资产总值}\end{matrix}+\begin{matrix}\text{流动资产}\\\text{库存增加额}\end{matrix}+\begin{matrix}\text{大修理}\\\text{总　额}\end{matrix}$$

$$=\begin{matrix}\text{全社会固定资}\\\text{产投资完成额}\end{matrix}-\begin{matrix}\text{投资完成额中不形成}\\\text{固定资产的投资费用}\end{matrix}$$

$$+\begin{matrix}\text{流动资产库存}\\\text{增加额}\end{matrix}$$

$$=\left(\begin{matrix}\text{全民所有制单位固}\\\text{定资产投资完成额}\end{matrix}-\begin{matrix}\text{不形成固定资}\\\text{产的投资费用}\end{matrix}\right)$$

$$+\left(\begin{matrix}\text{城乡集体所有制单位}\\\text{固定资产投资完成额}\end{matrix}-\begin{matrix}\text{不形成固定资}\\\text{产的投资费用}\end{matrix}\right)$$

$$+\left(\begin{matrix}\text{其它所有制单位、个人}\\\text{固定资产投资完成额}\end{matrix}-\begin{matrix}\text{不形成固定资}\\\text{产的投资费用}\end{matrix}\right)$$

$$+\begin{matrix}\text{各部门各单位流动}\\\text{资产库存增加额}\end{matrix}$$

第九章　国民经济循环核算

第一节　国民经济循环核算的基本原理

国民经济循环过程也就是生产、分配、交换、使用的社会再生产全过程。在市场经济条件下，国民经济循环表现为产品的实物运动和货币资金运动的对立统一运动过程。实物运动体现产品的生产、流通、使用过程，资金运动体现收入分配和资金融通形成消费和投资支出过程，这些经济活动是连续不断进行的。从经济活动的时间因素观察，则国民经济循环又表现为反映一定时期运动过程的经济流量和某一时点上的经济存量，即从经济存量开始，经过经济流量形成净增流量，最后达到新的存量，形成周而复始的交易活动。在整个国民经济过程中，国民经济各部门之间、再生产各环节之间、实物运动与资金运动之间、经济存量与经济流量之间等互为条件、互为制约，形成了错综复杂的经济联系。因此，要从总体上完整地、系统地描述国民经济运行全过程，就需要在国民经济生产、分配、流通、使用统计的基础上，进行国民经济循环核算。

一、国民经济循环核算的意义

国民经济循环核算，是从总体上对国民经济运行过程的跟踪。它主要通过经济循环帐户进行。经济循环帐户是国民经济核算体系的重要组成部分。

国民经济循环帐户是按照社会再生产全过程设置的。在复式记帐条件下，帐户既能完整地反映国民经济周转过程中每个环节的基本内容，又能清楚地再现国民经济运行中各个部门、各种总量之间的相互联系。所以，国民经济循环核算突出了各个环节以及各个部门、各种总量之间的关系。它能对整个经济系统，以及经济系统和社会系统的关系提供一个全面的说明。实质上它是社会经济统计的一个庞大、全面的数据库。它提供的资料比较系统、准确，能够为各种不同目的宏观分析和决策服务。因此，它在整个社会经济统计和核算体系中占有重要地位。

二、国民经济循环核算的基本方法

对国民经济循环进行核算时，应正确地解决帐户体系中的部门分类以及收支活动的归类和编制方法等主要问题。

1.正确划分部门。科学地编制国民经济循环帐户，必须进行社会经济活动的部门分类。在市场经济条件下，由于存在商品和资金两种不同的流量周转，所以，对社会经济活动的部门，就要选择两种标志，进行双重交叉的分类。一种是经济活动性质标志，另一种是财务收支活动性质标志。即如前所说的，在国民经济循环核算中，活动部门分类又称产业部门分类，主要用以反映社会生产和消费行为产生的商品流量周转以及流量与存量转化过程；而机构部门分类，主要用以反映收入分配、投资和各种金融交易引起的资金流量周转过程以及流量与存量转化过程。两种分类的有机结合，有利于系统反映国民经济运行全过程。

活动部门分类和机构部门分类，已在第一章内详细列出。这里要指出的是，由于这两种分类标志和分类单位不同，两者难免互有交叉重叠。同时，能作出财务决策的基本单位大多比作出生产经营决策的基本单位大得多。这两者之间的关系，如图9－1所示：

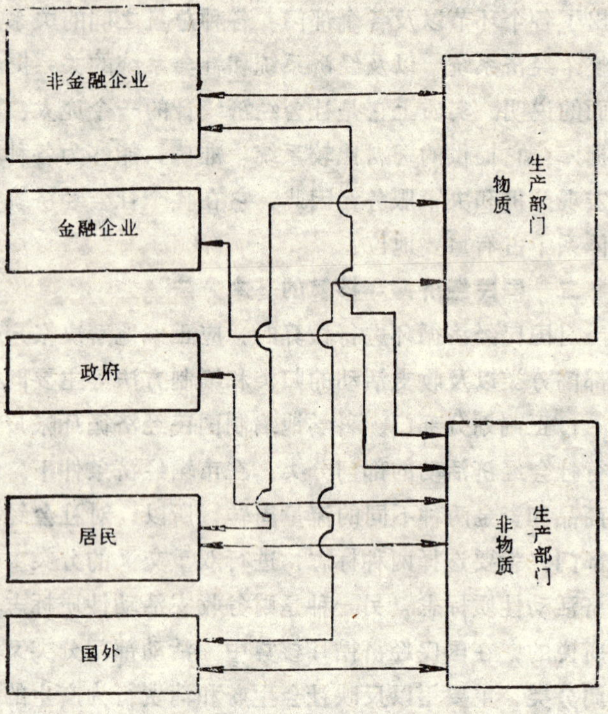

图9－1　机构部门分类与活动部门分类的关系

在部门分类的基础上，经济活动部门编制生产帐户，进行国民生产和投入产出等核算。财务机构部门需编制生产帐户、收入分配帐户、最终使用帐户以及资产负责帐户，进行收入分配和最终使用的资金流量与资产负债等方面核算。然后再编制国民经济的生产、流通、分配、使用以及资产负债等综合性帐户，构成完整的国民经济循环核算帐户体系，进行国民经济循环的总体核算。

2. 确定收支性质　为了科学地编制帐户，保证各种相关收支衔接，需要对千千万万名目繁多的收支加以分类。这是编写帐户的基本条件。众多的收支，按照性质大致可以归纳成如下几类：

（1）生产收支。即产品买卖或者作价以及提供服务而发生的收支。

（2）劳动收支。指因参加社会经济活动，按劳取酬所发生的各种收支。

（3）财政收支。指根据国家法律、政策规定必须缴拨的各种收支。

（4）金融收支。指因银行存贷款、债券、股票等融资活动而发生的收支。

（5）财产或投资收支。指因财产租借、存贷款、发行债券、股票而发生的租金利息、股息等收支。这实际上是一种实物资产或金融资产的增殖性收支。

（6）转移收支。指根据社会义务而发生的补助、救济、赞助和捐赠往来的收支。

（7）其它收支。指不包括在以上各项收支中的其他项目收支。

3. 采用复式记帐。由于国民经济总体各部门间的收支活动异常复杂，它们彼此之间相互联系，互为制约。因此，经济循环帐户为了描述国民经济运行过程中这些错综复杂的收支对应关系，需要采用复式记帐方法。复式记帐法的基本原理，就是对于每次收支活动必须同时在两个或两个以上的对应帐户中作双重记录，一方记收，一方记支，一一对应相互衔接。

复式记帐方法，对于一个部门来说，其原则是：每项收支活动必须记录两次，一次作为来源（或负债），一次作为使用（或资产）。例如，居民用现金购买某种消费品，这笔交易在居民部门帐户中需记录两次。一次作为现金资产的减少，以负值记录在金融帐户使用一方的现金科目中。一次作为最终消费支出的构成部分记录在收入分配及支出帐户使用一方的相应科目下。总的来源等于总的使用，这种等量关系是复式记帐的一个显著特点。

对于整个国民经济来说，复式记帐方法，具体化为四式记帐法。因为大多数收支活动每次涉及两个部门。对这两个部门要分别记录两次。例如，金融企业部门向居民部门转移一笔捐赠款。在金融企业部门中，这笔捐赠款被记录两次。一次是作为一种经常性转移支出记录在收入分配及支出帐户的使用一方。一次是作为现金资产的减少，以负值记录在金融帐户使用一方的现金科目下。在居民部门中，它也被记录两次。一次是作为经常性转移收入记录在收入分配及支出帐户来源方的相应科目下。一次是作为现金资产的增加记录在金融帐户使用一方的相应科目下。

三、国民经济循环核算的模式

国民经济循环核算模式，主要采用“T”字式帐户和矩阵式帐户两种形式。

1．“T”字式帐户。“T”字式帐户，又称“信贷式”帐户，起源于企业会计核算。它原本是会计核算的方式，后来被引入国民经济帐户体系（SNA）中，形成了一种重要的社会经济宏观核算的模式。“T”字式帐户利用复式记帐方法，把社会经济活动中的收入（或来源或负债）和支出（或运用或资金、资产的占用）的科目分别在“T”字帐户的两端。右端通常表示来源，左端通常表示使用。每个帐户都设有平衡项目。在每个帐户中，其收入和支出必须相等。而且，进入一个帐户的“收入”，一定出自另一个帐户的“支出”。它们的数量也是相等的。这样，各个帐户既反映自身

表9-1　　××××生产帐户

单位：

支方		收方	
项目	金额	项目	金额
中间消耗		总产出	
中间物质消耗		主营产品	
中间劳务消耗		附营产品	
增加值		（按产品类列示）	
固定资产折旧		⋮	
生产税净额		⋮	
劳动者报酬		⋮	
营业盈余*			
总投入合计		总产出合计	

*“营业盈余”是该帐户中的平衡项目

内部的收支平衡关系，又描述了各个帐户之间的收支平衡关系，使这两个平衡关系有机地结合起来，从而形成了描述国民经济循环活动的帐户体系。每个帐户的平衡项目，既是该帐户的所有收入减去所有支出的余额，又是有内在联系的下一个帐户的收入的起点。所以，平衡项目的设置，不仅可以保证每个帐户的收支双方合计的平衡，而且还是各个相关帐户之间的连接纽带，从而使所有的帐户连接在一起成为表现国民经济循环过程的理想形式。表9-1是简化的生产帐户表式。

用“T”字帐户所描述的对应关系，能将表明国民经济运行的各总量及其组成部分联系成一个完整严密的体系并能提高指标的相对准确性，减少误差。它也使人们对有关指标有清晰的理解，从而可以科学地、直观地反映国民经济循环过程。但是，对于规模庞大、结构复杂和关系错综的整个国民经济来说，如果全部用“T”字式帐户来反映，就会显得过于繁琐，使人难得要领。若用矩阵式帐户反映经济循环过程，就更为简明清晰。

2.矩阵式帐户，又称矩阵表或矩阵平衡帐户。矩阵式帐户是根据数学的原理，将一定数量的帐户，采用行列交叉结构组成的矩阵表。在矩阵式帐户中，横行表示每个帐户的货币收入，纵列表示每个帐户的货币支出。这样，货币就从列所表示的帐户流向行所表示的帐户。同时，每项货币流量也都有一项相应的、反向的物品、劳务或金融资产流量与之对应。在矩阵表中，每个元素都表明一项交易的两个有关帐户。并且由于行合计等于列合计，所以表中每个帐户的总收支都是平衡的。这样，一个庞杂的“T”式帐户体系只要用一张矩阵表就能完整地反映经济循环中各种收支关系，从而大大简化了“T”式帐户体系的表现形式。表9－2是一张简化的矩阵表形式。

表9-2　　矩阵表帐户（简化）

单位：

	1.生产	2.消费	3.积累	4.国外	总计
1.生产					
2.消费					
3.积累					
4.国外					
总计					

用矩阵式帐户描述国民经济循环过程有许多可取之处。由于矩阵表能把描述国民经济运行状况的许多帐户归纳在一个表中，而且表中每项收支的来龙去脉十分清楚，所以从表中，可以简明清晰地看出从存量到流量、从生产到分配到使用、从国内到国外的经济联系，以及部门之间的经济联系。另外，可以不改变原有矩阵形式，对帐户进行分解和综合。把4×4矩阵表分解成7×7、10×10、11×11、15×15、……88×88矩阵表，这样可为更细致分析研究经济循环情况提供条件。还可以把矩阵表进行综合成29×29、16×16、10×10、7×7矩阵表，也可以根据需要，采取分解和综合相结合的办法，对于需要详细研究的部分，可以尽量细分

解，而对于不太需要知道详细情况的部分，可以综合，把细分解和综合结合在一个共同的结构里，既能看到树木，又能看到森林。

当然，若对矩阵式帐户，作过度的细化或综合，都是不利于既概括又清晰地揭示国民经济循环过程中各种错综复杂的经济联系。在一定条件下，应将矩阵式帐户与“T”字式帐户，有机地结合在一起，才使帐户形式在描述经济循环过程中起到应有的作用。

3.经济循环核算中帐户编制的简例。假设某一国民经济实体，有如下十类经济交易，采用复式记帐方法，运用“T”式帐户和矩阵式帐户模式，设置“生产”、“分配”、“使用”、“国外”、“资产负债”五大帐户对国民经济循环进行总体核算。（计量单位：百亿元人民币）

（1）期初实物资产25，金融资产15，净值10；

（2）期内国内生产总投入（总支付）310，其中最初投入210；中间投入100；

（3）本期国内消费品销售140，投资品销售80，出口商品总额40；

（4）期内固定资产折旧补偿30；

（5）期内储蓄80；

（6）期内向国外现期转移15；

（7）期内进口商品总额50；

（8）期内国外要素收入净额25；

（9）期内实物资产变动52（内重估价调整2），金融资产变动5（全系重估价调整）；

（10）期内净值变动51，内重估价调整1。

将上述十大类经济交易资料，按其收支性质，分别编入"T"式帐户和矩阵式帐户中去。

"T"字式帐户（见表9-3）

表9-3

支出　Ⅰ　**期初资产负债帐户**　收入

支出		收入	
① 实物资产	25	③ 金融负债	30
② 金融资产	15	④ 净值	10
合　计	40	合　计	40

支出　Ⅱ　**生产（国内生产）帐户**　收入

支出		收入	
⑤ 总投入支付额	310	⑧ 国内消费品销售额	140
⑥ 内：原始投入支付	210	⑨ 国内投资品销售额	80
⑦ 进口商品购买额	50	⑩ 国内中间产品销售额	100
		⑪ 出口商品销售额	40
合　计	360	合　计	360

支出　Ⅲ　**分配（收入分配）帐户**　收入

支出		收入	
⑫ 消费基金	140	⑮ 国内生产增加值分配	210
⑬ 储蓄	80	⑯ 国外要素收入净额	25
⑭ 向国外转移	15		
合　计	235	合　计	235

支出　Ⅳ　**使用（最终使用）帐户**　收入

支出		收入	
⑰ 消费品购买额	140	㉑ 消费基金	140
⑱ 投资的购买额	80	㉒ 储蓄	80
⑲ 内：折旧	30		
⑳ 　　净投资	50		
合　计	220	合　计	220

支出	V 国外（国际收支）帐户				收入
㉓	出口商品购买额	40	㉕	进口商品购买额	50
㉔	国外要素收入净额	25	㉖	向国外转移	15
	合　计	65		合　计	65

支出	Ⅵ 资产负债变动帐户				收入
㉗	实物资产变动	52	㉛	负债变动	6
㉘	内：重估价	2	㉜	内：重估价	6
㉙	金融资产变动	5	㉝	净值变动	51
㉚	内：重估价	5	㉞	内：重估价	1
	合　计	57		合　计	57

支出	Ⅶ 期末资产负债帐户				收入
㉟	实物资产	77	㊲	金融负债	36
㊱	金融资产	20	㊳	净值	61
	合　计	97		合　计	97

从表9－3可以看出，这七个帐户都不是孤立存在的。一个帐户的收入必定是与另一个帐户的支出相联系。例如，生产帐户中支方的《⑥原始投入的支付210》与分配帐户中收入的《⑮国内生产增加值分配210》是相对应的。分配帐户中支方《⑬储蓄80》与使用帐户中收方的《㉒储蓄80相对应》此外，资产负债帐户的三个子帐户中有关指标的变动与生产帐户、使用帐户中相应指标的变化相关。这实质上反映了国民经济循环中存量与流量之间的转化关系。

从上述简例中，不难发现，在市场经济条件下，国民经济运行过程中，各部门、各环节之间存在错综复杂的收支对应关系，正是采用“T”字式帐户，科学地描述经济循环的客观依据。

表9-4　简化型国民经济循环矩阵帐户

	期初负债 1	生产 2	分配 3	使用 4	国外 5	调整 6	期末负债 7
期初资产 1				40			
生产 2		100		140 30 50	40		
分配 3		210			25		
使用 4	40		140 30 50			7	97
国外 5		50	15				
调整 6				7			
期末资产 7				97			

从表9-4的 7 × 7 矩阵帐户中可以看出，它以高度综合的形式，来描述资产负债变动与生产、分配、使用、国外等方面的关系。在 7 个“T”字式帐户中反映的收支关系，这里基本上原封不动地再现了出来。例如，行 2 与列 2 、列 4 、列 5 交叉格子中的数值，与表 9-3的生产帐户中收方的各项数值对应。列 2 与行 2 、行 3 、行 5 交叉格子中的数值与表9-3生产帐户中支方数值相对应，也就是说行 2 与列2结合在一起就是“T”字式生产帐户的内容，不过这儿反映的经济循环过程中的收支关系更为简明扼要。其余各行各列的所

反映的经济内容可照此类推。由此可见，矩阵式帐户较“T”字式帐户更为系统地、完整地描述了国民经济循环过程的全貌及其发展变化的基本情况。它是经济循环核算的重要工具。

第二节　我国经济循环核算的基本内容

我国新国民经济核算体系中，对于国民经济循环的核算，专门设置了一套帐户体系。它包括国民经济循环框架、循环帐户体系以及循环核算特征等基本内容。

一、国民经济循环过程的框架

国民经济循环过程，根据我国的实际情况，可用一个简图（见图9－2）概括如下：

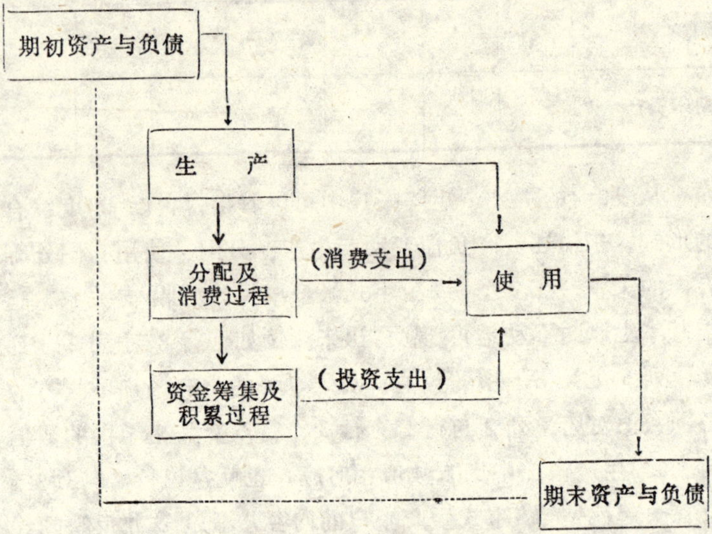

图9-2　经济循环过程简图

从图表9-2中可以看出，经济循环是由存量和流量连续不断地交替周转形成的。存量是由期初和期末的资产组成。当一个循环周期启动时，先由期初资产存量注入流量中开始。而当流量运转到最后，即转化为期末资产存量。此时，一个循环周期终结，再转入下一个循环。而在流量中，首先，生产是起点。生产一方面提供了用于最终使用的物质产品和服务，另一方面又提供了用于分配和积累的收入或资金。其次是，分配及消费。生产出来的收入经分配再分配形成各部门可供消费和积累的收入（可支配收入）。这些收入一部分用于消费，其余作为储蓄；尔后便是，积累及资金筹集过程。因为各个部门的投资并不一定等于储蓄，需要通过金融活动来筹措资金。

图中横向反映物质产品和服务的供给与使用的对应关系。即经济循环中实物流量的关系。纵向反映收入与支出的平衡以及储蓄和投资的平衡关系。即国民经济运行中资金流量关系。而消费支出和投资支出一方面反映资金的运用，另一方面又反映物质产品和服务的使用，从而使实物流量和资金流量最终衔接起来。由此可见，经济循环中流量的运动是贯穿于生产、分配、使用再生产各个环节。至于流通环节，在广义生产范畴中，可并入生产环节一起考察。当然，这个简化图示抽象了与国外的经济往来。

通过对简图内容的分析，表明我国国民经济循环过程组成部分，可以归结为生产、分配及消费和资金筹集及积累组成的流量部分和期末期初资产负债组成的存量部分。这是从社会再生产过程的各个环节出发，确定的经济循环的内容。

- 经济循环帐户
  - "T"字式帐户
    - 国民经济帐户
      - 1. 国内生产总值帐户
      - 2. 国民可支配收入及使用帐户
      - 3. 投资帐户
      - 4. 对外交易帐户
        - 4.1 经常往来帐户
        - 4.2 资本往来帐户
      - 5. 资产负债帐户
        - 5.1 调整帐户
        - 5.2 期末资产负债帐户
    - 部门帐户
      - 机构部门帐户
        - 1. 生产帐户
        - 2. 收入分配及支出帐户
          - 2.1 收入初次分配帐户
          - 2.2 可支配收入及支出帐户
        - 3. 投资及金融帐户
          - 3.1 投资帐户
          - 3.2 金融帐户
        - 4. 资产负债帐户
          - 4.1 调整帐户
          - 4.2 资产负债变动帐户
          - 4.3 期末资产负债帐户
      - 产业部门帐户——产业部门综合生产帐户——产业部门生产帐户
  - 矩阵式帐户——经济循环矩阵

图9-3 我国经济循环帐户体系框架

经济循环的主体，既是国民经济整体，又是组成国民经济各个部门。如前所述，在市场经济条件下，参与经济循环的各个部门，应分为财务机构部门和经济活动部门。

因此，国民经济循环核算的基本内容，可以根据国民经济循环的主体构成以及循环过程的存量和流量组成部分的交叉关系，综合确定。

二、国民经济循环核算帐户体系

国民经济循环核算采用帐户模式。能显示宏观经济指标之间具有明确的对应关系，从而可以清晰地描述一定时期内经济流量的来龙去脉，以及存量与流量的转化关系，便于研究经济运行全貌及其数量特征；此外，由于帐户的各个指标之间有明显严格的制约关系，有利于检验核算数据的质量。因此，我国新核算体系中，经济循环核算中的帐户设置，就是根据经济循环的组成部分和循环的主体这两条主线结合设计的。

经济循环帐户体系，从帐户形式看由“T”式帐户和矩阵式帐户组成。从经济循环的主体看，由国民经济帐户、机构部门帐户、产业部门帐户组成。从经济循环的流量及存量看，分别由反映生产活动的帐户、反映收入分配和消费的帐户、反映投资和金融交易的帐户、反映资产和负债存量的帐户所组成。我国经济循环核算的帐户体系，可概括列示如下：（见图9－3）

三、国民经济循环核算的特征

我国国民经济循环核算，由于采用科学的帐户核算工具，它具有如下一些基本特征：

1.具有联系性　国民经济循环核算由于采用了复式记帐和四式记帐方法，因此，帐户中每一项指标都是相互联系的，从而能全面地反映各种经济流量之间、经济流量与存量之间的关系以及各个部门之间的经济关系。因此，可以系统地描述国民经济运行过程中，各个环节和各个部门之间的内在联系。

2.具有一致性　因为国民经济循环核算具有联系性，要求帐户体系中各个帐户中所使用的概念、分类、核算原则等完全一致，帐户中的指标涵义以及计算口径等既不能有矛盾，又要相互衔接，从而使整个帐户体系严密统一。

3.具有灵活性　国民经济循环核算的帐户设置可分可合，不同层次的帐户之间根据需要既可以综合概括，又可以延伸分解。在帐户中的相关指标可以合并或细化。这有助于宏观核算建立在可靠的中观和微观核算的基础上，从而使国民经济核算成为一个多功能的工具。

第三节　我国经济循环帐户体系

我国设置的经济循环帐户包括国民经济帐户、部门帐户和经济循环矩阵在内的一个完整体系。这些帐户和循环矩阵都有各自的核算内容和编制方法。

一、国民经济帐户

国民经济帐户是经济循环帐户中层次最高的最综合的帐户。它将整个国民经济循环作为一个总体进行核算。在这个核算层次上，参与经济循环的有国内与国外两个主体。该帐户核算记录的内容是国内的经济活动总量以及国内与国外的主要经济往来。

国民经济帐户是“T”字式帐户。它包括国内生产总值帐户、国民可配收入及使用帐户、投资帐户、对外交易帐户和资产负债帐户。

1.国内生产总值帐户　国内生产总值帐户反映有关生产（供给）和使用的总量平衡关系。它是国民经济循环帐户中的核心帐户。它的运用方反映了社会经济活动中物质产品和服务的总产出以及中间使用和最终成果，以及收入的初次形成；而来源方反映了物质产品和服务的最终使用。帐户中的国内生产总值指标是一个基本的总量指标。本帐户的总量平衡关系是围绕这一指标构造的。（见表9－4）即：

国内生产总值＝总产出－中间投入
＝固定资产折旧＋劳动者报酬＋生产税净额＋营业盈余
＝居民消费支出＋社会消费支出＋固定资产形成＋库存增加＋出口－进口

国内生产总值帐户反映了国内生产总值三种计算方法，即生产法、收入法和支出法。帐户的右方是支出法。即居民消费支出、社会消费支出、固定资产形成总额、库存增加及物质产品和服务出口净额。帐户的左方，上半部是生产法，即总产出扣除中间投入。下半部是收入法，即由劳动者报酬、生产税净额、固定资产折旧和营业盈余四个因素组成。从理论上讲，三种方法所得到的国内生产总值是相等的。

2.国民可支配收入及支出帐户　国民可支配收入及支出

表9-4　　帐户1　国内生产总值帐户

支方（运用）		收方（来源）	
项目	金额	项目	金额
一、总产出		一、居民消费支出	
二、中间投入（一）		二、社会消费支出	
三、固定资产折旧		三、固定资产形成	
四、劳动者报酬		四、库存增加	
五、生产税净额		五、出口	
1.生产税		六、进口（-）	
2.生产补贴（一）		七、统计误差	
六、营业盈余			
国内生产总值		国内生产总值使用	

帐户反映了经济循环过程中收入来源和使用的平衡关系。（见表9-5帐户2）该帐户的来源方反映国民可支配收入形成过程，而运用方反映国民可支配收入的使用去向。

该帐户的右端分为三个组成部分。第一块由国内生产总值、来自国外的劳动者报酬净额、来自国外的财产收入净额组成。其中国内生产总值是国内生产总值帐户中用生产法或收入法计算的结果。它是国民可支配收入的主要来源。这三个因素之和等于第二块中的国民生产总值。国民生产总值扣除固定资产折旧即为第三块中的国民生产净值。国民生产净值加上来自国外的经常转移净额等于国民可支配收入。而该帐户的左端，包括居民消费支出、社会消费支出和储蓄三部分，描述了国民可支配收入的支出构成。其中储蓄是帐户的平衡项，表示国民可支配收入中扣除用于最终消费后的余额。

表9-5　帐户2　国民可支配收入及支出帐户

支　出（运用）		收　方（来源）	
项　目	金额	项　目	金额
一、居民消费支出 二、社会消费支出		一、国内生产总值 二、来自国外的劳动者报酬净额 三、来自国外的财产收入净额	
		四、国民生产总值 五、固定资产折旧(—)	
三、储蓄		六、国民生产净值 七、来自国外的经常转移净额 1.转移收入 2.转移支出（—）	
国民可支配收入的支出		国民可支配收入	

国民可支配收入及支出帐户是从收入的角度来理解国内生产总值和国民生产总值。这里国民生产总值虽是一个收入的概念，但它与生产是密切相关的，是通过直接或间接参与生产过程而得到的收入。来自国外的经常转移净额就不能计入国民生产总值，而只能计入国民可支配收入。这是因为这部分收入与生产无关。

该帐户中的平衡项“储蓄”是一个非常重要的指标。对于它的运用，即引出投资帐户。

3.投资帐户　投资帐户反映整个社会经济的投资支出和

资金来源状况。（见表9－6帐户3）该帐户的来源方描述社会总投资的来源组成，而运用方反映总投资支出的具体去向。

表9-6　　帐户3　投资帐户

支方		收方	
项目	金额	项目	金额
一、固定资产形成		一、储蓄	
二、库存增加		二、固定资产折旧	
三、其它非金融资产购买净额		三、来自国外的资本转移净额	
四、国外金融资产净增加额		1.资本转移收入	
五、国外负债净增加额（－）		2.资本转移支出（－）	
投资支出		资金来源	

投资帐户的右方包括国民储蓄、固定资产折旧、来自国外的资本转移净额。其中，储蓄是国民可支配收入及使用帐户的平衡项，在两个帐户中起承上启下的作用。该帐户的左方包括固定资产形成总额、库存增加、其他非金融资产购买净额、国外金融资产净增加额、国外负债净增加额（取负值）。国外金融资产净增加额和国外负债净增加额相抵后的余额反映通过国外金融交易调剂投资资金余缺情况。正值表明国内投资资金多余部分增加了国外金融资产，负值则表明国内资金不足部分用国外贷款弥补，增加了国外金融负债。

4.对外交易帐户　对外交易帐户反映国家与国外发生的所有交易活动。它集中记录了在其它各帐户中的所有对外交易项目。它由经常往来帐户和资本往来帐户组成。（见表9－

7帐户4）

表9-7　　帐户4　对外交易帐户

4.1 经常往来帐户

支　方（运用）		收　方（来源）	
项　目	金额	项　目	金额
一、物质产品和服务出口		一、物质产品和服务进口	
二、来自国外的劳动者报酬		二、支付国外的劳动者报酬	
三、来自国外的财产收入		三、支付国外的财产收入	
四、来自国外的经常转移		四、支付国外的经常转移	
五、经常往来差额			
经常往来收入		经常往来支出	

4.2 资本往来帐户

支　方（运用）		收　方（来源）	
项　目	金额	项　目	金额
一、其它非金融资产购买净额		一、经常往来差额	
1.其它非金融资产购买		二、资本转移净额	
2.其它非金融资产销售(一)		1.资本转移收入	
二、资本往来差额		2.资本转移支出(一)	
资本往来收入		资本往来支出	

经常往来帐户集中反映发生在国内生产总值帐户和国民可支配收入及使用帐户中的对外交易项目。资本往来帐户集中反映发生在投资帐户中的对外交易项目。经常往来帐户中的平衡项目为经常往来差额，其含义是国外或国内所有机构部门的储蓄。如果该项目为正，表明它是国外的一项正储蓄，而国内储蓄为负。如果该项目为负，对它的理解正好与上相反。它是资本往来帐户右方的第一项，连接了这两个帐户。资本往来帐户中平衡项目为资本往来差额。它是国外金融资产净增加额与国外负债净增加额的差额。

在国民经济帐户中，国外是一个与国内相对应的经济活动主体。因此，对外交易帐户是立足于国外编制的。即国外的收入是国内的支出，国外的支出是国内的收入。也就是说，对外交易帐户的右方为国外的收入（即国内的支出），左方为国外的支出（即国内的收入）。

5.资产负债帐户　资产负债帐户主要反映某一时点上国

表9-8　帐户5　资产负债帐户

5.1 资产负债调整帐户

资　产		负　债	
项　目	金额	项　目	金额
一、非金融资产		一、负债	
1.固定资产			
2.库存			
3.其它非金融资产			
二、金融资产		二、资产负债差额	
资　产		负债及资产负债差额	

5.2 期末资产负债帐户

资产		负债	
项目	金额	项目	金额
一、非资融资产 1.固定资产 2.库存 3.其它非金融资产 二、金融资产		一、负债 二、资产负债差额	
资产		负债及资产负债差额	

家拥有的国民财产与负债的数量。这是关于存量的帐户，描述国内经济活动的最终成果。它由资产负债调整帐户、期末资产负债帐户两个子帐户所组成。（见表9－8帐户5）

调整帐户记录由于自然资源的发现和耗费、自然灾害对财产的破坏、价格水平和价格结构的变动称为外生变动原因引起的财产价值量的变化。它的左右是各类国民财产的调整量；右边第一项是负债的调整量，第二项是它的平衡项即资产负债差额。期末资产负债帐户最终记录了国家期末的资产负债存量，它由期初资产负债加上本期由于投资活动，称为内生变动引起的资产负债变动量以及调整帐户中记录外生变动引起的资产负债变动量而得到的。该帐户的左边是各类国民财产；右边第一项是负债，第二项是该帐户的平衡项，即资产负债差额。

6.国民经济帐户中流量、存量关系　国民经济帐户的内容涉及两大主体——国内和国外，四个环节——生产、分配

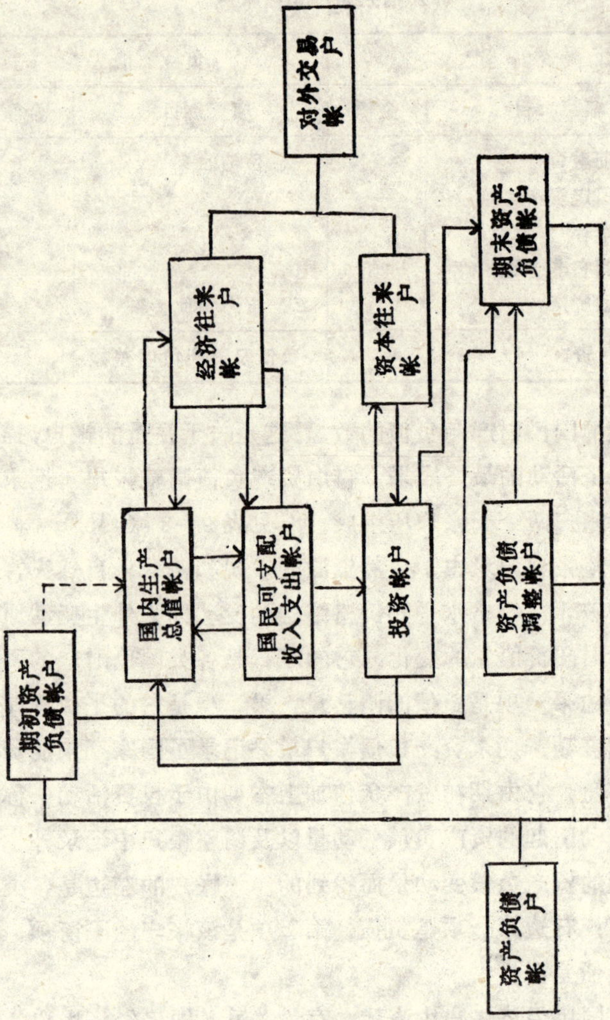

图9-4　国民经济帐户间关系

和消费过程、资金筹集和积累以及使用。因此它对国民经济循环过程及其内在联系的描述是全面的、系统的。国民经济帐户体系中各帐户之间的流量、存量关系图示如下：（见图9－4）

从图9－4中可以看到，记录流量的四个帐户是有进有出，帐户之间形成了循环，而存量帐户之间虽是单向关系，但在存量、流量帐户之间却形成了交替周转关系，从而完整地反映了经济运行中各种联系，整个循环过程清晰地被揭示了出来。

二、部门帐户

为了更具体地观察国民经济运行过程，在经济循环帐户体系中，与国民经济帐户相对应的还需设置国民经济部门帐户。部门帐户分为机构部门帐户和产业部门（或活动部门）帐户。

1.机构部门帐户　按机构部门计划分的交易主体如前所述就国内讲，主要有非金融企业部门、金融企业部门、政府部门和居民部门等四大部门。机构部门帐户要求按这四个部门分别编制一套反映生产、分配、使用等再生产过程各个环节的四大帐户。尽管各个机构部门的经济行为有所不同，但是，各机构部门帐户的结构基本上是一致的。为了简明起见，我国设置的是一套四个机构部门通用的帐户。

生产帐户　机构部门的生产帐户目的是核算该部门创造的增加值。（见表9－9）

该帐户右方是反映用生产法计算的增加值；左方是反映用收入法计算的增加值。其中营业盈余是该帐户的平衡项目。

表9-9　　生产帐户

支方		收方	
项目	金额	项目	金额
一、固定资产折旧		一、总产出	
1.基本折旧		二、中间投入(一)	
2.大修理折旧			
二、劳动者报酬			
三、生产税净额			
1.生产税			
2.生产补贴			
四、营业盈余			
增加值分配		增加值	

该帐户的基本指标是总产出、中间投入和增加值。其关系是：

总产出－中间投入＝增加值

表9-10　　收入初次分配帐户

支方		收方	
项目	金额	项目	金额
一、财产收入支付		一、营业盈余	
		二、财产收入	
		三、劳动者报酬（居民部门）	
二、初次分配收入		四、生产税净额（政府部门）	
分配		收入	

可支配收入及支出帐户

支　方		收　方	
项　目	金额	项　目	金额
一、收入税（企业、金融、居民） 二、经常转移支出 1.社会保险支出（居民） 2.社会补贴支出（企业、金融、居民） 3.其它经常转移支出		一、初次分配收入 二、收入税(政府部门） 三、经常转移收入 1.社会保险收入（政府） 2.社会补贴收入（居民） 3.其它经常转移收入	
三、可支配收入			
四、最终消费支出 1.居民消费支出 2.社会消费支出 五、储蓄			
支　出		收　入	

收入及支出帐户。收入及支出帐户反映收入的分配和再分配过程。该帐户由两个子帐户组成。即收入初次分配帐户和可支配收入及支出帐户。（见表9-10）

收入初次分配帐户的右方是营业盈余和财产收入。在居民和政府部门帐户中，还分别包括劳动者报酬和生产税净额，其中营业盈余作为生产帐户的平衡项转入收入初次分配帐户。该帐户的左方包括财产收入支付和初次分配收入，其中初次分配收入是帐户的平衡项，也是收入初次分配过程的结果。它是一个净额概念，即不包括固定资产折旧。

可支配收入及支出帐户反映初次分配收入的再分配过程，包括可支配收入的形成及可支配收入的支出，即最终消费支出和储蓄。该帐户的右方包括初次分配收入、收入税和经常转移收入。其中初次分配收入是收入初次分配帐户的平衡项。帐户的左方包括收入税、经常转移支出、可支配收入、最终消费支出和储蓄。其中，可支配收入是该帐户收入方之和与支出方的收入税及经常转移支出之和的差额。储蓄为可支配收入与最终消费支出的差额。它是这个帐户的平衡项，表明分配过程的终点是积累过程的起点。这里的储蓄是净额的概念，不包括折旧。它是研究社会总供需平衡关系以及消费积累比例关系的重要指标。

投资及金融帐户。投资及金融帐户不涉及收入的变化。它反映的是资产和负债的变化，即投资和融资的过程。投资及金融帐户分为投资帐户和金融帐户两个子帐户（见表 9-11）

投资帐户记录了除融资资金以外的各种投资资金来源、

表9-11　　投资帐户

支　方（运用）		收　方（来源）	
项　目	金额	项　目	金额
一、固定资产形成总额 二、库存增加 三、其他非金融资产购买净额 四、资金余缺		一、储蓄 二、固定资产折旧 三、资本转移净额 资本转移收入 资本转移支出	
投　资		来　源	

金融帐户

支　方(资产)		收　方(负债)	
项　目	金额	项　目	金额
金融资产增加		一、负债增加	
1.通货		1.通货	
2.存款		2.存款	
3.贷款		3.贷款	
4.证券		4.证券	
5.保险准备金		5.保险准备金	
6.其它资产		6.其它资产	
		二、资金余缺	

运用以及余缺状况。该帐户的右方包括储蓄、固定资产折旧和资本转移净额。资本转移净额是资本转移收入与资本转移支出的差额。帐户的左方包括固定资产形成、库存增加、其它非金融资产购买净额和资金余缺。资金余缺是该帐户的平衡项。如果其为负值，表明该部门投资资金不足，要通过金融手段筹措资金来弥补。若为正值，表明该部门拥有可直接或间接地向其他部门提供的资金净额。

金融帐户记录金融交易活动。该帐户的左方记录各种金融资产的净增加额。帐户的右方记录各种金融负债的净增加额。这里金融工具的某些项目只存在于一些部门的该帐户的资产方或负债方。例如，通货、存款记了负债方，只存在于金融企业机构部门的该帐户中。金融帐户的平衡项目也是资金余缺。从理论上说，它应与投资帐户中运用方资金余缺的数额是一致的。因为投资与储蓄差一定由净负债来弥补。但是，作为金融帐户的平衡项，它应记在帐户的右方，表明是净发生的负债。

投资帐户的内容表明，一个部门自身的投资资金并不一定等于其投资运用。有的部门资金有余，有的部门资金有缺。这就必然会形成对各部门资金余缺进行调剂的融资活动。而金融帐户的内容，正是反映通过各种金融工具对各部门的资金余缺进行调剂的过程。这部分经济活动在现代经济中十分重要。因此，这两个子帐户的有机结合，可以完整地反映了各部门资金筹集和使用过程。

资产负债帐户　每个机构部门在其期初的资产负债存量的基础上，参与各种经济活动，到期末这一时点上形成了该部门的资产负债存量。为了核算期末资产负债存量，需建立资产负债帐户。它由三个子帐户组成。即资产负债、调整帐户、资产负债变动帐户、期末资产负债帐户。（见表9-12）

表9-12　　资产负债帐户

调整帐户

支　方（资产）		收　方（负债）	
项　目	金额	项　目	金额
一、非金融资产		一、负债	
1.固定资产			
2.库存			
3.其它非金融资产			
二、金融资产		二、资产负债差额	
资产调整		负债及资产负债差额调整	

资产负债变动帐户

支　　方（资产）		收　　方（负债）	
项　　目	金额	项　　目	金额
一、非金融资产变动 1.固定资产变动 2.库存变动 3.其它非金融资产变动 二、金融资产变动		一、负债 二、资产负债变动差额	
资产变动		负债变动及资产负债变动差额	

期末资产负债帐户

支　　方（资产）		收　　方（负债）	
项　　目	金额	项　　目	金额
一、非金额资产 1.固定资产 2.库存 3.其它非金融资产 二、金融资产		一、负债 二、资产负债差额	
资　　产		负债及资产负债差额	

从表9-12可以看出，这套机构部门的资产负债帐户中的表式结构与前面国民经济综合帐户中的资产负债帐户内容基本类同，只是资产负债变动帐户在前面未出现过。该帐户是期初、期末资产负债帐户的连接帐户。它反映从期初到期末资产和负债的所有变动，以及资产变动和负债变动的差额。这些变动和差额是投资及金融帐户和调整帐户所反映的各种

因素导致的资产和负债变动的总和及其差额的总和。而期初资产负债帐户与资产负债变动帐户合并，就得到了期末资产负债帐户，以反映该部门在本期参加经济活动的最终结果。

国外部门帐户　以上四个帐户，只是国内四个机构部门编制的一套经济循环帐户。从理论上说，还应编制国外机构部门的帐户。国外机构部门的帐户用于反映我国常住单位与非常住单位之间的交易和资产与负债变化状况。国外部门帐户包括经常往来帐户、资本往来帐户和资产负债帐户。国外部门帐户站在国外的角度，它的右端表示国外部门的收入来源，它的左端表示国外部门的使用去向。国外帐户的表示结构与国内机构部门的帐户结构大致相同，但又有自己的特点。但是，目前我国新核算体系试行方案中，并未设置一套完整的国外帐户，只是在国民经济帐户中设置了简化的对外交易帐户，这主要是为了简化方案。在编制全部帐户时，完整地编制国外帐户是十分必要的。

机构部门各帐户间的关系　机构部门各帐户间的关系可用下图作概括说明（见图9-5）

图9-5，反映了国内机构部门内部在参加再生产过程中各环节之间的联系，以及本部门内部流量与存量、流量与流量之间转化的关系。所以，机构部门帐户完整地描述机构部门经济循环的全过程为研究收入分配和金融交易活动提供了系统的信息。

国民经济帐户与机构部门帐户的关系　国民经济帐户的国内生产总值帐户的左端是四个国内机构部门生产帐户的合并帐户，右端是四个国内机构部门可支配收入及支出帐户和

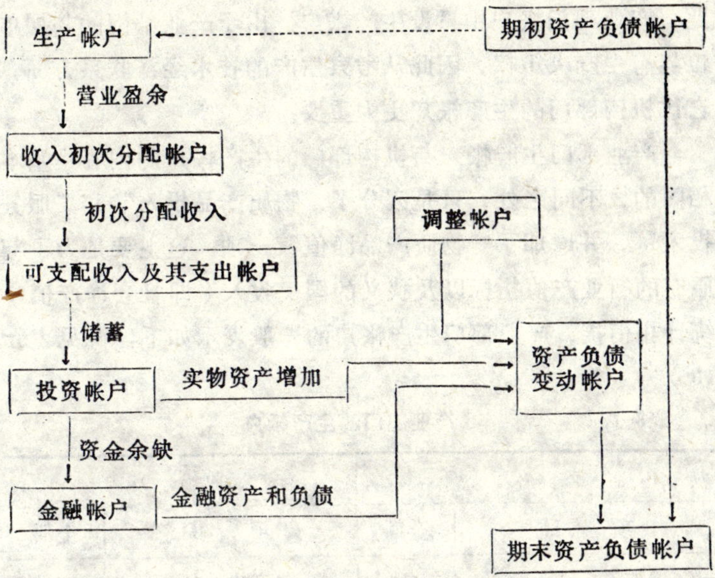

图9-5　机构部门各帐户间关系

国外经常往来帐户相应项目的合并帐户。

国民经济帐户中的国民可支配收入及支出帐户、投资帐户、资产负债帐户分别是四个国内机构部门的收入分配及支出帐户、投资帐户和资产负债帐户的合并帐户。

国民经济帐户中的对外交易帐户是机构部门的国外帐户中的经常往来帐户和资本往来帐户的简化帐户.

2.产业部门帐户（活动部门帐户）产业部门帐户是按照国民经济行业设置的。由于产业部门涉及的是具有生产经营决策权的生产单位，除非该生产单位同时也是机构单位，否则它没有财务决策权。所以，产业部门帐户仅限于描述生产和收入的初次形成，以及产业部门间的一些经济往来。因此，产业部门帐户中只设生产帐户。由于产业部门的基层单位具有生产决策权，因此从考察生产的技术经济联系方面，它比机构部门的生产帐户更为重要。

产业部门生产帐户与机构部门的生产帐户的内容是基本相同的。不同之处，只是区分了"物质产品投入"和"服务投入"，并增加了"物质产品净值"一项。这主要是为了与原有的行业产值指标以及狭义的国民收入（即社会净产值）统计相衔接。产业部门生产帐户的一般表示如下：（见表9-13）

表9-13　　产业部门的生产帐户

支方		收方	
项目	金额	项目	金额
一、增加值 固定资产折旧 劳动者报酬 生产税净额 营业盈余 二、物质产品净值		一、总产出 二、中间投入（一） 物质产品投入 服务投入	
增加值分配/物品产品净值		增加值	

各个产业部门的生产帐户是完全相同的，为此可以将各个产业部门的生产帐户合并为一个综合表。其表式如下：（见表9-14）

从表9-14中可以看出，这是个矩阵形式帐户。它的主栏是产业部门分组及其物质生产部门、非物质生产部门分组和三次产业分组。它的宾栏是总产出、中间投入、增加值和物

表9-14　　**产业部门综合生产帐户**

项目 部门	顺序号	总产出	中间投入			增加值					物质产品净值
			合计	物质产品投入	服务投入	合计	固定资产折旧	劳动者报酬	生产税净额	营业盈余	
		1	2	3	4	5	6	7	8	9	10
合　计	1										
一、物质生产部门	2										
第一产业	3										
1. 农业	4										
第二产业	5										
2. 工业	6										
3. 建筑业	7										
第三产业	8										
4. 商业、公共饮食业物资供销仓储业	9										
5. 交通运输业、邮电通讯业	10										
（1）邮电通讯业	11										
（2）货物运输业	12										
二、非物质生产部门	13										
（3）旅客运输业	14										
6. 地质普查和勘探业	15										
7. 房地产管理、公共事业、居民服务和咨询服务业	16										
8. 卫生、体育和社会福利事业	17										
9. 教育、文化艺术和广播电视事业	18										
10. 科学研究和综合技术服务事业	19										
11. 金融、保险事业	20										
12 国家机关、政党机关和社会团体	21										
13. 其它行业	22										

质产品净值。其中，中间投入进一步细分为物质产品投入和服务投入。增加值项下面列出了它的四个构成项目——劳动者报酬、生产税净额、固定资产折旧、营业盈余。因此，产业部门综合生产帐户实际上是各个产业部门生产帐户的汇总。

三、经济循环矩阵

经济循环矩阵是矩阵式的帐户。它是国民经济帐户体系的另一种表现形式。（见表9-15）

1.经济循环矩阵的结构　根据国民经济循环过程特点，经济循环矩阵由五个基本帐户，即财产、生产、分配、使用（消费和积累）、国外帐户所构成，用于描述经济循环过程中的流量和存量状况。

财产帐户，由期初、期末资产调整三个子帐户所组成。反映期末期初国民财产存量及其变动情况。期初存量加上本期财产流量，等于期末财产存量。其横行表示有形资产和金融资产变动状况。而其纵列反映金融负债及净值变动情况。

生产帐户，分别由产品帐户和部门帐户两个子帐户组成。反映社会物质产品及劳务的生产和使用。产品子帐户包括物质产品和劳务。其纵列代表产品的总供给，横行代表产品的总需求。而“部门”子帐户又称企业部门帐户。其纵列反映各企业部门生产中的投入情况，或者说是所生产产品的价值结构，横行则反映各企业部门生产的各种产品的份额。

分配帐户，由初次分配和再分配两个子帐户组成。反映社会产品价值运动的状况。初次分配帐户描述增加值在劳动者、企业、政府之间的分配过程。其纵列表示增加值分配去

表9-15

经济循环矩阵

项目			期初负债和净值	生产		收入分配		使用		国外		资产负债价值调整	期末负债和净值
				产品和服务	部门	初次分配	再分配	消费	积累	经常往来	资本往来		
			1	2	3	4	5	6	7	8	9	10	11
期初资产	非金融资产金融资产	1							$T_{1.7}$		$T_{1.9}$		
生产	物质产品和服务	2			$T_{2.3}$			$T_{2.6}$	$T_{2.7}$	$T_{2.8}$			
	部　门	3		$T_{3.2}$									
收入分配	初次分配	4			$T_{4.3}$	$T_{4.4}$				$T_{4.8}$			
	再分配	5					$T_{5.4}$	$T_{5.5}$		$T_{5.8}$			
使用	消　费	6						$T_{6.5}$					
	积　累	7	$T_{7.1}$					$T_{7.6}$	$T_{7.7}$		$T_{7.9}$	$T_{7.10}$	$T_{7.11}$
国外	经常往来	8		$T_{8.2}$		$T_{8.4}$	$T_{8.5}$						
	资本往来	9	$T_{9.1}$						$T_{9.7}$	$T_{9.8}$		$T_{9.10}$	$T_{9.11}$
	资产负债价值调整	10							$T_{10.7}$		$T_{10.9}$		
期末资产	非金融资产金融资产	11							$T_{11.7}$		$T_{11.9}$		

向；横行表示这些增加值来源构成。再分配帐户反映初次分配收入的再分配过程。其纵列表明再分配支出和可支配收入形成及其分配；横行表示各部门初次分配和再分配收入的总收入。

使用帐户，由消费和投资两个子帐户组成，反映社会物质产品和劳务最终使用情况。消费帐户描述居民消费和社会消费的收入来源和使用构成。其横行表示消费基金来源，纵列表示消费品的构成。投资帐户描述社会总投资的资金来源和使用构成。其横行表示总投资资金来源，纵列反映总投资的组成内容。

国外帐户，由经常往来和资本往来两个子帐户组成。反映由于国际经济往来而发生的经常交易与资本交易的收支状况。它同样立足于国外编制。其横行表示国外从我国得到的收入（即我国的支出）；而纵列表示国外对我国的支付（即我国的收入）。

在经济循环矩阵中，行和列的帐户以及帐户中项目（指标）的详细程度，可视需要和可能而定。矩阵中描述流量部分的帐户，其横行表示来源(收入)，纵列表示使用(支出)。（由于存量是流量变化的结果，以及矩阵形式的特点，所以，矩阵中描述存量部分的帐户，其横行指的是资产，纵列指的是负债。）这样，同一个行列可表示一个完整的帐户，通过多个排列在一起的帐户能完整地系统地反映各个部门之间和再生产各个环节之间的复杂的经济联系。

2.经济循环矩阵的经济内容　在表9-15经济循环矩阵中，有11×11的121个子矩阵。其中有30个非零子矩阵，分别用带有行和列定位的下标符号T代表。对30个非零子矩阵的经济意义，分别说明如下：

$T_{1.7}$：表明期初国内非金融资产、金融资产的存量。

$T_{1.9}$：表明期初国外非金融资产、金融资产的存量。

$T_{2.3}$：表明国内生产活动的物质产品和劳务的中间消耗。

$T_{2.6}$：表明国内的居民和社会的最终消费。

$T_{2.7}$：表明国内总投资中固定资产形成总额及库存增加额

$T_{2.8}$：表明本国对国外直接出口的商品和劳务

$T_{3.2}$：表明本国的物质产品和服务的总产品。

$T_{4.3}$：表明本国生产的国内生产净值及固定资产折旧额。

$T_{4.4}$：表明常住者之间初次分配收入流量

$T_{4.8}$：表明来自国外的生产要素得到的初次分配收入流量

$T_{5.4}$：表明国民生产净值形成以及固定资产折旧补偿额。

$T_{5.5}$：表明常住者之间再分配转移

$T_{5.8}$：表明来自国外的再分配转移

$T_{6.5}$：表明可支配净收入以及固定资产折旧额

$T_{7.1}$：表明期初国内机构部门的负债和净值。

$T_{7.6}$：表明国内净储蓄以及固定资产折旧补偿额

$T_{7.7}$：表明国内资本转移差额

$T_{7.9}$：表明对外资本往来差额

$T_{7.10}$：表明期内国内金融负债的调整

$T_{7.11}$：表明期末国内的金融负债及净值。

$T_{8.2}$：表明本国直接从国外进口的商品和劳务。

$T_{8.4}$：表明本国流向国外的初次分配收入流量。

$T_{8.5}$：表明本国对国外支付的再分配性质转移。

$T_{9.1}$：表明期初在国外的金融负债及净值。

$T_{9.7}$：表明国外资本转移差额。

$T_{9.8}$：表明对外经常交易差额，转入资本交易帐户。

$T_{9.10}$：表明期内国内机构部门购买的、国外发行的金融负债及净值的调整。

$T_{9.11}$：表明期末在国外的金融负债及净值。

$T_{10.7}$：表明期内国内有形资产和金融资产的调整。

$T_{10.9}$：表明本期本国发行的而为国外持有的资产调整。

$T_{11.7}$：表明期末国内有形资产和金融资产的存量。

$T_{11.9}$：表明期末在国外的有形资产和金融资产的存量。

从上述这些经济内容的阐述中可知，经济循环矩阵能清晰表明国民经济循环过程中，流量的来龙去脉和存量的最后形成，也有助于更具体地、更深刻地理介“T”式帐户体系的原理和作用。

3.经济循环矩阵的功能　经济循环矩阵将各个帐户的基本内容系统地连接起来。既能具体地反映各个帐户之间的关系，又能概括地描述国民经济运行的全貌。因此，它在宏观管理中，有其独特的功能。

第一，经济循环矩阵能够系统地全方位地对国民经济运行状况进行“扫描”。从生产到使用、从实物运动到资金运动、从存量到流量、从收入分配到金融交易、从国内到国外，整个经济活动的来龙去脉都无所不包地体现在一张表中。所以，矩阵帐户最适宜用于对国民经济的跟踪监测。如实反映，揭示病症，为社会经济的宏观管理和调控提供系统资料。

第二，经济循环矩阵能够从相互联系中揭示国民经济活动的本质特征。它把国民经济运转过程，作为一个多要素、多环节的有机整体，用统计和数量相结合的方法再现出来，按照经济循环自身运行规律、系统地、全面地、逻辑地反映了其内在的错综复杂的联系及固有的平衡关系。赖有它，人们可以避免只见树木不见森林的弊端，在进行研究时，可以把各个侧面结合起来综合分析，有助于正确认识国民经济运行状况的本质特征。

第三，经济循环矩阵是提高社会经济统计水平的重要工具。经济循环矩阵独特的表式结构及所具有的丰富的统计资料，为在统计中运用电子计算机和现代的教学方法，建立各种各样经济模型、揭示经济变量之间本质联系，创造了必不可少的条件，也为人们按照各种特殊的用途来取舍、裁剪资料提供了极大便利。所以，科学地编制经济循环矩阵，是衡量一个国家国民经济核算水平高低的重要标志。

第十章　居民生活统计

第一节　居民收入和消费统计

不断提高居民生活水平是社会经济发展的最终目的。社会主义生产目的就是要最大限度地满足全体居民日益增长的物质和文化生活的需要。所以，社会经济统计应正确反映居民生活及其提高情况，分析在一定历史条件下，全体居民的物质和文化生活需要的满足程度。

居民生活的中心内容是居民消费，但居民消费则取决于居民收入水平。所以，对居民生活水平统计，就需要将收入与消费结合起来进行研究。同时，这里的消费不仅指物质的消费，而且包括对服务的消费。如住房、公用事业、卫生保健等生活服务，也是反映人民生活状况的重要方面。

一、居民收入总量统计

居民收入指在一定时期内（如一年），居民定期的和经常性得到的全部收入。它包括诸如职工的劳动报酬、个体生产经营者纯收入、定期性困难补助、抚恤金、奖学金等、不包括临时一次性收入，如退职金、复员转业费、创造发明一次性奖金等。居民收入仅限于在该时期内取得的收入，所以，不包括借贷性收入，如银行存款取出本金，债券还本等。这些是属于以前时期的收入，不能再作为本期收入。居民收入一般是指直接取得的收入，不包括居民从国家财政所得到的间接收入。如国家财政用于商业部门商品价格补贴等间接给予居民的部分。

居民生活费收入。居民收入并不是全部能够用于居民安排日常生活，因为其中还有一部分赡养费用，赠送支出及纳税等。为此，还应设置与居民生活直接相关的居民生活费收入指标，从而有效地从居民收入角度研究居民生活问题。居民生活费收入，是指在居民收入中，扣除不用于安排家庭生活的赡养、赠送支出、纳税支出、记帐补贴及亲友搭伙收入后，能够用于安排家庭日常生活开支的那部分收入。它包括居民家庭实际支付消费品和服务的收入和未实现消费的那部分收入，如存入银行的存款、购买有价证券投资及手存现金增加额等。

居民生活费收入与居民最终收入也是不同的。居民最终收入，反映居民已经实现消费那部分收入，不包括未实现消费的那部分居民收入。它与实现的居民购买力需求相一致。

在社会主义市场经济条件下，居民收入主要以货币形式来计量，还有一些自产自用的社会产品，也应按相应价格作价计算其收入。居民生活费收入额，直接体现居民生活消费的支付能力，是决定居民消费水平的重要因素。一般说来，居民生活费收入水平愈高，那么其消费水平也愈高；反之，则愈低。

居民收入来源。我国居民收入来源主要有：劳动者的劳动收入；居民及劳动者从国家、企业、集体所得的福利、补贴等其他收入；个体劳动者和私人经营者所取得的净收入等。不过，城乡居民收入来源具体内容有所差别。

城镇居民收入来源主要是参与社会劳动的职工、个体经营者、业主所得的收入：从工作单位或第二职业取得的工资、津贴和奖金等固定收入；从工作单位取得的劳保福利、旅差费、会议补贴等；其他收入如国家财政支付的救济金、抚恤金、奖学金，以及稿费、储蓄利息、投资得益、个体经营者、业主经营的净收入。

农村居民的收入来源主要是从事农业生产、个体生产经营者、业主及农业以外的各类产业所得取得的收入。具体包括：从农业生产单位、各类企业所得的净收入、工资、奖金等固定收入；从事家庭承包集体生产和家庭副业生产取得的净收入；其他收入，如国家财政支付的救济金、困难补助、抚恤金、利息、投资得益等收入。

二、居民收入水平统计

居民收入总额，是反映在一定时期内居民收入的总量。它受居民人数多少和居民收入水平两个因素的影响，并不能反映居民收入水平的高低。为了反映居民收入一般水平并衡量收入的高低，在居民收入总额统计的基础上，还应计算居民收入水平指标。通常居民收入水平是以平均每个家庭人口收入来表示。由于城乡居民收入水平与消费结构、价格水平的差异，居民平均收入一般按城镇居民家庭人口、农户家庭人口分别进行计算。平均每个家庭人口生活费收入水平，不仅取决于参与社会劳动人口收入多少，还受家庭中参与社会劳动人口多少即就业率高低的影响。家庭人口就业率就是家庭参与社会劳动人口在全部人口中的比重，它的倒数也就是平均每一社会劳动者的负担系数。它们之间的关系式为：

$$\frac{平均每个家庭人}{口的生活费收入}=\frac{参与社会劳动者}{平均生活费收入}\times 就业率$$

$$=\frac{参与社会劳动者}{平均生活费收入}\div\frac{平均每一社会劳动}{者的负担系数}$$

三、居民收入统计分析

居民收入是国民经济分配、人民生活的重大问题。因此，居民收入统计可以从许多方面进行分析。主要有：居民收入水平增长与经济发展、劳动生产率增长的关系分析；城乡居民收入水平的比较分析；不同产业、不同熟练程度的劳动者的收入水平之间合理差别的分析；居民收入平均程度分析；不同经济发展水平地区间居民收入水平比较分析等。现选择其中几项分析内容及其方法说明如下：

1. 居民收入增长与经济发展、劳动生产率增长关系分析。这可以选择某一历史时期或上期为对比基期，三者增长速度之间是否协调平衡。按照经济发展客观要求，在生产发展基础上，劳动生产率不断提高的前提下，逐步增加人民收入，改善人民生活。因此，在一般情况下，三者增长速度之间，居民生活费收入水平增长，应在经济增长、社会劳动生产率增长的基础上适当增长，而且应当低于经济增长和社会劳动生产率的增长，从而保证居民收入提高，而社会又有适当的积累用于不断扩大再生产。这样，三者之间的增长速度才认为是协调的、合理的。这里要注意的是，三者各自的对比指标即国民生产总值增长、按国民生产总值计算的社会劳动生产率增长、居民生活费收入水平增长都应按可比价格计算，以体现其实际增长。居民生活费收入变化，要反映居民用于实际购买生活消费品和服务的数量变化，即实际收入的变化。因此，对比的货币收入必须消除生活费用价格变动因素。在统计实践上，都利用生活费用价格指数进行减缩。即：

$$\text{报告期居民生活费实际收入水平}=\frac{\text{报告期居民生活费货币收入水平}}{\text{居民生活费用价格指数}}$$

居民生活费收入水平是按城镇、乡村分别计算的。当报告期城镇或乡村居民生活费收入水平，换算为按对比基期价格计算的报告期实际收入水平时，就相应选用以对比时期为基期的城镇或乡村居民生活费用价格指数进行减缩。

2.城乡居民生活费收入水平比较分析。对于研究城乡差别、工农差别及其发展变化趋势有重要作用。属于同一时期的横向空间对比。只需将两者生活费收入水平直接比较，即可表明它们在收入水平上的比例。如将历年的比例列成数列，即可观察其收入比例的变化趋势。

表10-1　　我国城乡居民年平均收入　　单位：元

年份	平均每一居民年收入			城乡居民收入比（以农村居民收入为1）
	合计	城镇	农村	城镇：农村
1964	120	222	97	2.29：1
1981	265	476	213	2.23：1
1982	311	509	260	1.96：1
1983	357	549	299	1.84：1
1984	435	633	343	1.85：1
1985	510	730	385	1.90：1
1986	602	877	407	2.15：1
1987	692	975	445	2.19：1
1988	843	1140	525	2.18：1

资料来源：《中国社会统计资料1990》第67页。

由表10-1可见，我国城乡居民收入比例，1982年至1985年下降，收入差距缩小，1986年以后又上升，与六十年代相比，收入差距缩小不多。这种情况，表明了我国目前城乡经济发展水平的差距在居民收入上的反映。

另外，计算不同类型劳动者收入比例，诸如，熟练工人与普通工人、管理干部与生产工人，脑力劳动与体力劳动、技术职称岗位中的高级职称与初级职称之间劳动报酬比例，均可反映他们之间在收入上的差异程度。这种差异状况，与他们对社会贡献大小，与在中外历史上的一般形成的比例关系相对照，可以大致评价其差异的合理程度。例如，脑力劳动者的收入应比较多地高于体力劳动者，这是一般规律。五十年代，我国知识分子工资较高，那时教授的最高工资相当于工人最低工资的6—10倍。但进入七十年代后期以来，由于种种原因，在收入上出现了脑力劳动者与体力劳动者之间差距倒置现象。如，以脑力劳动者占多数的科研、文教、卫生、机关团体等部门职工的年平均工资，却低于以体力劳动者占多数的工业建筑业部门职工的年平均工资。他们之间的年平均的工资收入比例，前者为后者：1978年为87.5:100；1986年为90.1:100。另据北京市1984年对1200名职工调查，从事脑力劳动的技术人员、科技干部的收入，与从事体力劳动的工人、售货员的收入之比为91:100至97:100；按家庭人口平均每人生活费收入，工程师家庭与商业服务业人员家庭之比为87.7:100。这种脑力劳动者收入与体力劳动者收入差异程度，显然是不合理的，有待今后改革收入分配体制而逐步走向合理。

3.居民生活费收入分配的平均状况分析。居民生活费收入水平是个平均指标，只反映居民收入的一般水平，但居民之间收入的差异情况，也是值得研究的。因为，当居民人均生活费收入尽管很高，但居民之间收入高低相差很大，多数穷的人很穷，而少数富的人却收入很多。或者居民间收入很平均，不能体现合理的收入差距也不利于鼓励劳动者的生产积极性。所以，对居民间收入分配的平均状况分析用以评价居民收入分配合理程度，为制订分配政策提供依据。

对居民收入分配平均状况分析，一般将居民家庭户按其收入多少进行分组，编制次数分布进行观察比较；或者在次数分布数列基础上，绘制成洛伦茨曲线图来考察；或者按次数分布数列资料，计算基尼系数或计算财富分配系数来判断。现举例分别说明如下：

表10-2　1991年我国城镇居民家庭生活费收入的分配情况

按收入等级分组	各组家庭户数占全部家庭户数的比重（%）	各组家庭户生活费收入占全部家庭户生活费收入比重（%）
最低收入户	10	6.7
低收入户	10	7.9
中等偏下收入户	20	17.6
中等收入户	20	19.5
中等偏上收入户	20	22.0
高收入户	10	12.1
最高收入户	10	14.2
合　计	100	100.0

资料来源：《中国统计年鉴1992》第283页资料计算而得。

首先，由表10-2的分配情况表考察，1991年我国城镇居民家庭户生活费收入，最低收入户数占全部家庭户数的10%，但其家庭生活费收入却只及全部家庭户收入的6.7%。而低收入组至中等收入组，其收入比重均不等地低于其家庭户数所占比重。显然，他们的家庭收入均不等地低于全部家庭平均收入水平以下。中等偏上收入户至最高收入户组，其家庭户收入比重均不等地高于其家庭户数所占比重。自然他们的家庭收入均不等地高于全部家庭平均水平以上。由此可见，城镇居民家庭之间生活费收入存在一定的差距。

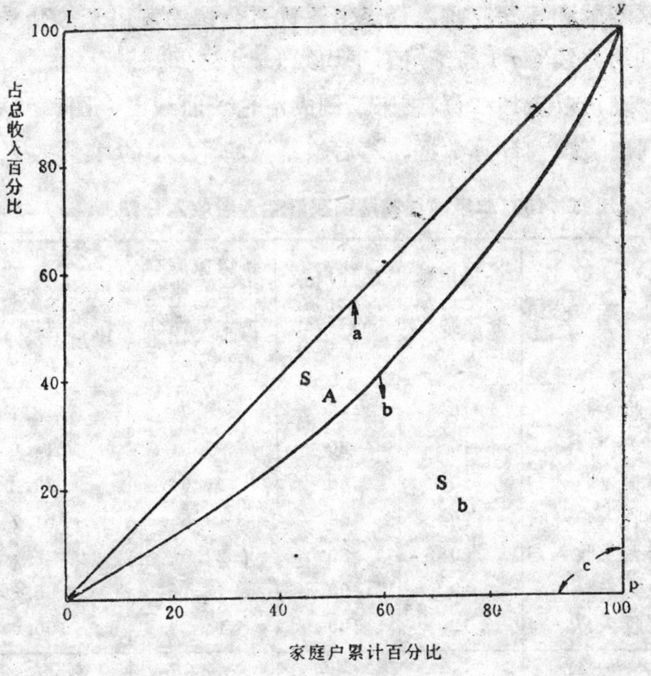

图10-1　洛伦茨曲线图

第二，用洛伦茨曲线图来观察居民收入分配的平均程度。以图10-1说明洛伦茨曲线图示方法：在图10-1中，以OI纵线代表累计收入占的百分比，以OP横轴代表累计家庭户数占的百分比。连接两对角线的直线（45°线），表示居民收入是绝对平均曲线（a）：线上任何一点都表示在总户数中占一定百分比的家庭，其收入在总收入中也占同样的比重。OPY是绝对不平均线（c）；在所有居民中，除一户以外其余的家庭收入都是零，而最后一户家庭则得到收入的全部。居民实际收入分配曲线（b），是按收入水平由低到高将家庭数和其相应收入都逐组累计百分比绘制出来，介乎绝对平均曲线（a）与绝对不平均线（c）之间。

现仍以表10-2资料，来绘制成洛伦茨曲线图（图10-2）。先列出表10-3计算数据，然后绘制家庭收入的实际收入曲

表10-3　1991年我国城镇居民家庭生活费收入分配

按收入等级分组	各组户数占全部家庭户数比重（%）	累计户数占全部家庭户数比重（%）	各组家庭户生活费收入占全部家庭户收入比重（%）	累计收入占全部家庭户收入比重（%）
最低收入户	10	10	6.7	6.7
低收入户	10	20	7.9	14.6
中等偏下收入户	20	40	17.6	32.2
中等收入户	20	60	19.5	51.7
中等偏上收入户	20	80	22.0	73.7
高收入户	10	90	12.1	85.8
最高收入户	10	100	14.2	100.0
合　　计	100		100.0	

线。如图10-2所示。

由图10-2可见，居民家庭生活费收入分配曲线（b），离绝对平均曲线（a）较近，表明1991年我国城镇居民家庭之间生活费收入还是比较平均的，或者说收入分配差距不大。

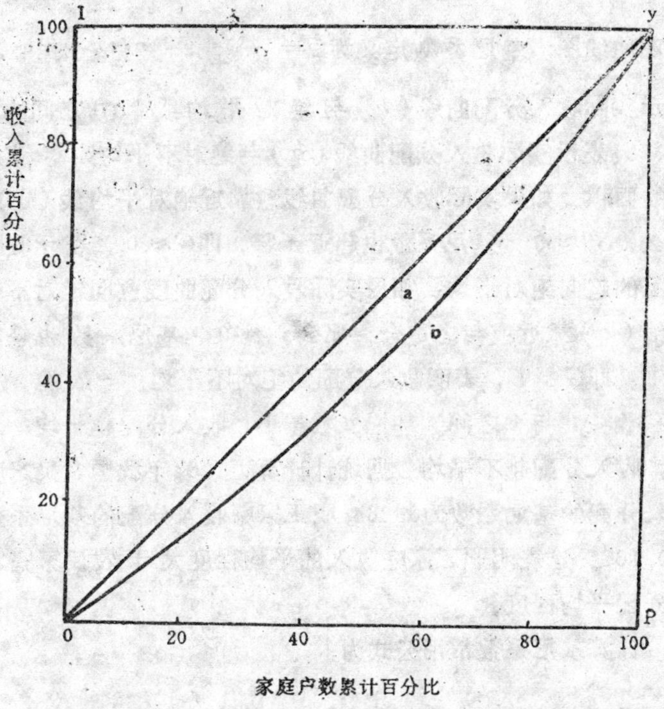

图10-2　1991年我国城镇居民家庭生活费收入洛伦茨曲线

利用洛伦茨曲线图，可以把同一个国家或一个地区的不同年份的居民家庭收入分配曲线绘于一张图上，比较其动态变化情况，也可以将同一时期不同国家或不同地区居民家庭收入分配曲线绘于一张图上，比较他们收入分配不平均状况的差异情况。

第三，计算基尼系数进行判断。二十世纪初，意大利经济学家基尼，根据洛伦茨曲线图找到了判断居民收入分配差别程度的指标。这个指标就称为基尼系数。按照图10-1所示洛伦茨曲线图，基尼系数定义为$G=\frac{S_A}{S_A+S_B}$。在公式中：S_A表示实际收入分配曲线（b）与绝对平均线（a）之间的面积，S_B表示实际收入分配曲线（b）与绝对不平均线（c）之间的面积。如果实际收入分配曲线愈靠近绝对平均线（a），那么，$S_A\approx 0$，基尼系数也趋近于零，即$G\approx 0$，表示收入分配的趋向绝对平均。如果实际收入分配曲线愈向绝对不平均线（c）靠近或与之重合，那么$S_B\approx 0$，基尼系数也趋向于1。即$G\approx 1$，表明收入分配的绝对不平均。一般地，基尼系数在0与1之间。基尼系数越小，收入分配越平均；反之，收入分配越不平均。据统计计算，1984年我国农民家庭收入分配的基尼系数为0.264，职工家庭收入分配的基尼系数为0.168。这表明职工家庭收入的平均程度大于农民家庭收入分配平均程度。

计算基尼系数常用公式为：

$$G=\sum_{i=1}^{n}P_iI_i+2\sum_{i=1}^{n-1}[P_i(1-S_i)]-1$$

$$(i=1,\ 2,\ 3,\ \cdots\cdots,\ n)$$

式中：G——基尼系数

P——某一组家庭户数占全部家庭户数的比重；

I——某一组收入占总收入的比重；

S——累计收入占总收入的比重；

n——组数。

根据表10-3资料，计算1991年我国城镇居民家庭生活费收入分配基尼系数：

$$G = 0.1\times(0.067+0.079+0.121+0.142)+0.2\times(0.176+0.195+0.22)+2\times[0.1\times(3-0.067-0.146-0.858)+0.2\times(3-0.322-0.517-0.737)]-1$$

$$=0.1591+2\times0.4777-1=0.115$$

由此可知，1991年我国城镇居民家庭生活费收入分配的基尼系数是0.115比1984年我国职工家庭收入分配的基尼系数0.168还小，它表明该年我国城镇居民生活费收入分配比较平均。

第四，计算财富分配系数。鉴定居民收入分配的公平程度，财富分配系数是指最高20%家庭收入占总收入百分比与最低20%家庭收入占总收入百分比之比，用于反映收入分配的公平程度。其计算公式为：

$$\text{财富分配系数}=\frac{\text{最高20\%家庭收入占总收入百分比}}{\text{最低20\%家庭收入占总收入百分比}}$$

当财富分配系数为1时，表示分配绝对平均；财富分配系数越大，说明分配越不公平；财富分配系数越接近于1，说明分配越公平。

四、居民消费水平统计

居民消费是指居民对物质资料和文化生活服务的消费，

包括居民个人消费和居民享用文化、生活服务和各部门提供的集体消费。它是反映和研究人民生活的中心问题。

居民消费从其消费享用范围来说，有居民个人消费量和居民消费量之分。居民个人消费量是指由居民个人直接享用消费的物质资料和服务的数量。居民消费量是指居民直接和间接消费的总量。居民间接消费是指由文教卫生、生活服务等为居民提供的集体消费。

居民消费量，可以用实物具体计量也可用货币综合计量。前者通常只限于对主要生活消费品的消费量进行统计，如粮、油、肉、布、能源等。以实物计量消费量，可从使用价值方面具体表明居民消费各种消费品与服务的数量。以货币计量则可以综合计算居民消费的全部消费品与服务的总值，以及各种分类综合统计的各类消费品或服务的类值。这可用来反映居民消费总水平及其构成。

在居民消费的物质资料中，有的为一次性消费品，有的为耐用消费品。在计算居民一定时期内（通常一年）消费量，一次性消费品应按照实际消费量统计，耐用消费品则要求按使用年长短的年平均磨损计算。但是，由于消费品种类多，耐用品磨损核算复杂，因而在实际工作中，对一般消费品包括一次性消费及耐用的消费品，都是按居民在一年内的获得量计算其消费量。对以下两种特殊的消费计量。即：农民的粮食消费量，按其实际消费的数量计算，而不能按其收获的产量计算其消费量；住房，均按年磨损额（租金）核算其消费量。

在反映居民消费水平时，必须计算居民平均消费水平指标。因为一定范围的居民消费总额，与该范围人口数的多少有关，并不能说明居民的生活水平高低。居民平均消费水平，可以从主要消费品的数量计算，反映每人对这些物质资料的消费水平，如每人每年的粮食、肉类、奶类、棉布等的消费量，从货币计量计算平均每人每年的全部消费额或对某类消费品、某类服务的消费额，可以综合反映居民总的消费水平或某类消费的一般水平。

同时，为从不同角度研究居民生活消费水平，居民平均消费水平，可以就全部居民总体来统计，也可以就农民或非农业居民为主体分别进行统计。其计算公式为：

$$\text{全体居民平均消费水平}=\frac{\text{全年居民消费总额（或类值或消费实物量）}}{\text{年平均人口数（或年中人口数）}}$$

$$\text{农业居民平均消费水平}=\frac{\text{全年农民居民消费总额(或类值，或某种消费品消费的实际数量)}}{\text{农民家庭平均常住人口数(或年中人口数)}}$$

$$\text{非农业居民平均消费水平}=\frac{\text{全年非农业居民消费总额（或类值或某种消费品消费的实物数量）}}{\text{非农业居民家庭年平均常住人口(或年中人口数)}}$$

为研究居民生活水平提高情况，可以从居民消费水平动态方面进行分析。

从动态上分析居民消费水平的提高情况，先将报告期与基期的居民平均消费水平相比，即得出居民消费水平指数。其计算式为：

$$\text{居民消费水平指数}=\frac{\text{计算期居民平均消费水平}}{\text{基期居民平均消费水平}}$$

同时，当居民平均消费水平按当年价格计算时，计算期消费水平还受价格变动影响。为反映居民实际消费水平变化情况，还需要将上面的居民消费水平指数，除以同一基期的居民生活消费价格指数，才得出居民实际消费水平指数。即：

$$\text{居民实际消费水平指数}=\frac{\text{按当年价格计算的居民消费水平指数}}{\text{居民生活费用价格指数}}$$

$$=\frac{\text{计算期居民平均消费水平}\div\text{居民生活费用价格指数}}{\text{基期居民平均消费水平}}$$

上式指数的分子、分母两种指数的基期必须是相同的，才能保证切实反映报告期对基期的居民实际消费水平的动态。居民实际消费水平指数减1，即为居民实际消费水平的提高程度。

居民实际消费水平动态分析，既可就全体居民总体进行，也可就农民或非农业居民、或其他不同阶层居民为总体分别进行分析。此外，除利用居民平均消费总水平指标进行动态分析外，还可就某类消费的平均水平、某种消费品或服务项目的平均消费水平作动态对比分析。

从表10-4资料，就可以分析历年来我国居民年平均消费

表10-4　我国居民消费水平及其指数

年份	居民消费水平（元）①			居民消费水平指数 1952＝100②		
	全国居民	农民	非农业居民	全国居民	农民	非农业居民
1952	76	62	149	100	100	100
1965	125	100	237	132.7	125.2	136.7
1978	175	132	383	177.0	157.6	212.6
1985	403	324	727	311.8	299.6	300.7
1990	723	524	1477	372.2	334.5	391.3
1991	303	569	1686	402.6	356.8	430.0

资料来源：《中国统计年鉴1992》第276、277页。

①居民消费水平按当年价格计算。

②居民消费水平指数按可比价格计算。

水平及其动态。我国居民消费水平，是不断提高的。以全国居民为例，1952－1978年二十六年间增长了77.0%，而1990年比1978年只经过12年时间又提高了一倍多（372.2÷177.0＝2.1）。这里也充分证明党的十一届三中全会以来，贯彻经济建设为中心，实行改革开放，国民经济发展加快，居民消费水平也比以往更提高得快了。

五、居民消费结构统计

研究居民生活水平，除了从居民消费水平方面进行分析外，还需要从居民消费结构及其变化方面进行分析。恩格斯在《马克思〈雇佣劳动与资本〉导言》中，曾经谈到在未来的社会制度下，消费资料可以分为生存资料、享受资料和发展资料。显然，这种消费分类结构，对于反映居民生活水平与消费质量是非常科学的。但是由于各类消费资料，按上述分类会发生相互交叉，不易划分。在统计工作中，比较通行的且容易把握的，是按其用途对居民消费分类，进行消费结构统计。这种分类应保持相对稳定性，便于对居民消费结构作动态比较，以观察其变动的趋势。

目前，我国居民消费结构分类如下：

1.生活消费品消费

(1)食品类

(2)衣着类

(3)日用品类

(4)文娱用品类

(5)书报杂志类

(6)药及医疗用品类

(7)房屋及建筑材料类

(8)燃料类

(9)其他商品

2.文化、生活服务消费

(1)房租

(2)水电费

(3)学杂费

(4)医疗费

(5)交通费

(6)邮电费

(7)文化娱乐费

(8)其他

上述分类方法，首先在第一层次上把消费分成生活消费品消费和文化生活服务消费两大类。然后对生活消费品和文化生活服务，再按其不同用途作第二层次分类。为了进一步深入分析居民消费结构，还可在第二层次分类基础上，作第三层次甚至第四层次的分类。例如，把食品分为主食、副食。主食再分细粮、粗粮，等等。还有为仅仅研究生活消费品消费结构，也有把生活消费品分成吃、穿、用、住、烧五大类。这些分类，都可以根据我们所研究的目的来取舍。

为反映居民消费结构及其变化，可以从平均每人全年生活费支出及其构成的动态资料进行分析。我国1978年以来，实行改革开放，我国农民消费结构及其变化情况，如表10-5所示：

由表10-5资料可见，在我国农民消费结构中，随着收入

表10-5 1978、1982、1987、1990年我国农民消费结构（%）

年份	人均全年生活费总支出	生活消费品支出	其中					文化生活服务
			食品	衣着	住房	用品	燃料	
1978	100.0	97.3	67.7	12.7	3.2	6.6	7.1	2.7
1982	100.0	97.8	60.5	11.2	10.3	10.2	5.6	2.2
1987	100.0	94.9	55.2	8.6	14.5	11.8	4.8	5.1
1990	100.0	92.5	54.8	8.4	12.9	11.9	4.5	7.5

资料来源：《中国统计年鉴1992》

增加，生活消费品支出比重下降，而文化生活服务支出比重上升较多，反映出农业居民消费质量提高的趋势。从消费结构序列看，由1978年的吃、穿、烧、用、住和文化生活服务顺序，到1990年转变为吃、住、用、穿、文化生活服务、烧的顺序。住、用的消费比重上升，穿、烧的消费比重下降，说明近几年来，农民用于建房消费支出增加，比较快地改善了农民住房条件。

为研究居民消费质量和富裕程度，还可以通过对居民生活消费结构中吃的比重变化来进行分析。十九世纪德国经济学家、统计学家恩·恩格尔（E·Engel），在英、法、德和比利时等国的工人家庭调查资料中发现，一个家庭的(或个人)收入愈低，其食品支出在收入中所占比重愈大；反之，其所占比重就愈小。这就是著名的恩格尔定律。反映这个定律的系数，即称恩格尔系数。其公式表示为：

$$恩格尔系数=\frac{食品支出总额}{居民消费支出总额}\times 100\%$$

西方国家常把恩格尔系数，作为说明各类居民消费水平高低的标志，他们提出这样的数量界限：恩格尔系数在59%以上为生活绝对贫困，50—59%为勉强度日，40—50%为小康水平，20—40%为富裕，20%以下为最富裕。

我国某些历史年份的恩格尔系数，见表10-6。

表10-6　我国某些年份的居民食品支出占生活费支出比重（%）

	1957年	1985年	1990年	1991年
城镇居民	58.43	52.25	54.25	53.82
农　　民	65.80	57.76	58.03	56.84

资料来源：《中国统计年鉴1992》

从表10-6资料可见，我国居民生活水平不断提高，恩格尔系数也呈下降趋势。但是，必须强调运用恩格尔系数分析居民生活水平，或进行国际对比、城乡对比，应注意内容的可比性。我国社会福利待遇较高，生活服务费用低，恩格尔系数偏高。应用时应该注意这个问题。

第二节　住房和生活服务统计

居民的住房条件和社会生活服务业发展水平，都是居民生活的重要内容。这里分别从住房与生活服务两个方面说明其统计的主要内容。

一、住房统计

住房是居民生活、休息和学习的场所，是居民生活不可缺少的物质条件。居民住房面积、住房质量及其生活设施优劣，成为衡量居民住房条件的重要内容。

反映居民住房条件的主要统计指标有：人均居住面积、不方便户户数、拥挤户数等。

1.人均居住面积。它是指在一定地域内某一时点上，常住人口平均每人居住的住房面积。住房面积不包括厨房、浴室、卫生间、储藏室及各室之间走道的面积。其计算式为：

$$人均居住面积（平方米/人）=\frac{居住面积（m^2）}{常住人口（人）}$$

人均居住面积反映居民住房屋面积所达到的一般水平，可用于比较分析住宅数量对居民居住的满足情况。但是，由于住房实际居住家庭人口的不平衡，各住户拥有住房面积实际水平的差异，还要用其他补充指标进一步反映居民住房条件。其主要的就有统计居民住房的不方便户数、拥挤户数、无房户数。

2.不方便户数。它是指家庭成员间，按伦理风俗应恰当分室居住而不能分室居住的住户数。如三代人同住一室，父母同十二岁以上子女同住一室，12岁以上成年兄妹同住一室的住户、或者两个家庭住户同住一室的住户。

3.拥挤户数。它是指家庭平均每人居住面积小，造成生活起居比较拥挤的住户数量。按目前居住水平，我国规定家庭平均每人居民面积小于4平方米的住户，算作拥挤户。

4.无房户数。指已登记结婚因无房而未同居者，或婚后无房分居两处者，因无房而暂住非住宅房、临时简易房者，以及暂住亲友房者的住户数量。

以上不方便户、拥挤户和无房户，反映居民住房条件不能满足的具体情况，也是发展住宅建设的重要依据。

此外，为从住宅质量上反映居民居住条件，住房统计还要对住房建设结构，住房各项设施等进行考察。目前，我国城市住户调查中，主要从自来水使用、卫生设备、取暖设备、厨房使用及燃气使用等方面，来反映城市居民住宅质量。农民住宅质量，主要通过房屋结构反映。按钢筋混凝土结构、砖（石）木结构、窑洞、土坯墙房屋、竹草墙房屋等分别统计，反映农民住宅质量状况。

二、生活服务统计

居民生活服务，对促进居民生活水平提高，为居民生活提供方便，都有着密切的关系。

居民生活服务包括内容广泛，社会经济统计只就其生活服务的设施条件，提供服务总量等来反映生活服务对居民生活的满足状况。根据我国实际并结合国外考察内容，生活服务重点统计如下内容：

1.城市公用事业统计。城市公用事业主要包括对居民提供生活能源（如电、煤、气等）；自来水、公共交通、邮电通讯和园林建设等服务。其主要统计内容有：一定时期内供应居民的生活用电量、用煤气量、用煤量、用水量；拥有各种营运的公交车辆数及公交线长度、每万人拥有公交车辆数。一定时期内载运乘客人次数、平均每日乘客人次数和每万人乘坐公共交通车辆人次数；每万人口拥有电话机部数、每万人口拥有的邮电机构数、每万人口邮递员人数，以及城市绿化覆盖率等。

2.零售商业、饮食业和服务业统计。零售商业、饮食业和服务业（旅店、照相、理发浴室、洗染及修理等），它们都是直接为居民生活服务的。这些机构与人员的多少，分布是否合理、网点是否配套齐全，对于居民生活有着密切的关系。为考察它们在满足居民生活需要情况，以及为发展这些生活服务业提供资料，其主要统计内容有：各地区拥有的各类零售商业网点数（零售商业网点、饮食业网点、服务业网点）；在城镇计算每个行业网点所服务的居民人数或在农村计算每个行业网点服务的地域范围（多少平方公里/个），每个商业人员服务的居民人数等。

3.旅客运输业统计。旅客运输业是为居民提供客运服务。随着市场经济的发展繁荣，人民生活水平的提高，经济交往和休假旅游日益增加，人们对于旅客运输服务提出了更多的需要。为反映旅客运输业为居民提供的服务条件、服务量，其主要统计内容有：旅客运输线路长度（各种运输方式固定的营运客运的线路长度）、客运量、每万人口平均客运量、旅客周转量（人公里）等。

第三节　健康和卫生统计

居民生活水平还表现在健康水平上。卫生保健事业是改善人民生活，增强人民体质的重要条件。所以，居民生活统计还应考察人民的健康状况和卫生保健事业的发展水平。

一、居民健康统计

居民健康水平，受居民生活条件、社会保健卫生事业的发展水平以及社会经济和自然环境等多种因素影响。居民健康水平主要从以下一些方面进行统计与考察：

1.发病率。居民健康水平高，发病的机会就少，反之，发病的机会就多。所以，发病率是用于考察居民健康水平的一个重要依据。发病率是指在一定时期内发生疾病的人数与平均人口数之比的比率。由于实际发生疾病的人数难以统计到，在实践上则是按一定时期内发现的新病例统计。新病例指病人因患某一种疾病在该时期内第一次来医院就诊。如果患急性疾病经治疗病愈后，再次又患同样疾病，须按新病例计算。慢性疾病不论病人在报告期内来医院就诊几次，仍只按一个新病例统计。发病率有按全部新病例统计，也有按各种疾病的新病例分类统计。前者说明所有疾病的发病比率，后者说明某类疾病例如某类传染病的发病比率。这些都可以从不同角度，说明居民在该时期的健康水平，以及为卫生部门研究相应防治措施提供依据。

2.疾病率。它是指在一定时期内患病人数与平均人口数之比的比率。患病人数包括在该时期内新发生疾病和旧有疾病的患病人总数。在实践中，通常按各类疾病统计其患疾病率，如患肺结核病率、精神病率等。患病率是从人口的全部患病人数所占比率高低来说明居民的健康水平。

3.死亡率。它是指在一定时期内死亡人数与该期的平均人口数之比的比率。这是从死亡水平方面，综合反映居民健康状况。为更具体说明不同年龄的健康状况，可以统计不同年龄阶段的死亡率，如婴儿死亡率等。据统计，我国人口死亡率，1949年为20.0‰，1970年为7.6‰，1988年为6.6‰。婴儿死亡率，由1949年的200‰，下降到1981年的34.68‰。

由此可见，我国人民健康水平在建国后是逐步提高的。

4.平均预期寿命。它是说明在计算期社会经济条件下，一批人从出生到死亡平均可以存活的岁数。它与死亡率有着密切关系。死亡率低，平均预期寿命就高，反之，就低。死亡率是从反面说明人的生命长短，而人的平均预期寿命则从正面表示人的生命长短。我国解放前的1929年——1931年，人口平均预期寿命34.74岁，而1981年人口平均寿命已达67.88岁，1987年为69.1岁。这是我国解放几十年来，社会经济迅速发展，人民生活不断提高，卫生保健条件不断改善，从而使居民健康水平日益增进的结果。

5.生长发育水平。一定社会人群在某一时点上的生长发育水平，是反映居民健康状况又一客观依据。身高和体重是最重要、最常用的生长发育水平指标。一般通过一次性的生长发育调查获得生长发育资料，然后加以统计整理，得出所需要的生长发育水平指标。通常是调查儿童、青少年的平均身高、体重、胸围等，来反映其生长发育水平，用于静态分析或与历史资料作动态比较，借以评价该时期的生长发育状况，居民健康水平。

二、卫生统计

卫生事业的发展，对居民健康水平有直接的影响。所以，居民生活统计也需要研究卫生事业。卫生统计包括内容较多，这里仅就其主要的方面加以介绍。

1.卫生保健事业物质技术条件统计。卫生保健事业物质技术条件，是保障人民健康的基础。统计从其总量规模和相对水平两方面考察其对居民卫生保健需要的保证情况。

卫生保健事业物质技术条件的总量统计主要包括：卫生保健机构数，如医院、门诊所、卫生防疫站、妇幼保健所、疗养院等机构数、医院床位数；卫生保健技术人员数。它们反映卫生保健物质技术条件所拥有的总量规模。

卫生保健物质技术条件的相对水平，是将其总量规模与其服务的地域、人口相结合比较。计算相应的相对水平指标，以进一步表明其对居民保健的保证状况。其主要统计指标有：平均每一医疗机构所服务的居民人数（城镇计算较适用）或者平均每一医疗机构所服务的地域面积（农村计算较适用）；平均每万人口拥有的病人床位数，平均每万人口拥有的卫生技术人员数。

2. 环境卫生统计。环境卫生统计也包括较多的内容，通常主要的是对大气污染、水体污染、城市噪声等进行统计。因为这些方面，对于人民生活存在最为密切的关系。

大气污染。就城市大气污染现状调查的内容，常常包括对飘尘、二氧化硫、一氧化碳、氮氧化合物、碳氧化合物和臭氧等的统计与考察。其基本统计指标有两个：一次最高浓度和日平均最高浓度。

水体污染。就地面水污染调查，通常测定以下项目：水温、PH值、溶解氧、生化需要氧量和大肠菌群数等一般卫生学项目；以及汞、砷、酚及氰化物等有害物质项目。其基本统计指标为：一次最高浓度。它表明一次采样测定结果的最大值，其理论值一般以平均数加2倍标准差$(X+2\sigma)$来评价。

3. 城市噪声。噪声是一种特殊的环境污染，对于居民卫生保健有着重大的影响。它是环境卫生统计的一项重要内容。噪声统计对象主要是城市环境中市区交通干线旁的交通噪声，以及工矿企业生产过程机械设备运转过程发出的噪声。测定噪声的方法，通常用的是统计声级，即对不稳定噪声测定结果进行统计分析得出的声压级。

第四节　生活时间分配统计

人们的社会生活活动都离不开时间。人们的生活方式，居民生活水平和生活质量，决定着人们生活时间分配与利用。而科学合理地分配和利用生活时间，则会促进经济发展、社会生活方式进步和居民生活质量的提高。生活时间分配统计，描述生活时间分配与利用现状，为引导人们更好合理分配利用时间，为建设健康的高度文明的社会生活方式和提高居民生活质量服务。

一、人们生活时间分配统计分类

它是指把人们社会生活活动内容，按其一定标志划分为各个活动项目和类别。有了它，才可以把人们社会生活各项活动占用时间，分别归类，进而可以观察人们生活时间在各个活动项目和类别中的分配情况。

世界各国社会生活时间统计分类不完全相同。例如，波兰 1975 年至1976年采用的分类为 7 类47项。匈牙利 1976 年——1977年采用的分类为11类47项。日本1980年采用12类32项。我国若干城市近年来进行的生活时间分配调查，是参照联合国推荐的时间调查多国计划，分 4 类26项。其基本分类概要说明如下：

1. 工作时间。它也称为有收入的工作和生产活动时间。它是指人们为了获得在社会上生存、发展和享受的权利，必须向社会支付自己的时间，从事社会所需要的劳动。社会生产力发展，劳动生产率提高，工作时间减少，是社会进步的必然趋势。马克思说过："一个国家只有在劳动六小时而不是十二小时的时候，才是真正富裕的"。所以世界上一些经济比较发达的国家，已实行每周五天工作制，每周工作40小时而不是48小时。当然，这些国家不少从业人员还兼职其他工作，实际工作时间会超过每周40小时。可见，工作时间统计与分析，还应具体深入调查，不能按规定制度时间计算。

我国若干城市调查把工作时间具体划分四个组成项目：①生产准备时间；②实际生产、工作时间；③加班时间；④上下班路途时间。这里前三个项目也可合并为"生产、工作时间"一项。最后一项上下班路途时间，可以看作是工作时间的外延。它虽不是实际进行生产、工作活动，但还是属于生产、工作所必需的。

2. 个人生活必需时间。它是指人们为满足正常生理需要所占用的时间。具体便由下列四个项目：①睡眠时间；②用餐时间；③个人清洁卫生时间；④其他个人生活必需时间，如因伤、病就诊治疗时间。

工作时间对于社会创造财富，为社会生活提供条件，固然重要。但个人生活必需时间，是保证人们体力和智力恢复，一定要保障其基本需要。从世界各国历次生活时间调查来看，不论男女，有无职业或季节不同，个人生活必需时间一般平均在10至10.5小时左右，可变性不大。因此，社会对于个人生活必需时间，应给予足够重视。

3.家务劳动时间。它是指人们为满足家庭生活需要从事各项家庭劳务所花的时间。列入家务劳动时间的原则：一是以家庭成员需要为目的，那么满足非家庭成员如代亲友缝制衣服则不予列入；二是以满足家庭基本需要为限，至于更高层次的需要如养花鸟、教育子女等也不应列入。减少人们的家务劳动时间，相应增加个人自由支配时间，是社会进步和家庭生活美满的需要。社会经济的高度发达，人们的收入水平大大提高，家务劳动社会化，就会解决家务劳动时间占用过多、负担过重的问题。

4.自由支配时间。它是指人们为满足个人精神文化需要所占有的时间。或者说，它是指不是出于本人物质生活需要或生理需要，也不是个人对社会和他人承担责任而强制性所花费的那部分时间。随着社会经济发达和社会财富的增加，人们用于工作、家务的时间会相应减少，而归个人自由支配时间就会宽裕起来。所以说，个人自由支配时间的增加和内容的丰富，是社会发展的必然趋势。马克思预言，在共产主义社会，“财富的尺度决不是劳动时间，而是可以自由支配的时间”①。

自由支配时间，一般分为下列各个项目加以统计：①业余学习时间；②阅读书报杂志时间；③观看电视时间（不含电视教育节目）；④收听广播时间（不含广播教育节目）；⑤观看电影时间；⑥观赏文体节目表演时间；⑦游园、看展

①《马克思恩格斯全集》第46卷第225页。

览时间；⑧体育锻炼时间；⑨其他文化娱乐活动时间(养花、鸟、下棋、游艺活动等)；⑩教育子女时间；⑪社会活动时间；⑫公益活动时间；⑬其他自由支配时间(疗养、休息等)。

以上四类生活时间分配，其重点是观察自由支配时间的多少，自由支配时间内各项活动占用情况，从而分析研究自由支配时间利用的积极向上、抑或消极性倾向等问题。

二、生活时间分配的统计分析

社会生活时间的分配和利用统计分析，就是要揭示人们的社会生活方式及其改变过程，比较不同社区、国家群体人们之间生活方式差异及某些时间支配状况等。

1. 不同国家或不同社区人们不同生活方式的分析。它可以利用生活时间分配各个项目资料，加以对照来分析。现举下面几个国家资料予以说明：

由表11-10资料可见，美国 前苏联、秘鲁等七个国家，由

表11-10　1965—1966年国际生活时间调查下列国家男职工基本活动时间分配

单位：分钟

	美国	前苏联	法国	原联邦德国	匈牙利	波兰	秘鲁	平均
工作时间	565	506	583	600	593	563	558	568
家务劳动时间	72	113	73	54	102	91	49	79
个人需要时间	589	573	621	613	567	560	600	589
空闲时间	212	248	161	173	173	226	233	204

资料来源：《TOWARDS A SYSTEM OF SOCIAL AND DEMOGRAPH ICJAT ISTICS》第152页，联合国统计司1975年编辑出版。

于经济发展水平，社会服务条件等等原因，在社会生活方式方面表现出他们之间的差异。从这四个类别生活时间占用量的全距看：工作时间最多是原联邦德国达600分钟，最少前苏联是506分钟，全距为94分钟，为平均水平的16.5%。家务劳动时间，占用最多是前苏联（113分），占用最少是秘鲁(49分），全距为64分钟，为平均水平的81%。个人需要时间，占用最多是法国（621分），占用最少是波兰（560分），全距为61分钟，为平均水平的10.4%。空闲时间，占有最多是前苏联（248分），占有最少是法国（161分），全距为87分钟，为平均水平的42.6%。愈是经济发达，愈是家务劳动社会化，那么人们的家务劳动花费时间愈少，而用于自由支配时间也愈多。

2.同一个国家或社区，不同时期人们生活时间分配变化情况分析。随着社会生产力发展，社会文化服务体系完善，

表11-11　前苏联城市工人的生活时间分配情况

单位：小时

	男工		女工	
	1959年	1924年	1959年	1924年
生产工作时间	7.95	8.28	7.82	8.21
家庭事务时间	1.70	1.72	3.91	4.80
损失的时间	2.30	1.17	1.95	4.06
个人生活必需时间	8.66	9.29	7.90	8.10
个人可支配时间	3.39	3.54	2.42	1.83

资料来源：《TOWARDS A SYSTEM OF SOCIAL AND DEMOGI—2PH LCTATISTLCS》第52页，联合国统计司1975年编辑出版。

人们在生活时间分配方面必然会相应发生规律性变化。因此，利用社会生活时间分配统计资料，可以对一个国家或社区的生活时间分配在不同时期（如隔五年或五年以上）的变化，从而说明他们生活活动内容和特点的变化趋势。从前苏联城市工人1924年与1959年两个时期，其生活时间分配统计资料，我们加以观察：

由表11-11资料显示，1959年同1924年相比较，由于经济发展水平提高，前苏联城市工人生活时间分配变动趋势是：①生产工作时间普遍减少，每天男工减少近20分钟，女工减少23分钟多；②家务劳动占用时间减少，尤其女工负担家务显著减少（每日减少50多分钟），但家务劳动主要仍由女工负担（家务劳动占用时间如为男工的2.3倍）；③上下班路途和排队造成的损失时间，普遍增加近一倍；④用于个人生活的睡眠、用餐等时间略有减少；⑤自由支配时间，男工减少九分钟（这是由于损失时间占去过多造成），女工增加了35分钟，增加较多（主要来自家务劳动的减少），但总的自由支配时间男工还是比女工占有多一小时。

3.某项时间支配专题分析。它是指专门对某一项或某一类时间支配的内容、变化趋势，与其他项目或类别时间支配关系，与社会文化设施联系，进行深入分析。例如，专门对人们乘坐公共交通工具时间及其变化分析；专门对人们睡眠时间进行分析等等。下面利用日本居民看电视活动时间资料，加以说明：

由表11-12分析资料可知，七十年代初、七十年代中期和八十年代初三个时期，日本居民每日平均观看电视时间的

表11-12　　1970、1975、1980年日本居民看电视时间及其看电视时间长短不同人数比重

		平均看电视时间（小时：分钟）	看电视时间长短不同的人数比重（%）				
			0小时	2小时以上	2—4小时	4—6小时	6小时以上
平日	1970年	3:05	6	31	37	18	9
	1975年	3:19	4	19	38	18	11
	1980年	3:17	5	31	37	18	11
星期日	1970年	3:16	6	21	34	23	16
	1975年	4:11	4	18	31	25	21
	1980年	4:05	4	20	32	24	20

资料来源：《日本人的生活时间。1980》第94页，日本广播协会1982年编辑出版。

发展变化情形，以及每日看电视时间长短不同的人数构成分布特点及其变化。此外，对居民看电视活动时间，还可进一步按其职业、年龄等分组进行分析。这可以知道，不同职业、年龄的人们，其看电视活动所化费的时间数是不一样的。电视观看所化时间，还要与其他自由支配时间结合起来进行分析。

4.不同社会群体人们生活时间分配差异分析．不同社会群体类别是指，这些群体由于社会地位不同，或经济生活、社会文化生活内容不同，影响他们的生活方式和生活时间分配和利用。因此，为了解决不同社会群体的不同生活方式和生活时间分配利用特点，就有必要分别不同社会群体进行分析．最主要的不同类型社会群体类别有：职业类别、年龄类别、性别等。例如，从职业类别看，工人、机关干部、教师

等，从年龄类别看有少年、中年和老年等。他们之间在生活时间分配和利用方面，显然有不同的特点，应分别深入探讨才能获得出具体结果。

因为人们生活时间分配，具有高度综合性和反映社会生活方式的性质，受社会文化、教育、卫生、劳动、消费、公共服务、社会参与等多方面的影响。所以，上述几个方面分析或其他项目分析，也应与上述各项事业、经济发展等相联系起来，才能获得全面认识。

第十一章　教育、科研和文化体育事业统计

第一节　教育统计

教育事业的发展，关系到民族振兴、经济发展和社会进步的大事。教育统计是发展教育事业，加强教育管理的重要工具之一。通过对我国教育事业的现状及其发展变化的统计与分析，为制定教育方针、政策和进行教育管理提供科学依据。

一、教育机构数量及其构成统计

教育机构是指从事各级各类教育的组织的总称。教育机构把教学活动需要的人、财、物组织起来，按一定的教学目标进行教学活动。它是发展教育事业的必备物质基础。所以，教育机构的总数及各级各类教育机构的数量及其构成，是一个国家教育事业发展规模，教育体系建设的重要标志。

教育机构总数，指一个国家在某一时点上所有各级各类教育组织机构的总和。它表明该时期为止，这个国家教育机构建设所达到的总规模，总水平。为了进一步认识各级各类教育机构建设分别达到的规模、水平，各级各类教育机构在全部教育机构中所占地位，还要对教育机构作分类分级进行统计与计算分析。各级各类教育机构的具体统计分类有：

1. 儿童学前教育机构。对婴幼儿进行智能开发教育，是

教育体系的最初一级。进行儿童早期教育有利于儿童今后的发展成长，所以我国已将幼儿教育列为国民教育的重要一环。全国幼儿园，已从1981年的13万余所，发展到1991年的16万余所。说明我国儿童学前教育机构有着相当发展规模。

儿童学前教育机构数的统计，可以按两种口径分别核算。广义口径包括托儿所和幼儿园全部机构数目，狭义口径则仅指幼儿园机构数目。

2. 初等教育机构。它是对学龄儿童实施初等教育的学校。它包括全日制、半日制和巡回制等形式普通小学。初等普通教育机构对学龄儿童进行普及文化知识的基础教育，对儿童身心全面发展和以后继续受高一级教育成长，都有重要作用。

3. 中等普通教育机构。它是对学生实施全面的、普通的文化知识教育的学校。它包括初级中学和高级中学两个阶段各个普通中学学校。我国已将初等教育连同初级中学教育列为九年制普及义务教育，以保证我国全民族科学文化水平的不断提高。

4. 中等职业教育机构。它包括实施各种中级专业技术教育、培养中等专业技术人才和有一定职业技能的熟练劳动者的各类中等技术学校、职业学校和中等师范学校。中等职业教育机构担负着为各行各业培养、输送具备中等专业技术的或有一定职业技能的劳动者，对于适应当今科学技术日新月异，生产技术设备不断更新，进行现代化经济建设的需要是有着重要的作用。

5. 高等教育机构。它是指对学生实施高等教育、培养高级专门人才的学校。它包括大学、专门学院和高等专科学校。高等教育机构担负着为国家培养具有较高理论水平、专业知识面广德智体全面发展的社会主义高级建设人才。它在整个教育体系中具有决定性的作用。

6.成人教育机构。它是指以脱产、半脱产或业余时间学习的形式，对成年人进行不同程度教育的学校。成人教育机构担负着对成人进行初等、中等文化教育或职业技术教育、高等教育、进行知识更新和提高等教育任务。成人教育可以不断提高劳动者的业务技术水平和思想政治、文化教育水平，并丰富人们的精神生活，而且朝着“终身教育”的途径发展，在整个教育体系中占有一定的地位。

7.其它教育机构。它是指除了上述各级各类教育机构以外的一些特殊教育机构。它包括工读学校和盲聋哑学校等。工读学校是对有轻微违法、犯罪行为的中学生进行教育改造的学校。

教育机构的构成是指各级教育程度的构成、各种类型普通教育、专门教育的构成和各种专业性质教育的构成，以及地区构成等。教育机构的构成状况，是一个国家在一定历史条件下的产物，体现教育事业的一定的发展阶段和水平。教育机构的构成必须与社会发展相适应而不断加以调整与改革。

教育机构的构成主要统计与考察如下的内容：教育机构的地区结构（地区上的分布状况）。专业类型结构（各类学科、专业门类之间的比重）、各类办学形式结构（如高等教育机构的电视大学、普通高校、职工大学等办学形式的比例结构）等，相应分析教育机构建设在地区上的合理分布，满足各地发展教育事业需要；分析各专业类型教育机构的比重与国民经济发展需是是否相适应，研究各种办学形式在整体中所占比重，是否发挥各方面办学的积极性，以发展多种办学形式。

二、教师数量和素质构成统计

教师是学校进行教学活动的主体。发展和繁荣我国教育事业必须拥有一定数量和质量的教师队伍。所以，教师队伍的数量和质量构成，是教育统计的重要内容。

教师人数统计。教师数量，一般以某一期末时点拥有数加以反映，表明该时期末教师人数达到的总规模。教师按其从事教学工作岗位的稳定性不同，教师总量统计分为两种口径：一是专任教师总量。专任教师是指属学校的专职从事教学工作的人员。它反映有固定编制的教师总人数。教师数量统计一般以专任教师为统计对象。二是教师总量包括专任教师、兼职教师和代课教师的总和。它反映某时点上实际从事教学工作的人数。

教师素质构成统计。在反映教师素质有关标志分组基础上，对教师作一系列素质构成统计，便可分析一定时点拥有教师队伍的素质状况。从动态构成资料，就可观察教师素质不断提高过程。在统计实践中，一般选择下列分组标志来考察教师队伍的素质状况：第一，教师的职称构成。即不同职称教师占全体教师比重。其中较高职称比重愈大，说明教师队伍的素质状况愈好。或其中高、中、初级职称比重相互衔接合理，对教师队伍建设健康发展有利。第二，教师的学历构成。即不同学历的教师各占全体教师比重。从较高学历占的比重多少，来判断教师队伍素质的高低。第三，教师年龄构成。即不同年龄组教师占全体教师的比重。教师队伍年龄构成，应该老、中、青年龄组各占比重恰当，保持梯队结构，形成后备力量充足，师资队伍后继有人。

三、学生人数和素质构成统计

学生人数即在校学生人数，是直接反映教育事业发展规模的重要指标，也是国家制定人才培养规划，安排就业的重要依据。学生人数通常以各级、各类学校期末（学年末）实有在校学生表示。学生在校人数，不仅有总数人数，而且还应有各级、各类教育阶段的学生人数，以分别说明各级教育事业发展规模，可供规划和协调发展整个教育事业作依据。

为了考察各级学校的教学质量，对学生还应进行素质构成统计。即从能反映学生素质的有关标志分组，计算其占全体学生的比重，来评价其整体素质状况及变动趋势。一般有下列一些学生素质构成统计内容：首先，反映在校学生素质状况构成有政治进步率，如学生中党、团员所占比重，三好学生比重等，考试成绩优良率、合格率，升级率等。其次，反映毕业生素质状况构成有学生毕业率、学位获取率、毕业生升学率等。

四、教育经费统计

教育经费。这些经费是被用于提高人们智力和技能、文化素养，所以又称教育投资。教育经费统计就是反映在一定时期内国家或地区的教育经费使用总规模，使用去向构成和相对水平等。它是从经费支出来说明国家或地区教育事业发展的规模和水平。教育经费统计主要内容有教育经费总量，教育经费占国民生产总值比重，人均教育经费等。

1.教育经费总额。它是指在一定时期内（通常按年度计算），国家或地区的教育事业经费支出总额。从内容来看，我国教育事业经费总额包括教育事业一般性经常支出费用和用于教育事业机构的固定资产投资额。从资金来源看有政府财政拨款、业务主管部门和企业负担、学校学费收入、社会赞助等。教育经费最主要部分来自政府财政拨款，所以其总额就以财政支出项目中的教育事业费支出总额进行观察。现以我国教育事业经费支出为例，若干历史年份总额变化如下表：

表11-4 若干历史年份我国教育事业经费支出情况

单位：亿元

项目＼年份	1952	1960	1970	1980	1985	1988
教育事业费支出总额	8.95	31.78	27.56	94.18	184.16	278.75

资料来源：《中国统计年鉴1987》第630页，《中国统计年鉴1992》第233页。

由表11－4可见，国家用于教育事业经费支出总额，在各个历史年份，除1970年“文化大革命”年代下降外，都呈迅速上升趋势。当然，为更确切动态对比，还应设法按可比价格计算才好，但是目前还没有相应的教育经费价格指数可供利用。

2.教育经费支出比重。教育经费总额大小，受一个国家或地区的国民经济发展水平、及社会对发展教育事业重视程度有关。因此，要对不同国家、或同一个国家不同年份比较其教育事业经费支出水平的高低，就不能从总量来衡量，而应结合其国民经济发展水平，用教育经费支出与国民生产总值比重，占财政支出比重等相对水平指标进行比较。这两相对指标的计算式为：

$$\text{教育经费支出与国民生产总值的比重}=\frac{\text{某年份教育经费支出总额}}{\text{同期国民生产总值}}\times 100\%$$

$$\text{教育经费支出占财政支出总额的比重}=\frac{\text{某年份教育经费支出总额}}{\text{同期财政支出总额}}\times 100\%$$

现以若干个国家的资料，对其教育经费支出与国民生产总值比率，占财政支出总额比重作比较：

表11-5　美、英、前苏联、日本、印度、中国教育经费支出比率情况

国别	年份	教育经费支出总额	与国民生产总值的比率(%)	占财政支出总额的比重(%)
美　国	1977	1207亿美元	6.40	17.70
英　国	1976	78.49亿英磅	6.20	14.30
前苏联	1978	313.05亿卢布	7.40	12.00
日　本	1977	10.33亿兆日元	5.40	16.50
印　度	1977	255.48亿卢比	2.90	9.90
中　国	1978	65.6亿元人民币	1.83	5.90

资料来源：《百科全书》1982年第12期第7页，中国大百科全书出版社出版。我国资料根据《中国统计年鉴1991》数据计算。

由表11-5可见，一些经济发达国家，其教育经费支出一般占国民生产总值的5—7%，占财政支出的12—18%。我

国近几年来已重视教育事业的发展。教育经费支出总额占国民生产总值比重由1978年的1.83%提高到1988年的1.99%；占财政支出比重由1978年的5.90%提高到1988年的10.30%。但对比世界发达国家，还是有很大差距，比发展中的资本主义国家印度还低。这里也充分说明，教育经费支出总额所占的比重高低，受到各个国家经济发展水平的制约。经济发展水平高的国家，国民生产成果除了满足其他方面必需支出外，还有更多份额可用于教育事业经费支出，相反，就只有比较少的份额被用于教育事业经费支出。这还可从下面资料得到具体说明：

表11-6　　1980年55个国家教育经费支出比率分组分析

人均国民生产总值（美元/人）	国家数（个）	教育经费支出总额占国民生产总值比率（%）
100～250	6	2.80
251～500	8	3.46
501～1000	5	3.58
1001～2000	6	4.25
2001～5000	9	4.47
5001～10000	6	4.85
10000以上	5	6.10

资料来源：《教育研究》1985年第8期第38页，教育科学出版社出版。

3.在校生人均教育费用支出额。它是指年平均每一学生的国家教育经费支出额。它是将一年的教育经费支出总额除以该年平均在校学生数求得。即：

$$人均教育经费支出额=\frac{报告年教育经费支出总额}{同期平均在校学生人数}$$

人均教育经费支出额，可按全部在校学生人数计算，也可分别按各级各类（大学、中专、中学和小学）在校学生人数计算。同教育经费支出总额一样，在动态对比时，各年在校人均教育经费支出额，也应设法按可比价格计算才对。

在校生人均教育经费支出额，表明教育经费满足现有教育规模费用支出的充裕状况。显然，该指标同教育经费支出总额的意义是不相同的。教育经费支出总额，是从资金拨付角度，反映教育事业发展规模。教育经费支出总额的多少，既受教育规模大小的影响，又受经费使用充裕程度（在校生人均教育经费支用额）的影响。

五、教育普及程度统计

要建设现代化社会主义国家，发展物质文明和精神文明，普及教育和提高全民族文化教育素质是绝对必需的。用于说明教育普及程度的主要指标有：

1.入学率。它通常是指幼儿园率和学龄儿童入学率。幼儿入园率是以某一学年开学初，实际入园的幼儿人数与全部适龄幼儿人数的比率。它说明对幼儿教育，开发智力的普及程度。学龄儿童入学率是以某学年开学初，已进入小学学习的学龄儿童占全部学龄儿童人数的比率。它是反映国家或某一地区，初等教育普及程度的重要指标。

为了反映提高全民族人口的文化教育素质的普及程度，也常统计中等和高等教育阶段的入学率。

一个国家的入学率，既是教育普及程度的反映，又是与其经济发展水平密切相关。有人曾用世界上经济发展水平不同的45个国家的资料，作出如下的分组分析：

表11-7　1980年45个一千万人口以上的国家，入学率与经济发展水平之间关系

人均国民生产总值（美元/人）	国家数	初等教育入学率(%)	中等教育入学率(%)	高等教育入学率(%)
100～250	6	62.2	17.3	3.6
251～500	8	66.6	21.3	1.7
501～1000	5	88.4	42.4	14.0
1001～2000	6	102.3	41.5	6.3
2001～5000	9	105.1	62.9	16.1
5001～10000	6	103.3	75.5	23.7
10000以上	5	109.2	83.2	24.2

资料来源：《教育研究》1985年第8期第37页，教育科学出版社出版。

表11-7　资料充分说明，越是经济发展水平高的国家，各级入学率也越高。当然，同是在相应的经济发展水平上，国家重视教育发展，在经费、动员宣传上出力，人民对接受文化教育的欲望强，其入学率也会相应提高。

2.平均每单位人口中各级在校学生数。它是指某时期各级在校学生人数与同期平均人口数相比，以单位人口数（如万人）中各级学生人数表示。即：

$$\frac{\text{平均每万人口中}}{\text{某类在校学生数}} \quad = \frac{\text{报告期某级在校学生人数}}{\text{同期平均人口数}} \times 10000$$

一个国家或地区的各级在校学生人数愈多，说明其文化教育的普及程度愈高。高等学校在校学生人数在每万人口数中愈多，说明其高等教育的普及程度愈高。这个指标被常常用于不同国家或不同地区之间、同一国家或地区的不同时期，比较其全民族高等教育普及程度及其变化趋势。例如，以平均每千人口中的在校大学生人数，比较各国高等教育普及程度的差别状况：

表11-8　中、日、美、法、德、前苏联等国家平均每千人在校大学生人数

国　别	年　份	平均每千人在校大学生人数（人）
日　本	1980	18.20
美　国	1978	44.90
法　国	1977	20.70
原联邦德国	1978	14.50
原苏联	1978	19.60
中　国	1980	1.16
中　国	1986	1.78

资料来源：《外国教育》1982年第2期第48页；《中国统计年鉴1987》第765页

由表11-8资料可见，世界经济发达国家高等教育的普及程度是很高的。其中数美国、德国、原苏联三个国家为最高，其次为日本、原联邦德国。中国则远低于上列国家。

再如，以我国有关不同历史年份平均每万人口在校学生人数比较，可看出我国教育普及程度的变化趋势：

表11-9　若干历史年份我国平均每万人口中在校学生数

单位：人

年　份	1952	1965	1978	1985	1986	1991
各级学校在校学生人数	947	1809	2218	1760	1739	1519
大学生在校学生人数	3.3	9.3	8.9	16.1	17.5	1.76

资料来源：《中国统计年鉴1992》第718页

表11-9资料可见，1952年为建国初期，平均每万人口中的各级学校在校学生数均很少，后来逐步增加，到1965年文化大革命前便达到一个新的水平。1978年文化大革命结束后两年，各级学校在校学生数已超过“文革”前的水平，大学生在校学生数接近“文革”前水平。1985及1986年，平均每万人口中各级学校学生人数反而比1978年减少了。其原因是人民对知识重视程度有所削弱、普及义务教育贯彻不够等。

至于就业人口中受教育程度的构成，也是反映一定时期一个国家或地区教育普及程度一个重要方面。一般接受教育程度分组，如中专、大专、大学等。各组教育程度就业人口占全体就业人口的比率，可说明该时期该地区的教育普及程度。同样，也可用于不同国家或不同地区比较，说明他们之间的差距，也可用于同一国家或同一地区不同时期比较，以观察历年来劳动就业人口受教育普及程度的发展变化趋势。

第二节　科学研究统计

科学研究是为了增加人类文化和社会的知识，并利用这些知识去发明新的用途，所从事系统的创造性工作。它对于人类文明进步，社会生产力发展，具有极其重要意义。社会经济统计应该研究科学研究事业发展规模及其变化规律性，为发展科学研究事业服务。

一、科学研究事业发展规模及其构成统计

它主要是从组织进行科学研究活动的机构数量及其不同类别构成，从科学研究工作人员数及其不同类别构成等方面

加以反映。

1.科学研究机构总量。科学研究机构是指从事各种科学研究活动的组织的总称。如研究院、研究所等组织。为使统一统计口径，我国在实践上还进一步具体规定作为科学研究机构的条件有：得到中央或地方科学技术领导和管理部门的承认；在管理和决策方面具有一定的自主权；置于专门负责人领导之下；具有专门的科学研究计划；能获得专门的财物资源；必须有一定数量和质量的科研人员。

联合国教科文组织规定，科研机构是指那些长期地、有组织地从事科研活动的机构。

科学研究机构总量，就是指在某一时点上一个国家或地区所拥有的许多从事科学研究活动的组织的总和。它反映一个国家或一个地区在某一时点上科学研究机构建设达到的总规模。用它在国家间或地区间比较，则说明它们之间在建设科学研究机构数量规模上的差距；如果用在同一个国家或地区在时间上作动态比较，则可以说明科学研究机构建设在不同时间上的发展趋势。

2.科学研究机构的构成。它是指为研究分析需要，根据一定标志将各科学研究机构进行分组，各组机构数占机构总量中的比重。目前分类标志也很多，如按组织机构独立性分为独立科研机构和非独立科研机构；按国民经济领域范围分为企业、国家、非营利性私人组织、高等学校和国外等领域；按隶属关系分为国务院部属、中科院直属、省(市、区)科委直属、及地区直属等；还有按学科、产品、行业等标志划分。每一种划分，都是从某一个方面去观察和分析现有科研机构的构成状况、特点，为调查机构合理配合，发挥机构整体优势提供客观依据。

3.科学研究人员人数及其构成统计，科学研究人员。它是指直接从事科学研究活动的全体人员。它包括从事研究、试验性、发展活动的管理人员、行政人员和直接为研究、发展活动服务的人员。在实际科研活动中，有些科研人员用全部工作时间从事科研工作，有些则只抽出一部分工作时间从事科研活动。由此，科研人员人数统计，采用两种计算口径：首先，按“人”计算科研人员总数。它即指直接从事科研活动的全体人员数。它反映一定时点上一个国家或地区拥有科研人员的总规模。其次，按“全员工作时间当量”计算的科研人员总数。在实践上又分为三个指标：全时人员、非全时人数和非全时折合全时人数。全时人数是指从事科研工作时间，占本人全部工作时间70%以上的人员数。非全时人数是指从事科研工作时间，占本人全部工作时间的10%—70%的人员数。非全时人数折合全时人数是指由非全时人员从事科研时间的百分比数累计，按70%为一个全时人数折算的全时人员数。

各个国家或各个地区的人口数有多有少，科研人员总量，并不直接表明国家间、地区间从事科研人员投入的充裕程度。为此，一般还应结合各个国家或地区的人口规模，计算平均每万名劳动人口中拥有科研人员数。即：

$$\frac{\text{平均每万名劳动人口}}{\text{中拥有科研人员数}}=\frac{\text{计算期末科研人员数}}{\text{同期末劳动人口数}}\times 10000$$

这个指标便直接表示一定时期这个国家或地区，在科研事业上投入或者说拥有的人员力量的相对水平。

4.科学研究人员构成。它是指按一定标志分组后，各组科研人员数占全部科研人员总数的比重。从其不同目的不同标志分组构成，可以观察科研人员总体的基本特征、素质特征、内部各组构成之间协调状况等。是研究科研人员队伍建设所不可缺少的资料。我们常用的科研人员构成，有下列几种划分：第一，按科研人员职称划分。目前我国按职称划分为高级职称、中级职称和初级职称。这个分组构成统计，主要用以观察科研队伍研究素质整体水平。高中级职称所占比重愈多，其科研人员素质水平也愈高。但从高、中、初级科研人员的合理结构及研究人员梯队建设，后备研究人员吸纳培养，高、中级职称占科研人员比重，与初级职称占科研人员比重之间，也应有恰当比例。不是高级的、中级的愈多愈好。1987年我国自然科学研究机构科技人员构成如下：高级技术职称占2.16%；中级技术职称占15.97%；初级技术职称占43.39%。未评技术职称占37.94%。由此可见，那时高级职称比重很小，中级职称比重也小，科研人员整体素质还较低。这就有待培养更多的高、中级科研人才，加强科研队伍研究素质的建设。第二，按科研人员的文化程度划分。如按博士、硕士、研究生、学士、大专、中专及其它等划分。这种划分是观察科研人员的学历构成，以反映进入科研队伍人员文化素质整体水平的高低。第三，按科研人员从事研究的科学学科划分。如划分为自然科学、工程科学与技术、医学科学、农业科学等等。这种学科构成划分，有助于观察各学科间人员分配比重，与社会发展各学科的需要程度是否协调一致，作为更好配备各学科队伍人员数量作参考。第四，按科研人员年龄划分。如按各年龄阶段划分成青年、中青年、壮年、中老年、老年等年龄组，观察科研人员在各年龄组的比重。它对于分析科研队伍年龄类型为年轻型、壮年型还是老年型，各年龄梯队结构，科研人员后继有人等问题，都有十分重要价值。

二、科学研究经费统计

科学研究经费又称科学研究事业费支出，是指全社会各类科研机构所支出的费用。科学研究经费统计的主要内容包括科研经费总量，构成、经费支出的相对水平等。

1.科研经费总量。它是指在一定时期内，全社会所有科学研究机构所支出费用的总额。它反映在该时期内，一个国家或地区在科学研究事业上的资金投入总规模。在现代化科学研究领域，需要耗费许多资金用于添置科学实验设备、建设实验室、耗用科研材料试剂以及科研人员的日常开支，才能保证科学研究事业顺利发展。所以，观察与分析科学研究事业发展，也一定要考虑科研经费总量提供的多少，增长的快慢等问题。

2.科研经费支出相对水平。它是将科研经费支出总额与其相应的人口数、国民收入额相比求得的比率，来反映经费投入相对水平的高低，从而使不同国家之间、同一国家不同时期的科学研究经费支出差距变化更具有可比性。

年人均科学研究经费。它是年科研经费支出总额与年平均人口数的比值。其计算公式为：

$$\text{年人均科学研究经费}=\frac{\text{计算年份科研经费总额}}{\text{同期年平均人口数}}$$

这个指标值愈大，则表明科研经费投入愈充裕。我国若干年份年人均科研经费状况是：1953年为0.05元/人，1965年为2.83元/人，1970年为3.18元/人，1980年为5.46/人，1985年为8.20元/人，1988年为8.44元/人①。这几个历史年份说明年人均科研经费是不断增长的。当然扣除价格上涨因素，年人均科研经费增长稍为小一些。其人均水平与其他发达国家相比，还是很不充裕的。

科研经费支出占国民收入的比重。它被用来表明一定时期创造的国民收入，有多大份额被用于科研的投入。这个比率愈大，则说明其经费来源的相对水平愈高。它用于国际对比或同一国家在不同时期上对比时，可分析各国科研经费拨付的差异，或一个国家不同时期科研经费拨付的变化趋势。

3.科研经费支出构成。它是指各种类别的科研经费占科研经费支出总额的比重。它可以观察与分析科研经费使用的基本特征，或使用重点。

科研事业经费比重。科研经费按其开支用途不同，可以分为科研事业经费和科研部门的固定资产投资。前者是指科学研究工作中的一般性经常支出。如工资、福利、公务费、业务费等。它是保证现有科研机构和人员进行日常科研活动的资金来源。后者是为增加科研用固定资产的投资。科研事业经费所占科研经费支出总额比重，在于分析与研究科研事业经费与科研固定资产投资，两者使用比率是否合理。科研事业经费比率，不能小于现有科研活动的需要。

---

①资料来源：《中国社会统计资料1990》第206页及《中国统计年鉴——1992》第77、223页。

基础研究、应用研究及技术开发的经费各占比重。由于上述三项科研在科学技术进步中的地位、作用不同；所以对于各个国家、或不同部门、不同地区以及科学研究事业处于不同发展阶段，对它们开发研究的重点不同，因而经费投入安排也有所区别。因此，分别观察与分析这三项经费各占比重，来反映该时期这个国家或地区科学研究开发重点领域，是有作用的。

科研经费支出中的各个学科、各个国民经济产业部门的科研经费所占比重。各个学科、各个产业部门的科研机构、人员规模不同，在整个科研整体的地位不同，因此，在经费投入方面也应有相应的区别。各个学科、各产业部门科研经费比重统计，就是用于反映和分析这方面的问题。

三、科研成果、科研经济效益统计

科研成果数量及其应用取得的社会经济效益，是科学研究活动的结果，是考核评价科研活动取得社会——经济价值的重要内容。

1.科研成果数量。凡是经过科学技术鉴定或同行评议，或得到其他方式的社会公认，认为符合科研成果条件，并附有评价、鉴定材料，或实际试用报告等资料的科学工作成果，均作为科研成果。科研成果数量，就是在一定时期内，科研活动所完成的科研成果项数的总量。它反映科研活动成果的总规模。

2.科研成果的分类构成。为了进一步反映科研取得成果的质量水平、等级及成果的推广方式，还应对成果作如下分类，观察各类成果在成果总量中所占比重。

按科研成果的水平分为国际水平、国内先进水平和填补国内空白等；

按科研成果的重要性分为重大、较大、一般和较小等；

按科研成果的奖励等级分为国家创造发明奖、全国重大科技成果奖、地方重大科技成果奖和国务院各部门成果奖等；

按科研成果推广应用分式分为技术转让、承接研究项目、技术服务咨询和引进技术消化吸收等。

3.科研成果经济效益。它可以指科研成果取得效益与这些成果所消耗的劳动的对比，或者指科研成果推广应用后取得的社会——经济效益。

科研成果取得的效益与这些科研成果所消耗的劳动对比的评价指标有科研成果的劳动消耗经济效果和科研成果的劳动消耗经济收益额。用计算公式表示有：

$$\text{科研成果劳动消耗的经济效果}=\frac{\text{科研成果的经济收益}}{\text{科研成果的劳动消耗}}$$

$$\text{科研成果劳动消耗的经济收益额}=\text{科研成果的经济收益}-\text{科研成果的劳动消耗}$$

式中，科研成果的劳动消耗，是指完成科研成果所耗费的全部活劳动和物化劳动消耗，即科研总成本（总投入）费用总额。

科研成果推广应用后取得的社会——经济效益，可以通过各个社会——经济得益指标加以反映。如由于科研成果的推广应用，使产品品种增加，废品损失减少，物质消耗节约、劳动生产率提高，利润、税收增加环境保护、社会治安秩序良好等等所取得收益金额和社会效益。

第三节　文化与体育统计

文化与体育已经成为我国人民生活一个重要内容，也是我国社会主义精神文明和物质文明建设的组成部分。社会经济统计应该研究文化与体育事业状况及其发展趋势，为发展文化体育事业服务。

一、文化体育活动条件统计

文化体育活动条件，是指为居民开展文化体育活动服务的文化体育事业机构、活动场所和文体事业人员。

1.文体事业机构数。它是专门从事文化体育事业的组织机构的数量。它的多少，反映文体事业组织机构建设的总规模。从分类构成及其地域分布，可以观察各地区对于满足居民开展多种多样文体活动的服务组织机构是否健全充分。

符合以下三项条件的文体事业机构，予以统计：有固定事业业务活动场所、有固定工作人员和经济上实行独立核算。文体事业机构数，一般按其开展的业务类别进行逐类统计，反映各类文体事业机构的建设发展规模及其对居民进行文体服务的满足情况。目前，主要按下列业务类别进行统计：电影事业、电视与广播事业，艺术事业、出版事业、文物事业、公共图书馆、群众文化事业、体育事业等。

2.文体事业人员数。它是从事文化、体育工作的人员总数。它从人力上，反映文化、体育事业的发展规模、水平。为观察从事不同类别的文化、体育工作人数，还常常按其具体内容分类统计。如导演、演员、歌唱、器乐演奏、美术雕塑、作家、作曲家、图书管理等人员数、体育教练员、裁判员、专业运动员以及其他从事文体事业的工作人员。

3．文体活动场所统计。文体活动场所是可供人民群众进行文化体育活动的地方、活动设施。如影剧院、艺术表演场所、书店、博物馆、图书馆、文化馆（站）、各种体育场地设施等．文体活动场所数量及按某类某一设施场所计算的平均居民人口数，可以说明文体设施的总规模和人民对文体活动需要的满足状况。

二、居民文化生活、体育活动状况统计

居民文化生活、体育活动状况，就是指在一定时期内，一个国家或地区全体居民所享有、参与各项文化、体育活动的数量．它可以反映居民享受文化生活、参与体育活动的总规模。如按人均活动数量统计，则可以反映文化生活的水平、体育活动的普及程度。居民文化体育活动状况，按内容分类统计有：

1．电影活动状况。常用指标有：电影放映场次。指在一定时期内（通常按年统计）电影放映单位，放映电影的场次总数。它从放映单位反映电影活动开展状况。电影观众人次数。它是指在一定时期内（按年统计）实际放映场次的观众人数总和．电影观众人次数，反映居民观看电影的总规模，以及电影艺术受到人们喜爱的情况。年人均观看电影次数。它表明在一年内，一个国家或地区的全体居民平均每人观看电影的次数。计算式为：

$$\text{年人均观看电影次数}=\frac{\text{全年电影观众人次数}}{\text{年平均人口数}}$$

这个指标不会受居民人口数多少的影响，因而常被用来比较不同国家、地区在同一时期，或同一国家、地区在不同时期，居民观看电影活动次数的差距或增减变化情况。

2. 艺术活动状况。它通常也以下列相应指标加以反映：

艺术表演团体演出场次。它是指在一定时期内（一年）所有艺术团体演出场次的总和。它反映一个国家或地区，在这个时期内所有艺术表演团体从事艺术表演活动的总量。

艺术团体演出观众人次数。它是指在一定时期内(一年)艺术团体实际演出场次观众人数的总和。它反映居民观看艺术团体表演活动总量，以及这些艺术表演所受到人们喜爱情况。

年人均观看艺术表演次数。它表明在一定时期（一年）内，一个国家或地区的全体居民平均每人观看艺术表演的次数。计算公式为：

$$\text{年人均观察艺术表现次数}=\frac{\text{全年艺术团体演出观众人次数}}{\text{年平均人口数}}$$

这个指标常用以比较不同国家、地区同一时期，或同一国家、地区在不同时期居民观看艺术表演活动差距或增减变化情况。

3. 电视与广播活动。它的主要指标有：广播与电视节目每日播音、播放时间及各类节目（如新闻、文化、专题、教育、体育等）占用时间。这些指标可反映广播与电视的规模及各类内容的数量和构成。居民收听、收视人数、收听、收视率。这些指标既反映居民参与广播、电视活动的人数，以及参与比率，又说明人们闲暇时间充裕情况，及人们对电视、广播的喜爱等状况。

4.书刊出版状况。书刊包括图书、杂志和报刊。书刊出版状况，是一个国家文化教育事业发展水平重要标志，也是反映居民文化生活的重要内容。它主要统计图书出版种数和印张数。图书出版的种数包括再版和新版的全部图书出版种数。图书的印张数，是指每本图书用纸的张数。图书出版种数多少，反映出版图书种类规模。每本图书印张数，则反映该书字数多少，印刷工作量大小等。杂志出版种类和印张数。它是说明杂志出版种数总规模和每本杂志用纸的多少，字数的多寡与印刷出版工作量多少等。报纸出版种数和发行印张数。它们分别说明，一个国家或地区，出版报纸的种数有多少，其发行印张数量有多少等。人均占有图书杂志或报纸数量。它是说明书刊出版对居民的普及程度。它可用于不同空间和不同时期的对比分析。计算公式为：

$$\frac{\text{年平均每个居民}}{\text{占有图书出版册数}} = \frac{\text{年图书出版册数}}{\text{年平均人口数}} \times 1000$$

$$\frac{\text{年平均每个居民}}{\text{占有报纸(杂志)份数}} = \frac{\text{年报纸(杂志)发行份数}}{\text{年平均人口数}} \times 1000$$

式中分母，为避免婴幼儿人口比重的影响，一般以12岁以上具有阅读能力的平均人口数计算。

5.图书馆活动。它主要由读者借阅图书册数和人次数来反映。

6.博物馆活动。它通常以举办陈列馆、展览会个数或次数，参观人次数，年人均参观次数等指标来反映居民参与博物馆活动的情况。

7.群众文化活动。它主要以举办各种展览会（博物馆性质展览会不计入）次数、举办各种讲座、报告会次数和群众文化生活有关训练班结业人数来反映。

8.体育活动。它主要以各类体育运动队（组）数，参加体育运动或体育锻炼人数及各项体育运动取得的成绩等指标来反映。

反映居民文化、体育活动的还有公园和风景旅游区的数目，参加旅游人次数等指标。

三、文化体育事业经费统计

经费既是发展文化体育事业的资金保证，也是从资金投入方面说明文化体育事业发展规模的一个方面。文化体育事业经费统计主要内容有：

1.文化体育事业经费支出总额及其构成。文化体育事业经费支出总额，是指在一定时期内一个国家或地区实际用于各项文化体育事业经费支出的总和。它反映经费使用的总规模。

文化体育事业经费支出构成，指按分析研究需要，把文化、体育各项内容（如电影、电视与广播、艺术、出版……）使用的经费数额，计算其在文体经费支出总额中所占比重，可以观察到各项文化、体育活动在经费使用方面所占地位及其不同时期的变化趋势。

2.文化体育事业经费支出总额在国民生产总值中比重。它可以说明在一定生产力水平条件下，国家用于发展文化体育事业经费所占份额。

3.年人均文体事业经费。文体事业经费支出，不仅从其总额反映经费使用的总规模，而且要观察全体居民人均支出的相对水平，来说明经费使用充裕程度。这就需要进行年人均文体事业经费统计与分析。计算公式为：

$$\text{年人均文体事业经费（元）}=\frac{\text{年文体事业经费支出总额}}{\text{年平均人口数}}$$

第十二章　社会活动参与统计

第一节　社会活动参与统计的意义

广义的社会活动是指人类的一切社会活动，诸如经济活动、政治活动、各种社团组织活动及宗教活动等等。狭义的社会活动只是指政治活动、各种社团组织活动和宗教活动等。这里研究的就是狭义的社会活动参与统计。

一、社会活动参与内容

社会活动参与，是指社会成员所享有的政治权利，参加社会管理和各种社会活动权利的运用情况。具体来说，社会活动参与包含两方面的内容：（1）社会成员享有的政治和社会活动权利的大小；（2）社会成员行使已有的政治和社会活动权利的程度。

我国宪法规定，我国的国体是“工人阶级领导的、以工农联盟为基础的人民民主专政的社会主义国家”。“国家机构实行民主集中制原则”。我国广大劳动人民群众在坚持四项基本原则的前提下，通过各种途径和形式，管理国家事务，管理经济、文化和各种社会事务，真正掌握国家、民族的命运。我国的国体和政体决定了我国人民社会活动参与有下列一些形式和内容：通过参加人民代表大会代表的选举，参与国家政权建设和管理；通过参加共产党，党领导的各种群众性社团组织及民主党派，参与各项政治活动和社会活动；通过宪法和法律规定赋予公民合法的自由和权利，参加各种社会活动。

二、社会活动参与统计作用

社会活动参与统计是研究各类社会成员的参与情况差异、变动特点和社会生活的影响，为系统、全面地了解社会发展状况和社会生活方式，提供有科学依据的定量分析资料。建立社会活动参与统计的作用在于：

1. 社会活动参与是人们社会生活的一个重要方面。社会活动参与统计从社会总体角度获取社会信息，为实现把我国建设成为高度文明、高度民主的社会主义现代化强国服务。从数量角度反映、研究人民群众社会活动参与状况，可以全面反映我国现代化建设的进程，为制定科学、全面地社会发展战略提供必要的依据。

2. 社会活动参与水平，是反映社会成员文化修养水平的重要内容。社会活动参与统计反映社会成员对社会事务、社会活动的关注程度和水平，为研究社会成员的文化素质和修养状况提供必要的数量依据。从而为提高社会成员参与社会活动的积极性、改善社会参与活动的参与水平，提高社会成员自身的文化修养水平，提高整个民族的素质水平，具有一定的促进作用。

3. 为反映社会主义制度的优越性和开展国际比较研究提供资料。仅仅比较各国的经济发展不足以完整反映社会发展水平，已为愈多的人所承认，同样，仅仅扩展到生活质量、环境质量，也仍然是不够完全的，还应当包括文明和民主的发展水平。目前，一些国家已开展了政治活动和社会活动参与情况统计，并使之成为完整的社会经济统计体系中的子体系。英国的社会统计指标体系中设有“社会参与”、“社会团体”、“社会阶级化”三个大类；美国编辑的《社会指标Ⅱ》中设有“社会活动参与”大类；前苏联的统计专家们在社会统计指标体系框架中也都设有“社会制度和国家管理的一般特征”等反映人民参与情况的统计内容。为此，我国建立社会活动参与统计，也适应于反映社会主义制度优越性和进行国际比较研究的需要。

第二节　社会活动参与情况统计

从我国人民社会活动参与的基本形式和主要内容出发，社会活动参与情况主要统计如下几个方面内容：

一、公民选举情况统计

公民参加民主选举，是社会成员参与社会活动，参与管理国家、参与理政的最直接的体现。我国宪法规定。年满18周岁的中国公民不分民族、种族、性别、职业、家庭出身、宗教信仰、教育程度、财政状况和居住期限，都有选举权和被选举权。选民投票要在一定时间、一定选举站以无记名方式选举本区的人民代表，公民选举情况的主要指标有：

1. 选民占选民年龄人口比重。这一指标反映社会成员基本政治权利的实际享有程度。

2. 选区和选举站数。公民选举一般是按地域划分为若干选区，一个选区内设若干个选举站来进行。通过选区和选举站数及其与选民人数的比率，联系选举投票率高低观察分析，可为改进选举组织工作，有利于选民行使选举权提供依据。

3.选民投票率，即实际参加投票选举的选民占全部选民人数的比重。这是选举统计中的核心指标。由于实际生活中往往由于主观上不愿投票或客观上未能投票，而产生部分选民放弃选举权。因此，这一指标，可以反映公民实际行使民主权利，以及参加民主选举的积极程度。同时，对该指标进行城乡、职业、文化程度和性别等方面进行分组分析，可以获得有关公民参与社会政治活动的丰富信息。

我国选民投票率一般高达98%。选民投票率应该是在选民自愿基础上投票的结果。如果投票具有某种强制性，那么投票率高低并不能代表人民群众参与政治活动的真实程度。

4.有效选票占全部收回选票的比重。这一指标反映选民按选举法规定要求，正确行使选举权和被选举权的情况。

作为我国公民投票选举的结果，还有人民代表大会情况统计。主要指标有：

人民代表大会代表构成。分为干部代表、各类专业技术人员代表、工人农民代表、解放军代表、民主党派和无党派爱国人士代表、归侨代表六类。还可根据代表年龄、性别、民族等，分出中青年代表、女代表、少数民族代表等。表12-1是我国历届全国人民代表大会的代表人数及构成状况。

人民代表大会代表提案件数。按议案提出情况分代表团提出、三十名以上代表联合提出、三十名以下代表联合提出和单人代表提出；按议案内容分政法方面、财政经济方面和

表12-1　历届全国人民代表大会的代表人数

单位：人

项　目	一届 1954年	二届 1959年	三届 1964年	四届 1975年	五届 1978年	六届 1983年	七届 1988年
代表总数	1226	1226	3040	2885	3497	2978	2978
在代表总数中							
女代表	147	150	542	653	742	632	634
占代表总数%	12.0	12.2	17.8	22.6	21.2	21.2	21.3
在代表总数中							
少数民族代表	178	179	372	270	381	403	445
占代表总数%	14.5	14.6	12.2	9.4	10.9	13.5	14.9

资料来源：《中国社会统计资料1990》第301页

教育、科学、文化、卫生方面及其他方面。

二、参加党派和社团组织情况统计

公民参加各党派社团组织一般均有某种条件和要求。当实际执行的条件和要求能为较多的社会成员接受和追求时，该党派社团组织会有较大的发展。党派和社团组织情况统计分为党派统计和社团组织统计两部分。

1.党派统计。政党是代表一定阶级、阶层或集团为维护其利益而斗争的政治组织。一个政党，其纲领若能代表绝大多数人的利益和愿望，博得社会成员的信任，人们就会积极，踊跃地加入这个政党，为实现它的宗旨和历史使命而奋斗。因而，参加各党派组织的状况，能够反映社会成员参与社会活动的一个侧面。现阶段我国大陆上的政党有：中国共产党、中国民主建国会、中国民主同盟、中国国民党革命委员会、中国台湾民主自治同盟、中国民主促进会、中国农工民主党、中国致公党、九三学社。反映党派组织的主要统计指标是党派个数和各党的党员人数。将各党党员按性别 职业、年龄、文化程度等分组可进一步分析各党派的成员构成状况。表12－2是我国大陆各党派人数状况。

表12-2　　中国大陆1988年各党派成员数

党　　派	单位	人数	各党派与中国共产党人数比率（以后者为10000）
中国共产党	万人	4800	10000
中国民主同盟	人	87000	18.125
中国民主建国会	人	4600	9.58
中国国民党革命委员会	人	39084	8.143
九三学社	人	38614	8.045
中国民主促进会	人	40010	8.335
中国农工民主党	人	37271	7.860
中国致公党	人	8726	1.818
台湾民主自治同盟	人	1145	0.239

资料来源：《中国社会统计资料1990》第302页

中国人民政治协商会议是中国共产党领导下的革命统一战线组织，是我国政治生活中发扬社会主义民主的一种重要体现。中国人民政治协商会议对国家的大政方针和社会经济生活的重要问题进行政治协商，并通过建议和批评，发挥民主监督作用。中国人民政治协商会议设有全国委员会和地方委员会，是社会成员参与社会生活的重要机构。政协组织统计的主要指标有各级政协组织个数、各级政协委员人数与构成。表12-3是历届全国政治协商会议委员人数及构成状况。

2.社团组织统计。由于反映社会活动参与的范围不同，

表12-3　**历届全国政治协商会议的委员人数**

单位：人

项目 届别	委员总数	其中：共产党代表		少数民族代表	
		人数	比重%	人数	比重%
第一届1949年	198			19	9.6
第二届1954年	729	40	5.5	61	8.4
第三届1959年	1071	60	5.6	78	7.3
第四届1965年	1199	61	5.1	81	6.8
第五届1978年	1988	76	3.8	143	7.2
第六届1983年	2039	76	3.7	185	9.1
第七届1988年	2083	90	4.3	225	10.8

资料来源：《中国社会统计资料1990》第301页

统计社团组织对象也有所不同。全国性的社团组织统计，仅包括全国性的社团组织。其中有些全国性社团组织专业性特征比较强，可以纳入相应的事业发展状况中进行研究。例如科协、文联、红十字会、工商联、中华体育总会等。作为群众性社团组织统计，主要指参加工会、共青团和妇联组织活动统计。这些组织在中国共产党的领导下将广大工人、青年、妇女群众联合起来，充分发挥其在社会主义建设中的积极作用。参与这些组织活动对反映人们社会活动参与的状况具有广泛的代表性。

工会组织统计。工会是工人阶级的群众组织。反映工会组织状况的主要统计指标有：

基层建会率。指工会基层组织数与应建工会组织的基层企、事业单位数之比的比率。工会基层组织数指各基层单位经上级工会批准建立的基层工会组织的个数。基层建会率指标反映工会组织建设的普及程度。

职工入会率。指已建工会组织的基层单位中会员数占职工总数的比重。用公式表示：

$$职工入会率=\frac{会员总数}{职工总数}\times 100\%$$

职工入会率反映职工参与工会活动的热情，反映工会的威信程度及工会工作开展状况，其中女职工入会率可单独计算。

工会积极分子人数。指工会专职工作人员以外，自愿担负一定工会工作任务的会员人数。如基层工会的兼职委员、干事、小组长等。

从表12-4可以看出，我国工会基层组织1988年比1985年增加12.9万个。职工入会率几年间一直稳定在90%左右，说明我国工会组织的普及程度，其中女职工入会率虽略有起伏，但也稳定在80%以上。工会积极分子人数1988年达1604.6万人，表明广大职工群众热心社会活动的积极程度。

职工代表大会普及率。职工代表大会是职工行使企业主

表12-4　　我国工会组织状况

年份	工会基层组织数(万个)	职工入会率(%)	女职工入会率(%)	工会积极分子人数(万人)
1985	46.5	88.41	87.56	1307.3
1986	50.2	89.54	90.31	1532.4
1987	53.6	89.67	89.38	1620.6
1988	59.4	89.59	82.42	1604.6

资料来源：《中国社会统计资料1990》第303页

人权利，直接参加企业管理的重要形式，是职工参加决策和管理，监督干部行使职权的权力机构。为研究企、事业单位民主管理的普及程度，通常要计算职工代表大会普及率指标，用公式表示：

$$职工代表大会普及率=\frac{已建立职代会的单位数}{应建立职代会的单位数}\times 100\%$$

共青团组织统计。中国共产主义青年团是中国共产党领导下的先进青年的群众组织，是中国共产党的助手。我国第四次人口普查人口中14岁～28岁的人数达3.6亿人（团章规定年满14岁的青少年方可入团，年满23岁退团），共青团组织人数众多，普及面广，对我国社会生活具有重要影响。共青团组织统计主要有以下几个方面：

反映共青团组织的普及程度。常用的指标有基层团支部数、共青团员占适团龄青年比重等。

反映共青团组织的内部结构。共青团员总数中女团员所占比重，团员总数中专职团干部的比重等指标，观察团员结构的变化特征。

反映共青团组织的变动。主要考察报告期内加入共青团人数，以及反映团组织的壮大情况；报告期内退团人数，以反映团员减少情况。对退团人数可按原因分组分析其构成状况。

表12-5是1985年～1988年我国共青团组织状况。

妇联组织统计。全国妇联是中国共产党领导的，以各族工农劳动妇女为主体，广泛团结各界妇女的群众组织。1989年我国各级妇联组织达89.4万个，反映着我国广大妇女热心

表12-5 共青团组织情况

单位：万人

年份	基层团支部（万人）	共青团员		专职团干部与团员比率	
		合　计	其中：女团员	专职团干部	比率（%）
1985	239.0	5200.0	1950.0	22.0	0.42
1986	247.6	5636.5	2193.4	22.9	0.41
1988	256.9	5600.0	2183.8	20.8	0.37

资料来源：《中国社会统计资料1990》第304页

社会主义建设的程度。实践中妇联组织统计主要有妇联系统干部人数和历届全国妇代会代表数等。上述指标也按城乡、年龄、民族和文化程度等分组来研究其内部构成情况。

三、宗教活动统计

宗教是一种意识形态。在不同的宗教意识形态支配下，人们建立不同的宗教组织，进行不同形式的宗教活动。我国是个多种宗教的国家。目前全国性宗教组织共有八个：中国佛教协会、中国道教协会、中国伊斯兰教协会、中国天主教爱国会、中国天主教教务委员会、中国天主教主教团、中国基督教“三自”爱国运动委员会、中国基督教协会。此外，还有若干宗教性社会团体和地方组织。这些宗教组织的任务是协助政府贯彻执行宗教信仰自由政策，帮助广大信教群众和宗教界人士不断提高爱国主义和社会主义觉悟，代表宗教界的合法权益，组织正常的宗教活动，办好教务。考虑到具体情况，目前我国宗教活动统计主要有如下两个指标：

1.教徒人数。教徒是信仰某种宗教，并按一定宗教仪式和手续参加宗教组织，比较经常参加宗教活动的人。教徒中，一部分为主持宗教仪式、管理教务或讲经传教的宗教职业者，另一部分是非职业宗教的一般信徒。由于有些宗教并无明确的入教仪式，教徒人数通常是由间接估计获得。

2.宗教活动场所。是供教徒们进行各种活动的专用场所。如寺院、庙宇、教堂等。统计中，一般要具备两个条件：一是有管理活动场所的神职人员，二是有教徒或信仰宗教者参加宗教活动。不包括家庭内设置的宗教活动室。可根据宗教活动场所的数量变动及其与教徒人数的关系，反映宗教活动的发展；亦可根据宗教活动场所的宗教活动人次数、宗教活动收入额等研究宗教社会活动情况。

四、其它社会活动参与情况统计

其它社会活动包括各种基层群众自治性组织、各种社会募捐活动、各种义务劳动等。这是为协调社会主义社会的各项建设，充分发挥每一个社会成员参与社会管理的积极性而组织的各项社会活动。人们根据公民的社会义务和美好意愿，而自愿地参加各种社会公益活动，充分显示了社会成员关心社会建设与发展的情况。其它社会活动参与情况统计主要包括：

1.基层群众自治性组织统计。主要统计指标有：居民委员会数和居民委员会工作人员数。村民委员会和村民委员会工作人员数等，用以反映这些群众自治性组织的规模和广泛程度。表 12-6 反映了1985 年～1988 年我国基层群众性自治组织的概况。

2.参加社会公益活动统计。其主要统计指标有：基金会

表12-6　　基层群众性自治组织情况

单位：个

年　份	居民委员会	村民委员会
1985	80943	948628
1986	86799	866130
1987	86824	845025
1988	95684	882564

资料来源：《中国社会统计资料1990》第306页

数，基金会募集基金额、使用额和年末基金额；参加基金会募集基金的人次数；参加重大社会募捐活动的捐款人次数等。基金会是为了某项社会事业或某种社会活动，筹集具有特定社会经济文化活动用途的物资或资金而建立的组织。目前我国有两个常设的基金会：宋庆龄基金会和残疾人福利基金会。对基金额应把国家、政府部门提供与社会募捐区别考察。重点观察社会募捐活动。通过对基金募集指标分析，可以反映人民群众对这些特定社会活动的参与和支持程度。

由于大量社会公益活动的内容和形式均有不同，如义务植树、义务咨询服务等，不易统计汇总，只能就其主要活动进行重点观察和典型调查，利用生活时间分配统计中的公益活动时间支出量和参加公益活动的人数比重等指标进行估算。

3.对政治活动和社会活动的评价与态度统计。它一般就重大社会方针政策、重要社会问题、重要社会事件了解社会成员的倾向性看法和倾向性态度，即获得社会活动参与的主观性指标，反映人们对客观社会现象的感受，表现为人们的心理状态、情绪、愿望和满足程度等。这类指标在实际调查中往往通过较具体的提问方式获得。需要特殊的处理手段。表 12-7 是 1988 年有关部门对16个大中小城市1.2万名职工进行的一次有关政治社会生活态度的问卷调查结果。从中可以看出在回答什么是当前社会安全中最突出的问题时，认为"国家工作人员贪污受贿"的占41.6%，居第一位。认为"坏人在公共场所行凶无人敢管"居第二位。这表明如何保证党政机关的廉洁和加强社会治安已成为群众呼声强烈的问题。

表12-7　您认为当前社会安全中较为突出的问题是（选两项）

	比例(%)
回答是：1.国家工作人员贪污受贿	46.1
2.坏人在公共场所行凶无人敢管	35.4
3.重大经济案件增加	27.0
4.杀人抢劫重大经济案件增加	26.7
5.青少年违法犯罪	24.7
6.坑骗消费者，危及生命财产安全	21.7
7.重大交通、火灾等事故增加	11.3
8.其他	0.7

资料来源，吴寒光主编《社会发展与社会指标》中国社会科学出版社 1991年版，第232页。

第三节　社会活动参与统计分析

从数量方面反映和认识社会活动参与情况，首先是按照社会活动参与统计内容，进行统计调查，然后加以整理汇总，作科学的分析评价。

一、社会活动参与统计调查

从总体来看，反映我国社会活动参与情况的基本统计资料，主要来自各党派团体等社会组织的定期统计报表。但是，由于社会活动大部分不属于行政管理部门，有些资料还要通过全面调查和抽样调查等方式取得。

社会活动参与抽样调查，是国内外社会活动参与统计资料的主要取得方法。一般为问卷式调查表，它是抽取少数公民直接利用问卷调查方式征集意见，并据此推测一般民意的方法。所谓问卷，本质是一种统计调查表格，是调查者用来收集资料的依据，是研究个人行为和态度的一种测量手段。问卷的主要类型有两种：无结构式问卷和结构式问卷。无结构式问卷是指结构较为松散简单，事先不必列出答案。结构式问卷是根据假设与需要，把所有模拟调查的问题完全印出，并在问题下面列出各种可能的答案。问卷的内容，可以是事实问题，如性别、职业等，也可以是态度问题，主要了解被调查者对某种事物或行为的评价。

近几年我国一些实际和科研部门也有效地开展了对社会成员问卷式调查，以搜集民意对社会重大问题或事件的看法。民意调查的目的，在于反映总体的态势。其方式已被证明是一种省时省力、科学有效的调查手段，关键在于被调查对象具有代表性，问卷设计内容科学，易于操作。表12－8是一次典型的问卷调查，目的在于了解我国公民对目前我国社会存在问题的态度如何。

表12-8　　你对当前社会所存在问题的态度是

	比例(%)
1. 能得到逐步解决，这是每个人的责任，应积极参与的	33.3
2. 能得到解决，但这是上面的事，群众无能为力	41.0
3. 能否解决，难以说清	17.0
4. 难以解决，只有消极等待、观望	5.7
5. 其他	0.9

资料来源：吴寒光主编《社会发展与社会指标》中国社会科学出版社 1991年版，第237页。

二、社会活动参与统计分析

社会活动参与统计分析一般从下面四个方面进行：

1. 参与情况的动态发展和构成变化分析。这种分析方法用以分析参与规模、参与水平和参与内容的发展趋势和变化特点。主要计算参与率（一定人口中的参与人数），增减量、发展速度、增长速度、构成比例和构成比例的变动值等指标进行分析。

2. 不同类型社会成员参与情况的比较分析。由于性别、年龄、职业、文化程度等因素影响，不同类型的社会成员对社会活动参与情况是各不相同的，对社会问题、社会事件的态度也存在差异，可为深入研究有关社会问题提供线索，有助于社会问题的解决。例如我国有关部门对职工进行抽样调查，50岁以上的人对党风不正和社会风气不良反映最为强烈，而对机会不均等则反应最缓，这从侧面反映了不同年龄对社会问题看法的影响。

3. 参与情况的国际比较分析。不同的国家由于社会政治制度不同，文化传统和风俗习惯等互有差异，表现在社会成员社会活动参与状况也各有差别。国际间社会活动参与情况分析是研究不同国家政治制度和社会生活特点的依据，便于考察不同国家的社会活动参与程度和水平，从而为制定本国的社会生活政策、解决本国的社会问题提供参考。表12－9是美国盖罗普民意调查所对世界若干地区和国家公众对宗教信仰重要程度的认识情况的调查，可以看出，佛教发源地印度公众对宗教信仰最为重视，只有2％的公众认为其不重要。

表12－9　不同国家公民对宗教信仰认识状况

地区或国家	每百人中对宗教信仰不同认识的人数			
	很重要	比较重要	不太重要	不重要
澳大利亚	25	33	29	13
比利时、荷兰、卢森堡	26	30	22	19
加拿大	36	36	19	9
法　国	22	33	23	30
原联邦德国	17	30	37	14
意大利	36	42	16	6
印　度	81	14	3	2
日　本	12	34	44	10
丹麦、芬兰、挪威、瑞士	17	28	39	18
英　国	23	26	26	20
美　国	56	30	8	5

资料来源：美国商务部普查局《社会指标Ⅲ》第518页

4.参与情况的社会经济因素影响分析。社会成员的社会活动参与状况与其它社会生活条件、社会经济文化事业的发展和居民物质文化生活变化紧密相联。例如收入水平不同就很大程度影响着公众对社会公益活动的参与状况。将社会活动参与状况与社会经济的发展联系起来，可以考察各项社会经济因素对社会成员参与社会活动的影响程度和方式，从而为深入分析社会活动参与状况提供依据。表12-10是我国有关部门对职工的问卷调查结果，从中可以看出，由于职业不同，职工对社会问题的看法是大有差别的。

表12-10　　职工对协商对话的看法

单位：%

	按职业分						
	工人	商业服务业人员	专业技术人员	企业行政干部	企业政工干部	事业单位行政干部	事业单位行政工部
一、对建立协商对话制度的看法							
1. 社会协商对话是促进政治民主、上下沟通、反对官僚主义的重要手段	29.3	31.8	38.8	40.2	35.7	45.0	44.0
2. 一些领导干部对建立社会协商对话制度态度冷淡、难以实施	8.9	9.7	12.1	11.3	16.2	10.5	12.5
3. 人心不一、众口难调、协商对话的目的难以达到	17.1	16.1	9.5	10.8	15.2	9.4	15.1
4. 社会协商对话不过是一种形式，没有什么意义	24.6	20.9	26.9	28.9	28.4	26.3	25.6
5. 不知道	18.3	18.6	11.4	7.5	3.3	7.0	1.0

资料来源：《中国社会统计资料1990》第320页

第十三章　社会保障和安全统计

第一节　社会保障统计的一般问题

社会保障是国家通过立法，采取强制手段对国民收入进行再分配，形成一种社会消费基金，专门用于对生存发生困难的社会成员给予物质上的帮助，以保障其基本生活需要的一种特殊的社会经济活动。它对社会经济的稳定和协调发展起着特殊的作用。

一、社会保障统计的意义

社会保障统计是社会统计的重要组成部分，它将社会保障状况加以量化，建立统计信息，分析和综合有关社会保障的数量方面，用统计方法观察和研究社会保障事业的规模水平及发展趋势。社会保障统计的意义，首先，社会保障统计是社会管理中稳定调节机制的重要依据。社会保障统计充分发挥统计的监督与服务功能，监督检查各项社会保障政策与措施的执行和落实情况，分析社会保障对预防和治理社会问题的作用程度，研究改进与完善社会保障工作的形式与组织工作。可以说社会保障统计是进行社会管理与监督的重要手段。其次，社会保障统计体现国民收入再分配的一部分去向。按照马克思主义产品分配理论，社会保障基金来自于国民经济分配中后备基金和消费基金中的社会保证基金，社会保障统计反映国民经济成果的去向，研究社会个人所得、初次分配与再分配的关系，体现社会保障基金的运动过程，是完善我国国民经济核算的重要步骤。最后社会保障统计反映我国社会保障事业的成就，有利于在国际社会中显示社会主义制度的优越性，提高民族自豪感。我国社会保障统计反映出国家和社会共同管理社会福利事务的状况，充分体现社会主义大家庭的温暖。而且运用可比性指标，与国外社会保障统计进行比较，既可反映出我国社会保障制度的优越性，又可找出一些不足之处，为赶超世界先进水平提供参考依据。

二、社会保障统计的范围

社会保障统计的范围取决于社会保障的范围。各个国家由于国情不同、文化传统不同，社会保障的范围存在着一定的差异。就某一个国家而言，由于历史时期不同、政治与经济状况不同，社会保障的范围也不相同。例如，美国的社会保障包括老年人、遗属、残废者和老年健康保险、失业保险、公共援助三部分。斯里兰卡则实行免费教育、免费医疗和食品配给制度。自称“福利国家”的瑞典，社会保险是瑞典社会福利的支柱。内容包括国民健康保险、国民基本年金保险和国民补充年金保险等。

新中国成立后，我国政府即十分重视社会保障工作。《共同纲领》第32条中曾规定“逐步实行劳动保险制度”。1954年和1982年颁布的《中华人民共和国宪法》中均有条文规定”；实行企业、事业组织的职工和国家机关工作人员的退休制度。退休人员的生活受到国家和社会的保障”。“中华人民共和国公民在年老、疾病者或丧失劳动能力的情况下，有从国家和社会获得物质帮助的权利。国家发展为公民享受这些权利所需要的社会保险、社会救济和医疗卫生事业”。1982年又规定了离退休制度。我国社会保障工作的范围，随着社会主义建设事业的发展，逐步由建国初期的救贫工作，扩大为社会保险、社会救济、社会福利及有关社会服务事业等。与之相适应的社会保障统计工作的范围也不断扩大。目前，我国社会保障统计主要包括社会保险统计、社会福利统计、社会救济统计和社会优抚统计。

我国社会保障统计工作的组织实施，是由国家统计部门的综合统计与主管部门的业务统计相结合进行的。目前，社会福利、社会救济和优抚统计，主要由民政部门负责。社会保险和福利费用的定期统计主要由劳动人事部门负责。

三、社会保障统计的基本任务

社会保障统计的基本任务，就是对社会保障事业的发展状况进行调查和分析，提供准确、及时、全面、系统的统计资料，以便对社会保障事业的开展，加强管理与决策，并实行统计监督。社会保障统计的基本任务包括：

1. 从数量方面反映社会保障事业的全貌，考核社会保障的管理水平，进而研究社会保障事业同社会经济协调发展，对影响社会保障事业正常发展的各种社会因素，进行深入调查和分析。这是社会保障统计的基础性任务。

2. 统一协调社会保障统计的全过程，为决策机关统一规划社会保障事业的发展提供依据。我国社会保障工作是各级政府和社会有关方面共同进行的。社会保障的发展改革必然走向社会化管理与单位管理相结合、以社会化管理为主的道路。因而不可避免地出现部门多、单位多及由此而产生的重复统计、交叉统计及缺漏统计状况。因此，统一协调社会保障统计，全面、及时、准确地为统一规划社会保障事业的发展提供信息，就成为一项重要任务。

3.为社会保障工作的科学管理、科学研究和宣传教育，提供统计信息及分析资料。

第二节　社会保障统计指标及其应用

根据社会保障统计的内容，其统计指标包括社会保险、社会福利、社会救济和社会优抚等四个主要方面。

一、社会保险统计

社会保险，我国过去称为劳动保险。其对象是正在劳动或已经劳动过的社会成员。我国目前社会保险主要有劳动保护、公费医疗、合作医疗、职工退休、老干部离退休保障以及农村养老金等。

1.离退休人数及离退休费用额。离退休人数，是指按有关条例，经过本人申请和有关部门批准，享受离退休待遇的人员总数。这一指标主要用于反映一定时期享受离退休待遇的人员规模。这一指标也是进行分析在职职工对离退休人员负担程度的计算依据。因为反映在职职工对离退休人员负担程度，常用两类人员对比的比例表示。即：

$$\text{离退休人员与在职职工人数比例}=\frac{\text{在职职工年末人数}}{\text{离退休人员年末人数}}$$

显然，上述比例分析指标数值愈大，在职职工对离退休人员负担愈小；反之，则愈大。

表13-1反映我国近年来离退休职工人数及按所有制分类情况，与在职职工的比例。由此可见，离退休人数增加较快，与在职职工人数的比例逐年下降，在职职工负担程度提高。

表13-1　我国离退休职工人数状况

年份	合　计（万人）	全民所有制单位（万人）	城镇集体所有制单位（万人）	其他所有制单位（万人）	离退休职工数与在职职工人数之比（以前者为1）
1986	1805	1303	496	6	7.1
1987	1968	1424	538	6	6.7
1988	2115	1539	568	8	6.4
1989	2201	1629	562	10	6.2
1990	2301	1742	566	11	6.1
五年平均递增速度（%）	4.98	5.98	2.78	12.89	—

资料来源：《中国统计年鉴1991》

离退休人员费用额。它是按国家有关规定，对离退休人员的全部费用开支总额。它包括支付给离退休人员的退休费、退职费、医疗卫生费、护理费、生活补助及其他费用等。离退休人员费用额，用于反映一定时期内满足离退休人员生活需要所支付的资金总量。表13-2反映我国1986—1990年离退休费用额的规模及其增长情况。离退休费用总额年递增19.40%，人均费用额年递增13.16%，快于同期人均国民收入年递增11.52%的速度，与同期在职职工货币工资年递增速度大体相近。

表13-2　　我国离退休职工福利费用状况

年份	费用总额（亿元）	全民所有制单位（亿元）	城镇集体所有制单位（亿元）	其他所有制单位（亿元）	平均每人费用额（元）
1986	194.7	161.6	32.5	0.6	1131
1987	238.4	200.5	37.1	0.8	1263
1988	320.6	256.4	62.5	1.7	1571
1989	382.6	309.7	71.1	1.8	1773
1990	472.4	382.4	87.8	2.2	2099
五年平均递增速度（%）	19.40	18.80	21.99	29.67	13.16

资料来源：《中国统计年鉴1991》

2.享受公费医疗人数、医疗卫生费用额及丧葬、抚恤救济费。享受公费医疗人数，是按国家规定享受公费医疗待遇的人员总数。它反映享受国家公费医疗人数的总规模。医疗卫生费用额，是指职工的医疗费、住院费、职工供养直系亲属医疗补助费以及医疗机构医疗经费等。表13-3资料，说明

表13-3　　我国全民所有制单位免费医疗情况

年份	医疗费用总额（亿元）	医疗费用总额占同期国民收入比重%	享受免费医疗人数（万人）	人均医疗费（元/人）	人均医疗费占同期人均工资比重(%)
1986	68.96	0.88	9111.7	75.7	5.35
1987	84.17	0.90	9438.7	89.2	5.77
1988	112.92	0.96	9750.8	114.1	6.16
三年平均递增速度（%）	17.87	—	2.29	14.66	—

资料来源：《中国社会统计资料1990》
《中国统计年鉴1991》，不含离退休人员

我国 1986—1988 年全民所有制在职职工享受公费医疗的情况；

从表13-3可以看出，三年内我国全民所有制单位在职职工医疗费用总额逐年增加，平均每年递增17.87%，其费用额占同期国民收入的比重也逐渐增长。与此同时、人均医疗费占同期职工平均工资的比重也在增长。这一方面体现了我国社会保险事业的水平，体现了广大职工享受社会保险的程度，反映着现行社会保险制度的温暖，另一方面也说明职工免费医疗费用规模越来越大。1988年此项指标比当年宁夏全区的社会总产值还要多，国家已背上了沉重的包袱。目前很多地方已探索职工公费医疗改革。如何消除这种“全包”式的弊端，更好地为广大职工健康服务，是我国社会保险制度改革的重点课题之一。

职工丧葬、抚恤救济费。它指职工因工死亡，因病或因非工死亡丧葬费，丧葬补助费和所遗供养直系亲属的抚恤费、救济费、生活补助费以及职工供养直系亲属死亡时丧葬补助费等。这部分费用是职工医疗费用的继续，体现了人道主义精神和政府的关怀。目前由于条件所限仅就全民所有制职工来统计。1990年全国此项费用总额为6.5亿元，占当年社会保险福利费用总额的1.65%，其中工业行业是此项费用开支的重点，为2.6亿元，占职工丧葬抚恤救济费总额的40%。

二、社会福利统计

社会福利主要指国家、社会为残疾人和无劳动与生活能力的人举办的福利事业。社会福利统计是社会保障统计又一重要组成部分。目前我国社会福利统计一般分为社会福利事业统计和社会福利生产统计两部分。

1. 社会福利事业统计指标，主要有社会福利事业机构数、社会福利事业单位收养人员数、社会福利事业单位的人员数、社会福利事业的设施数以及社会福利费用额等。

社会福利事业机构数。指集中收养社会上孤老、残、幼的机构数及社会福利服务机构数。主要有社会福利院、儿童福利院、精神病人福利院、敬老院以及农村集体举办的敬老院等。这一指标用于说明一定时点上，一个国家对于兴办社会福利事业组织建设的总规模。它的多少，对于发展社会福利事业有着重要影响。

社会福利事业单位收养人员数。是一定时期社会各种收养性机构和单位所收养的各类孤、老、残、幼等人员总数，包括民政部门管理的和城镇及农村集体举办的社会福利事业单位中收养的老人、少年儿童、缺乏生活自理能力的残疾人员和精神病人。除核算总人数外，为适应不同研究任务的需要，还可以进行分类统计。这一指标可用来说明，这些社会福利事业机构收养孤、老、残、幼等人员的总规模、总水平。同时，还可与社会上需要收养的全部孤、老、残、幼等总人数相比，可以分析收养的满足程度。另外，与这些福利事业机构的容纳能力相比较，可用于研究这些福利单位设施、人力的利用程度。

社会福利事业单位的人员数。它是在社会福利事业机构中的职工人员总数。它表明从事社会福利事业而投入的人力规模、是做好社会福利工作的人力保证。

社会福利事业的设施数。它包括各种社会福利机构的床位数、拥有的各种固定资产数等。其中主要指标为床位数。反映床位利用程度的指标是床位利用率。计算公式为：

$$床位利用率=\frac{实际占用总床位日数}{实际开放总床位日数}\times 100\%$$

为分析现有福利设施，对社会福利事业的满足状况，还必须计算各类享用人员拥有的福利设施数。例如，每10万残疾人所拥有的服务设施数等。计算公式为：

$$\begin{matrix}每万人某类享用\\人员社会福利设施数\end{matrix}=\frac{某类社会福利设施数}{某类享用人员数(万人)}$$

社会福利费用额。它是从社会投入角度反映一定时期支付社会福利的价值量指标。其范围主要包括：民政部门福利事业单位经费，集体办福利事业单位经费，企业、事业、机关支付的集体福利事业补贴，农、副业生产补贴文娱宣传费和集体福利设施费；以及其他洗理费、卫生费、交通补贴等。为了分析各期社会福利开支的水平和经费利用状况，在测算社会福利费用额的基础上，统计上还经常计算以下两个指标：收养人员人均经费支出额和社会福利费用构成。

收养人员人均经费支出额，它是将经费支出总额除以平均收养人员数求得。即：

$$收养人员人均经费支出额=\frac{经费支出总额}{平均收养人员数}$$

该指标说明每个收养人员占用费用的平均水平，便于研究社会福利对其生活状况的保障程度和各类收养人员间的横向比较。

社会福利费用构成。它是将社会福利费用总额，按开支去向分类，计算其结构相对数。用它去分析各项开支比例是否合理，探讨社会福利费总额的内部结构。表13-4反映我国社会福利费用状况。三年费用总额高达620亿元。三年平均每年递增13.78%，略低于同期国民收入增长速度，因而其占国民收入比重稍呈下降。在城市福利事业中，儿童福利院人均经费最高，年平均递增速度最快，人均经费与同期职工平均工资呈相对稳定状态，而社会福利院和精神病人福利院人均经费增长较缓，低于同期职工人均货币工资增长速度。其中以精神病人福利院人均经费增长最缓。

表13-4　　我国社会福利费用状况

年份	社会福利费总额（亿元）	社会福利费总额占当年国民收入比重（%）	社会福利院		儿童福利院		精神病人福利院	
			人均经费（元）	占人均工资（%）	人均经费（元）	占人均工资比重（%）	人均经费（元）	占人均工资比重（%）
1986	169.88	2.16	1973	148.46	2258	169.90	1660	124.98
1987	200.41	2.15	1995	136.74	2446	167.65	1701	116.59
1988	250.24	2.13	2209	126.45	3060	175.16	1764	100.07
三年平均递增速度（%）	13.78	—	3.84	—	10.66	—	2.05	—

资料来源：《中国社会统计资料1990》

《中国统计年鉴1991》

2.社会福利生产指标，主要包括社会福利生产机构数和社会福利生产人员数。我国社会福利生产，主要组织有一定劳动能力的盲、聋、哑、残等人员、进行福利性生产，帮助残疾人员自食其力提高他们的生活信心。这也是社会关怀和爱心的体现。

社会福利生产机构数，是指以安置社会上具有一定劳动能力盲聋、哑、残疾等人员就业为主的，可以享受国家减免税待遇的生产经营单位数目。它主要包括福利工厂、商业、服务业及其他类的福利生产经营单位。社会福利生产机构数，从组织机构方面反映社会福利生产事业的发展规模。1990年末，我国社会福利企业单位已拥有4.17万个，比1988年增长1.77倍。其中，民政部门办的有5200余个，占13%左右，社会集体办的有3.65万个，占87%，① 这些说明，我国重视社会福利生产事业，其生产经营单位数已达相当规模。

社会福利生产人员数，包括职工总数，残疾人数及各类残疾人数等。社会福利生产人员数，用于反映社会福利生产劳动的状况及分析安置残疾人就业规模等。1990年末我国社会福利企业职工为157万余人，比1985年增长1.31倍。其中，民政部门办社会福利企业职工占21%，社会集体办的福利企业职工占79%②。可见其职工人数已达相当的规模。为进一步深入分析安置残疾人员的就业和生活福利状况，统计上还经常计算残疾人员占职工人数比例指标。用公式表示为：

$$\begin{array}{c}\text{残疾人员}\\\text{占职工人数比例}\end{array}=\frac{\text{残疾人员}}{\text{职工人数}}\times 100\%。$$

我国目前社会福利生产统计很不完全，社会福利生产的经济成果指标、资金指标与职工工资指标统计还有待加强。表13-5说明我国民政部门管理社会的福利企业职工基本情

①资料来源：《中国统计年鉴1991》

②资料来源：《中国统计年鉴1991》

况。整个“七五”期间，民政部门社会福利企业个数翻了一番，年平均递增19.53%，职工人数达到32万余人，其中残疾职工12万余人，年平均递增8.44%，反映我国政府对社会福利生产的积极帮助。五年间，残疾职工比例一直稳定在38%以上，体现了社会福利企业的社会福利性质。在就业的残疾职工中，聋哑人和肢体残疾两类人员共占近80%，盲人职工稳定在15%左右，而智力残疾职工比重最低。这也说明聋哑残疾和一定程度的肢体残疾可以参加若干社会生产，而盲人，尤其是智力残疾参加生产困难较大。

表13-5　　我国民政部门社会福利企业职工状况

年份	单位数（个）	职工人数（人）	残疾职工（人）	残疾职工占职工人数比例（%）	残疾职工中分类人员比例（%）			
					盲人	聋哑人	肢体残疾	智力残疾
1986	2551	236371	90137	38.13	16.53	37.36	39.33	6.78
1987	2976	250329	96924	38.72	15.46	36.74	40.00	7.80
1988	3692	282947	108295	38.27	13.79	36.14	41.09	8.98
1989	4595	310345	119626	38.55	15.17	35.56	39.74	9.53
1990	5208	325461	124630	38.29	——	——	——	——
五年平均递增速度（%）	19.53	8.32	8.44	——	——	——	——	——

资料来源：《中国统计年鉴1991》

三、社会救济统计

社会救济的对象包括经常性的贫困救济和因重大天灾人祸而造成的灾民、难民的生活与生产救济。按社会救济的取得方式分为定期救济和临时性救济。定期救济是在国家财力允许条件下，力求保证城乡贫困户、农村“五保户”及被精简，职工维持最低生活水平的需要。这部分救济关键在于贫困户及最低生活水平的确定。贫困户的确定一般有两种方法。一是“相对定义”法，把一定比例的人口划为贫穷范围内，例如有些把贫困线定为全国平均收入的一半，任何人口只需低于这条线都是贫穷的。这种方法目前主要在发达国家选用。根据我国实际，确定贫困户采用“绝对定义”法，即确定家庭维持生活的最低水平，低于这种收入水平家庭不能维持。由于城市和农村的差别较大，目前我国贫困户的确定及救济重点在农村，全国各地贫困户的标准为年纯收入150元～200元，达不到这一标准的即为贫困户，经过扶持后达到或超过这一标准的则为脱贫。这是贫困的绝对标准。农村“五保户”是指农村中既无劳动能力，又无经济来源的老、弱、孤、残的农民家庭，他们的生活由集体供养，实行保吃、保穿、保住、保医、保葬（孤儿保教）。简称“五保”。临时性救济主要是因天灾人祸及意外事件而对受害者进行的经济物质帮助。自然灾害目前给我国社会和个人造成的损失巨大，例如1991年夏华东地区遭受特大洪水，损失惨重。赈灾救济是政府的一项重要职责，也是全社会关怀的体现。由于目前我国生产力水平还不够发达，社会救济工作的方针只能是生产自救，群众互助，辅之以政府必要的救济，社会救济工作仅仅由政府承担是不够的，全社会广泛地募捐救助不仅是可能的，也是必要的。

目前，我国社会救济统计指标主要有如下内容：

1.社会救济费用总额。它是指国家和社会用于对无依无靠的孤、老、残、幼和其他原因引起生活困难的贫困户进行定期救济和临时救济，以及扶助其中有劳动能力的人进行生产自救所支付的费用总额。包括自然灾害救济金、城乡贫困户、"五保户"的救济金、被精简职工生活补贴金额等项。社会救济费用总额反映一定时期内社会救济经费支出的总规模，统计上常对其进行分类，研究其构成。按经费来源分为国家财政拨款、城乡集体筹集及社会赞助等。按救济对象分为优抚对象补助金额、困难户救济金额、社会散居孤老残弱救济供养金及灾民救济金等。表13-6是我国"七五"期间社会救济费用额状况。整个"七五"期间社会救济费用额为166亿余元，与1985年相比，平均年递增速度为14.34%。在全部费用，国家支出部分约占40%，近年增长较快。在按对象分的各项比重中，优抚补助比重最高，约占了50%，近年又有提高。困难户救济金一项所占比重最低，近年又有下降。

表13-6　　　　我国社会救济费用额状况

年份	费用总额（万元）	按经费来源的各项比重(%)		按享受对象分的各项比重(%)			
		国家支出	集体供给	优抚对象的补助金	困难户救济金	社会散居孤老残幼供养金	城乡福利院支出
1986	245834.6	35.64	64.36	49.89	13.21	22.65	14.25
1987	283594.6	35.14	64.86	48.67	13.59	23.26	14.43
1988	317033.8	35.21	64.79	47.52	14.51	23.70	14.27
1989	389047.2	46.07	53.93	54.98	10.20	21.33	13.49
1990	426771.9	47.44	52.56	56.88	9.07	19.93	14.12

资料来源：《中国统计年鉴1991》

2. 社会救济人数。它指实际获得国家和社会定期救济和临时救济的人数，反映一定时期内社会救济的实际规模。统计上利用成灾人口救济普及率和困难户救济普及率反映社会救济普及的程度。这两个指标计算公式为：

$$成灾人口救济普及率=\frac{得到救济的灾民人口数}{成灾人口数}\times 100\%$$

$$困难户救济普及率=\frac{享受救济补助的户数(或人数)}{困难户的户数(或人数)}\times 100\%$$

3. 扶贫户数。我国农村进行经济改革，鼓励一部人先富起来的同时，也要从资金、劳力、技术等方面对贫困户和农村家庭经济基础较薄弱的优抚对象进行扶持，走上共同富裕之路。扶贫户数是扶贫户数与扶优户数的总和，指经过有关部门批准，以扶持发展生产、摆脱贫困为目的的优抚对象户数和社会贫困户数。脱贫户数是指经过扶持后，纯收入达到一定标准，能够依靠自身积极劳动，稳定地维持基本生活水平并略有节余，尚能进行扩大再生产而不需国家和社会援助，经有关部门核定，不再称贫困户。为了反映扶贫工作成果，统计上还测算扶贫率、脱贫率指标，反映扶贫工作的普及率及质量。计算公式为：

$$扶贫率=\frac{扶贫总户数}{生活困难户总数}\times 100\%$$

$$脱贫率=\frac{脱贫总户数}{扶贫总户数}\times 100\%$$

从13-7表可以看出，“七五”期间我国享受社会救济总人数为2.2亿人，其中城市占15.66%，农村占84.34%，可见我国目前社会救济工作的重点在农村。五年间双扶户数为5024.3万户，脱贫1505.3万户，总脱贫率为29.97%。而且双

表13-7　　我国社会救济及扶贫情况统计

年份	农村贫困户得到救济人数及农村五保户数（万人）	城镇贫困户及精减职工得到救济人数（万人）	双扶户数（万户）	脱贫户数（万户）	脱贫率（%）
1986	4254.9	720	1153.2	296.5	25.60
1987	3959	710.3	1064.9	311.0	29.20
1988	3700.9	774.3	1106.8	320.2	28.93
1989	3734.5	546.9	938.6	316.7	33.74
1990	2882.3	689.1	755.8	261.4	34.59
合计	18531.6	3440.6	5024.3	1505.8	29.97

资料来源：《中国统计年鉴1991》

扶户数呈下降趋势，反映我国越来越多的贫困户已解决温饱问题。这也是我国社会救济工作的显著成就。

四、社会优抚统计

国家和社会依照法规对那些为保卫国家的安全而作出贡献和牺牲的人员或家属，在物质上给特殊的帮助。称为社会优抚。优抚工作的对象主要包括烈军属和因保卫国家而伤残的人员及其家属。建国以来，我国政府十分重视优抚工作，制定了“思想教育，扶持生产，群众优待，国家抚恤”的方针。这是由我国国家的性质和国情决定的。是我国优良传统和良好社会风尚的反映，也是建设社会主义精神文明的重要组成部分。优抚工作的内容，主要包括褒扬革命英烈和安置优抚对象两个方面。褒扬革命先烈主要有建立烈士陵园、纪念塔、纪念碑、发行宣传材料等，用以宣传革命烈士的业绩和崇高品德。安置优抚对象主要指兴办优抚事业，妥善解决优抚对象及其家属的生活困难。

优抚统计主要反映优抚对象的规模、社会对优抚工作的费用支出及社会优抚工作的组织保证状况。主要指标有：优抚人数、优抚事业单位数和抚恤优待费用总额。

1.优抚人数。它反映社会优抚对象的总规模。现行依照国家有关规定，其统计范围包括：革命残废军人及人民警察、武警、革命残废工作人员、烈士、家属、因公牺牲军人家属、病故军人家属、现役军人家属、参战残废民兵、在乡退伍复员军人。为了细致反映优抚对象的构成，统计上还进行分类统计。

2.优抚事业单位数。指用于收养或接收优抚对象中，需要由国家和社会集中保障生活，进行治疗康复或长期疗养休养，以及为军人入伍、退伍、探亲服务的单位总数。主要包括革命残废军人休养院。复员军人疗养院、国家和社会举办的光荣院及军供站等。优抚事业单位数可以反映某一时点上总数和各分类单位数，是研究优抚机构合理配置与对社会需求适当程度的依据。

3.抚恤优待费用总额。它指用于全部优抚对象的抚恤、补助、优待和安置的费用总和。主要包括：牺牲病故抚恤费、烈军属和复员退伍军人补助费、退伍军人安置费、优抚事业单位经费、烈士纪念单位经费及纪念建筑物投资及残废补助费等。统计上还可测算各类费用额，以研究抚恤优待费用总额的构成状况。表14-8是“七五”我国部分抚恤优待费用额状况。从中可以看出，“七五”期间我国优抚对象补助金额近87亿元，平均年递增18.61%。且呈上升趋势、集体供

表13-8　　我国部分抚恤优待费用状况

年份	优抚对象补助金额（万元）			光荣院经费（万元）		
	总　额	国家支出比重(%)	集体传统比重(%)	总　额	国家支出比重(%)	集体传统比重(%)
1986	122642.2	38.65	61.35	3331.5	95.44	4.56
1987	138930.8	40.75	59.25	3938.0	95.60	4.40
1988	150644.4	41.74	58.26	4010.3	94.46	5.54
1989	213910.4	56.91	43.09	5424.2	94.49	5.51
1990	242732.1	58.16	48.14	6212.7	95.29	4.71
合计	867959.9	49.48	50.52	22916.7	95.03	4.97

资料来源：《中国统计年鉴1991》

给在“七五”呈下降趋势。在为孤老烈属、孤老复员军人、孤老残废军人及烈士遗孤举办的光荣院经费中可以看出，“七五”期间总额为2.3亿元，其中国家支出部分稳定在95%左右，体现了国家对优抚对象的关怀与照顾。

第三节　社会安全统计

良好的社会秩序和安全的社会环境是人们得以生存的基本条件之一，是社会良性发展的重要标志，亦是社会控制与管理的核心内容之一，因而社会安全统计就成为社会经济统计体系中的重要部分。

一、社会安全统计的对象与特点

广义的社会安全是指建立在一定物质资料生产基础上的社会联系和社会关系的稳定性，包括政治、经济、生产的安全与秩序，及社会治安和国家安全等。而狭义的社会安全是指社会成员和团体的人身与财产安全不受外来侵害的保障程度，包括刑事违法与犯罪、民事纠纷与调解、火灾事故、交通事故及其他治安灾害事故等。目前我国社会安全统计是以社会成员和团体的人身与财产安全受遭外来侵害的状况为对象，以致害、受害、防治危害为主要内容，反映一个国家或地区居民的正常生产、生活与交往的保障程度。

社会安全统计的研究对象性质决定了社会安全统计具有以下几个显著特点：

1. 逆向性。在社会安全统计中以逆向指标、负指标为主，反映社会安全状况的改善，不是依靠对改善的直接统计，而主要通过破坏社会安全的指标数值的减少和下降来反映，例如犯罪率、自杀率、交通事故件数等。在社会安全统计中，破案率的提高、律师人数的增加及司法工作费支出的增长，并不能说明社会安全状况的改善。而在其他社会经济统计中，正向指标则是主体。

2. 局限性。指反映社会安全的指标数值，只能局限于有关部门已掌握的数值。这种数值与社会真实情况之间存在着差距。统计未曾报案或立案的犯罪几乎是不可能的。例如有些妇女分别受害。只有一个妇女报案，社会安全统计只能计算这一个，其余虽然能肯定说有，但无法统计其数量。这是由社会安全工作本身性质所决定的。

3. 不确定性。指社会安全统计的主要指标缺乏明确指向。某一指标数值的变化不能简单肯定它代表社会安全状况的变动。例如社会治安案件的增加不能简单地推定为社会安全状况的恶化。这是由于社会安全本身受到各种社会、政治、经济因素影响所具有的不确定性。是罪与非罪界限、立案标准、受害者报案主动性、侦破水平等等多方向变化趋势交织在一起。同时社会制度、习惯风俗也是重要制约因素，而且社会安全工作越深入、掌握的案件就越多，显然不能推论社会安全状况的恶化。

4. 保密性。社会安全统计资料主要是在司法机关与违法犯罪行为斗争中形成的，这一工作性质要求社会安全统计具有一定的保密性，因而其口径、范围的变化不易迅速掌握。在社会安全统计分析时应充分注意。

二、社会安全统计的主要内容和指标

社会安全统计涉及社会安全的各个侧面，综合起来，社会安全统计的主要内容和指标有以下几个方面：

1. 保障社会安全的基本条件统计。主要指维护社会安全的人员及拥有装备统计。这些人员依照法律规定和各级政府赋予的权力和职责，分别承担维护社会安全的某方面任务，共同构成代表社会维护其安全的专门力量。目前在我国主要包括专职司法人员和治安、刑事、交通、消防、武装、边防、看守、外事、铁路、民航、森林等人民警察。但不包括工商、卫生、环境保护、食品卫生等监察管理人员，也不包括从事治保、巡逻、维持公共秩序的值勤人员，及各企业事业单位的内保人员和纪检人员。

公安、司法机关装备数，是指公安、法院、检察院、司法部门等所拥有的固定资产总值、枪支总数及机动车辆数等。公安司法机关装备数。是用于说明保障社会安全的物质保证情况。

2.违法犯罪状况统计。违法犯罪是社会安全问题的核心。其中犯罪行为是严重的违反刑事法规的行为。违法犯罪统计包括刑事犯罪统计、违反治安管理统计和民事案件统计。由于我国对民事纠纷采取以调解为主的方针，民事案件统计放在民事调解中介绍。违法犯罪统计的主要指标有：

刑事案件数，指一定时期内经公安机关侦查部门及人民检察院侦察部门依法立案侦察或查证，符合刑事案件构成标准的案件起数。只有公安机关掌握并且确认的案件才成为统计的范围。目前我国刑事案件分为反革命刑事案和普通刑事案件两类。普通刑事案件分为凶杀案、抢劫案、强奸案、流氓案、盗窃案、诈骗案及其他案件。统计上还可就上述分类分别统计，与研究刑事案件的构成状况。

每万人口中刑事案件数，指一定时期内发生的刑事案件数同年平均人口的比值。用以反映社会治安状况，是衡量和评价社会治安状况的最重要指标之一。计算公式为：

$$每万人口中刑事案件数=\frac{报告期内刑事案件数}{报告期内平均人口数(万人)}$$

表13-9是我国八十年代刑事案件状况。从中可以看出，

1981年刑事案件最多。经过“严打”之后，至1985年下降幅度较大。1987年又有上升趋势。1983年每万人口刑事案件数，英国730件，法国656件，美国516件，日本146件。我国此指标值大大低于上述发达国家。在刑事案件构成中，虽然盗窃案比重逐年下降，但其比例仍占第一位。其它类型案件比重均呈上升趋势，也反映我国社会治安状况越来越复杂。

表13-9　　　　我国刑事案件状况

年份	刑事案件数（件）	每万人口中案件数	各类刑事案件比重（%）						
			凶杀	伤害	抢劫	强奸	盗窃	诈骗	其他
1981	1890281	8.93	1.08	2.41	2.50	3.46	83.61	2.10	4.84
1985	542005	5.21	1.93	2.88	1.62	4.24	79.58	2.43	4.62
1987	570439	5.41	2.31	3.81	3.29	6.53	76.30	2.58	5.18

资料来源：《中国社会统计资料1990》

犯罪率。它指一定时期内（通常为一年）按法律规定诉讼终结时所确认的犯罪人数同平均人口数的比例，补充刑事案件数来反映犯罪强度。计算公式为：

$$犯罪率=\frac{报告期内犯罪人数}{报告期内年平均人数(万人)}$$

青少年犯罪率。指年龄在14岁～25岁的犯罪人数与同年龄段平均人口数的比值，用以反映青少年的犯罪情况。计算公式为：

$$青少年犯罪率=\frac{青少年犯罪人数}{青少年平均人口数(万人)}$$

目前青少年犯罪已成为世界性难题，该指标是反映社会物质与文明建设，评价全社会教育状况的最重要指标之一。

破案率。指一定时期内所破获的本期立案的案件数同本期立案总数之比。破案率用以反映公安、司法侦查活动的成效，是研究和评价公安、司法部门打击各种犯罪活动的能力和效率的重要指标，也反映社会成员安全的保障程度和犯罪活动受到应有惩罚的可能性高低。表13-10是我国刑事案件近年破案率的状况。

表13-10　我国刑事案件破案率

项目	1981	1982	1983	1984	1985	1986	1987	1988
破案率（%）	73.1	77.4	70.6	76.9	78.8	79.2	81.3	75.7

资料来源：《中国社会统计资料1990》

违反治安管理的案件。它是指在行为情节尚未构成犯罪，但同样危害社会秩序的案件。对案犯处罚分为警告、罚款和行政拘留三种。违反治安管理统计是违法犯罪统计的补充。其主要指标有：违反治安管理案件数、违反治安管理处罚人数、青少年违反治安管理受处罚人数及违反治安管理案件构成等。其指标计算与违法犯罪统计相应指标类似。

3、其他社会安全问题统计。这个问题情况复杂。这里仅就民事调解与民事案件统计和交通事故、火灾事故统计加以简单介绍。

在社会生活和经济活动中，公民之间、公民与法人之间及法人之间会发生诸如婚姻、继承、债务等纠纷。这些纠纷若处理不当，将成为危胁社会安全的不安定因素。目前在我国民事纠纷的解决途径主要两种：民事调解和法院判决。民事调解是我国大多数民事纠纷的解决途径，在国际司法界拥有很高声誉。反映民事调解的主要指标有：

调解人员数。指在人民调解委员会担负调解民间一般民事纠纷和轻微违法行为所引起的纠纷的工作人员数。包括调解委员会的委员和调解小组的调解员。

调解民间纠纷件数。指调解委员会依照法律规定，根据自愿原则，用说服教育的方法调解民间发生的有关民事纠纷，促使当事双方解决纠纷的案件数，主要包括婚姻家庭纠纷和财产权益纠纷等。表 13-11 是我国人民调解工作状况。1986年～1990年共调解民间纠纷3627.3万件，五年间调解人员人数和调解民间纠纷件数相对稳定，年平均增长速度较缓。

表13-11　　我国人民调解工作

项　目	1986	1987	1988	1989	1990	平均每年增长（%）
调解人员（万人）	608.7	620.6	637	593.7	625.6	0.69
调解民间纠纷（万件）	730.7	696.6	725.5	734.1	740.9	0.35

资料来源：《中国统计年鉴1991》

民事案件和解率。指一定时期内受理的民事纠纷案件中，用调解方式和解的案件数所占的比重，以反映民事调解在解决民间纠纷中的作用。计算公式为：

$$\text{民事案件和解率}=\frac{\text{和解案件数}}{\text{受理案件数}}\times 100\%$$

交通事故起数和交通事故损失额。交通事故是指行使在公共道路上的交通工具，因各种原因直接造成人身、交通工具及财物损失，经有关部门处理的事故。表13-12资料是我国交通事故状况。平均事故损失额1990年比1987年增长了43.46%，这是交通发展的必然趋势，原因在于交通工具日益快速、大型，而且人对交通工具的使用频率越来越高，依

表13-12　　我国的交通事故状况

年　　份	处理事故件数（件）	直接损失折款（万元）	平均每件事故直接损失额（元/件）
1987	260606	25669.9	985.00
1990	250244	35361.1	1413.1

资料来源：《中国统计年鉴1991》

《中国社会统计资料1990》

赖性越大。

火灾事故指经消防机关处理或掌握。造成人身或财产损失的燃烧现象。火灾事故把人民生命财产付之一炬，容易造成重大损失和严重后果。火灾事故统计的主要指标有火灾事故起数和火灾损失额等。表13-13是我国火灾事故状况。其中1987年火灾损失巨大，平均每起损失额也大大超过1990年。原因在于1987年黑龙江森林大火灾损失巨大。当年黑龙江火灾损失已达5.4亿元。

表13-13　　我国火灾事故状况

年　　份	火灾事故起数（起）	火灾损失折款（万元）	平均每起事故损失额（元/起）
1987	32053	80560.8	25133.6
1990	57302	51181.8	8931.9

资料来源：《中国统计年鉴1991》

《中国社会统计资料1990》

4.社会安全综合性统计。在现实统计中，有些内容不能归并到某个部门的管辖范围和某类事件的范畴中，事件本身带有综合性质。这里主要介绍非正常死亡统计。

非正常死亡是指衰老、疾病原因死亡以外的各种社会、自然原因所直接造成的死亡。主要包括火灾致死、淹死、交通事故致死、触电致死、中毒死亡、各种事故致死、自杀、被杀等。是综合度量社会安全状况的指标之一。其中自杀率特别引起社会学家的重视。表13-14是我国近年非正常死亡状况，从中可以看出，我国非正常死亡率逐年上升。在城乡分类统计中，乡村非正常死亡率均高于城市。这也表明在我国乡村非正常死亡状况较城市严重。在分项致死原因中，自杀率无论在城市或乡村，均排在第一位，而且乡村大大高于城市。这应引起有关部门的警觉。

表13-14　　我国非正常死亡率　　单位：‰

	1980		1985		1987		1988	
	城市	乡村	城市	乡村	城市	乡村	城市	乡村
总　计	3.86	5.79	4.21	7.15	4.65	7.10	4.38	7.48
自　杀	1.25	1.54	1.12	2.95	0.98	2.77	0.90	1.75
淹　死	0.45	1.65	0.53	1.38	0.33	1.27	0.47	1.38

资料来源：《中国社会统计资料1990》

三、社会安全统计的分析方法

社会安全统计的分析方法除常用的动态分析、对比分析和水平分析外，还常采用下面两种较有代表性的统计分析方法：

1.计算犯罪案件发生频率法。犯罪案件的发生频率，通常指全国或地区在一定时间内所发生的案件数。将计算的时间数去除案件发生的次数，即可测算出频率。在统计实际中，时间长度常以"分"或"秒"为单位。这一统计分析指标具有可比性，在世界很多国家采用。表13-15是我国的犯罪案件发生频率状况，从中可以看出，1987年与1981年相比，全部刑事案件的发生频率明显下降，但凶杀案、强奸案的发生频率上升，对人民生命和妇女人身安全危胁有增加的趋势。

表13-15　　我国犯罪案件发生频率

案件种类	单　位	1981年	1987年
1.刑事案件	次/秒	1/35	1/55
2.盗窃案件	次/秒	1/42	1/72
3.强奸案件	次/分钟	1/17	1/14
4.抢劫案件	次/分钟	1/23	1/24
5.伤害案件	次/分钟	1/24	1/28
6.诈骗案件	次/分钟	1/28	1/36
7.凶杀案件	次/分钟	1/55	1/40

资料来源：《中国社会统计资料1990年》

2.相关分析法。把具有相关关系的资料联系在一起，研究社会现象间的相关形式和密切程度。这一相关分析法在社会安全统计分析中常被采用。统计学家凯特勒（1796—1874年）运用统计相关分析对犯罪问题进行的独创性研究最为著名。马克思曾对凯特勒发现犯罪行为的规律性给予了很高评价。凯特勒根据相关统计分析得出如下结论：①犯罪与年龄的关系——25岁左右最高；②犯罪与性别的关系——男性比女性高4倍；③犯罪与季节的关系——夏季多人身方面罪，冬季多财物方面罪；④犯罪与地理、人种关系——南方多人身方面罪，北方多财物方面罪，意大利杀人案十六倍于美国、四倍于比利时、八倍于法国；⑤犯罪与国民教育——关系不大；⑥犯罪与贫穷——关系不大，反而与富裕有关，凯特勒的这些结论并不一定确切，但他为犯罪研究提供了新方法，为统计研究提供了新领域，对犯罪学研究的深入起到了历史性作用。

第十四章　国民经济和社会发展综合统计分析

国民经济和社会发展综合统计分析，是根据社会经济统计资料，运用统计分析方法，对国民经济运行、社会生活各个方面及其内在联系，进行全面的、总结性的分析与综合评价。

对国民经济和社会发展进行综合统计分析，有着重要意义。首先，可综合评价国民经济运行和社会生活总体状况。如经济增长速度是否恰当，主要比例关系是否协调平衡，经济效果和社会效益的提高状况，社会生活进步状况等。都可以进行概括的描述，作出明确的结论。其次，检查与考核国民经济和社会发展计划实现情况、党和政府的方针、政策贯彻执行情况。它通过国民经济和社会发展统计资料，与所制定的计划目标、有关方针、政策对照。可以对它们进行具体的检查与考核。最后，为加强国民经济和社会发展的管理，搞好宏观调节与控制提供依据。它通过对国民经济和社会发展的综合分析，发现其存在的各种矛盾和问题，总结其中经验教训，为国民经济和社会的管理部门进行科学管理，采取正确的调控措施，提供重要依据。

对国民经济和社会发展状况进行综合分析内容主要有：

首先，对国民经济发展速度分析。国民经济发展速度问题，一直是个重要问题。社会主义经济发达，人民生活提高，都离不开经济增长。因此，综合分析要认真研究国民经济增长情况，包括确切反映增长速度，评价增长速度是否恰当等。二是对国民经济和社会发展的主要比例关系分析。国民经济和社会的稳定增长，经济效果和社会效益最大化，都客观地要求国民经济和社会内在主要比例关系协调平衡。主要比例关系分析，包括对社会产品、国民生产的生产、分配和使用中的比例关系，经济与社会发展之间协调平衡关系等。三是对国民经济效果和社会发展效益分析。提高国民经济效果和取得更大的社会效益，是我国社会主义四个现代化建设的目的。在速度，比例和效果关系中，经济效果和社会效益是核心，也是评价发展速度是否恰当、比例关系是否协助平衡的标准。四是对国民经济与社会协调发展分析。国民经济与社会协调发展，是世界各国实现现代化共同要求。在建设有中国特色的社会主义现代化国家，我们也必须贯彻经济与社会协调发展。社会经济统计学就要运用统计方法从量上测定分析经济与社会协调发展问题。

国民经济和社会发展进行综合分析，需要采用一系列统计分析方法。统计分析常用的有对比分析法，构成分析法、平衡分析法、因素分析法、相关回归分析法，经济模型法等，这些方法运用要根据研究的目的和任务、客观现象的特点，分别选用或结合运用。

第一节　国民经济增长速度综合分析

国民经济保持稳定的比较快的增长速度，是经济繁荣和人民生活不断提高的物质保证。为科学地测量经济增长和分析经济增长因素，一定要研究能反映经济增长本质的增长率和影响经济增长速度的主要因素。

一、反映经济增长率的统计指标

1. 经济增长的概念。经济增长是作为经济走向繁荣的标志。所谓经济增长是一个国家或地区实际的国民经济活动成果数量，在时间上的增长或增加。这是因为只有实际获得的活动成果数量，其增长或增加才有现实的经济效益。

2. 测定经济增长率指标的选择。按照经济增长概念，首先明确以什么经济指标来表现国民经济活动成果；其次确定用什么指标来测算经济增长率。

通常以国内生产总值，作为国民经济活动成果数量指标比较恰当。因为它包含社会经济活动成果比较全面。它既包括物质产品最终成果还包含劳务最终成果。同时，它代表本期经济活动所得到的可用于社会生活消费和投资的最终成果，而不含以往成果及物化劳动消耗转移成果的重复计算。它的数量多少，正是反映本期经济活动最终成果的多少。

此外，要用可比价计算国内生产总值，用于测算国民经济增长率。因为，历年按当年实际价格计算国内生产总值的增长，既包括实际成果数量的增长，又可能是由于价格上涨而增长。要把物价变动从国内生产总值增长变动中加以剔除，以求得一个实际的经济增长率，就必须用可比价格计算的国内生产总值来加以对比测算。

由于各个国家或同一个国家的各个时期，其人口增加情况不同，单从国民经济活动成果总量衡量，并不能确切表明经济达到的水平。假设美国和哥斯达黎加的国内生产总值，在同一时期都增长了3%，而在同一时期美国人口增长1%，哥斯达黎加人口却增长了3%。这时，以人均国内生产总值测算，美国增长了1.98%，而哥斯达黎加则无任何增长。因此，在国际对比或一个国家作历史对比经济增长速度时，不仅用国内生产总值对比计算经济增长率，还应进一步用人均国内生产总值对比计算其增长率，进一步反映一个国家实际经济水平的增长情况。

二、测定经济增长率的指标

经济增长率是指国民经济活动成果数量，在不同时期对比的增长速度。通常用增长率和平均增长率两个指标。其计算公式如下：

1.增长率。以某一对比基期为标准，说明计算期经济增长的速度。即：

$$\text{经济增长率(\%)}=\frac{\begin{array}{c}\text{计算期国内生产总值}\\ \text{(或人均国内生产总值)}\end{array}-\begin{array}{c}\text{对比基期国内生产总值}\\ \text{(或人均国内生产总值)}\end{array}}{\text{对比基期国内生产总值(人均国内生产总值)}}\times 100\%$$

$$=\left(\begin{array}{l}\text{国内生产总值(或人均}\\ \text{国内生产总值)发展速度}\end{array}-1\right)\times 100\%$$

为反映某一固定时期以来各期总的增长情况，可计算以固定时期为对比基期的定基增长速度。如果研究各个时期逐期增长情况，则可计算都以上一期为对比基期的环比增长速度。

2.平均增长率。由于国民经济发展的波动性，所以，在一个较长的时期内，各年经济增长速度是有差异的。因此。当采用其中某一年的增长率进行历史对比或国际对比时，往往不能说明经济增长率差异的实际情况。因而为了便于不同时期对比分析一个国家国民经济增长的一般速度，研究其增长速度规律性，或国际间比较增长率一般差距，就要利用和计算某一段时期内平均各年的增长率。年平均增长率是把各年经济增长偶然波动抽象化，以反映这个时期增长的一般速度。它就是反映经济增长程度的一般规律，又是这一时期内各年增长速度的代表速度。

国民经济增长速度是一个很重要的问题。我们评价分析时，应从促使国民经济处于良性循环、各部门协调平衡和取得较好国民经济效果出发，达到整个经济保持稳定持续增长。这就要求考察经济增长是否过快、过慢，或大起大落；协调增长是在相互制约相互联系条件下，短线部门增长快，长线部门不增长或少增长、或压缩些，称之为协调增长，增长速度还要以取得较好经济效益来衡量。增长发展与取得较好经济效益应相辅相成，不能只讲速度而不求效益。

三、国民经济增长因素分析

影响国民经济增长的因素很多，可以从不同角度加以剖析，并建立数学关系式，确定各种因素影响程度，如何更好发挥这些因素积极作用，以促进经济更稳定持续增长。

国民经济增长速度因素分析，常用下列一些统计方法，分析其有关因素变动所起作用。

1. 分析劳动力数量、劳动生产率的变动，对国民经济增长速度影响。国内生产总值与劳动生产率、劳动力数量的因素关系为：

国内生产总值＝按增加值计算的劳动生产率×劳动力数量

用符号对应表示：$GDP=q\times T$

国内生产总值发展速度，与这些因素变动间的关系式为：

$$\text{国内生产总值发展速度}=\text{按增加值计算的劳动生产率发展速度}\times\text{劳动力数量发展速度}$$

$$\frac{GDP_1}{GDP_0}=\frac{q_1}{q_0}\times\frac{T_1}{T_0}$$

假设有下列经济统计资料，加以举例说明。（均按可比价格计算）。

表14-1　　假设某地区有如下经济统计资料

	单位	基　期（0）	报告期（1）	发展速度（%）
国民经济总产值Q	亿元	1102	1208	109.62
中间消耗C_2	亿元	600	658	109.67
国内生产总值GDP	亿元	502	550	109.56
劳动力数量T	万人	500.9	510.9	102.00
劳动生产率（按社会总值）q	元	2000.4	2364.45	107.47
劳动生产率（按增加值）q	元	10022	10765.3	107.42
增加值占社会总值比重g_1'	%	45.55	45.53	99.96
中间消耗占社会总值比重C'	%	54.45	54.47	100.04

由表14-1资料，从增加值的劳动生产率和劳动力数量两个因素变动的影响分析出发，其关系式为：

$$\frac{CDP_1}{CDP_0}=\frac{q_1}{q_0}\cdot\frac{T_1}{T_0}$$

$$109.56\%=107.47\%\times 102.00\%$$

即：报告期国内生产总值增长了9.56%，其中由于增加值劳动生产率增长7.42%和劳动力数量增长2%。

从绝对经济效益来看：

报告期国内生产总值比基期增加48（亿元）=550－502

其中：由于劳动生产率提高使用国内生产总值增加的数额为：

$(q_1-q_0)\times T_1$

$=(10765.3-10022)\times 510.9=37.98$（亿元）

占国内生产总值增加额的比重为：37.98÷48=79.13%；

由于劳动力数量增加使用国内生产总值增加的数额为：

$(T_1-T_0)\times q_0$

$=(510.9-500.9)\times 10022=10.02$（亿元），占国内生产总值增加额的比重为：10.02÷48=20.87%

由上可见，报告期该地区国内生产总值增长速度达到9.56%，其起主要作用的因素是劳动生产率提高，其次要因素是劳动力数量的增加。这说明主要靠内涵扩大再生产，带来较好的经济效益。

2.分析劳动力数量，劳动生产率和增加值占国民经济总产值比重的变动，对国民经济增长速度的影响。国内生产总值与劳动力数量、劳动生产率和增加值占社会总值比重的因素关系为：

$$\text{国内生产总值}=\text{劳动力数量}\times\text{按国民经济总产值计算的劳动生产率}\times\text{增加值占国民经济总产值的比重}$$

$$GDP=T\times q\times g$$

式中：$\text{增加值占国民经济总产值的比重}=\dfrac{\text{增加值}}{\text{国民经济总产值}}$

$$=\frac{\text{国民经济总产值}-\text{中间消耗}}{\text{国民经济总产值}}$$

$$=1-\frac{\text{中间消耗}}{\text{国民经济总产值}}$$

$$g'=1-c'$$

由此可见，上式实际上反映了国内生产总值与劳动力数量、劳动生产率、中间消耗之间的关系。

同理，国内生产总值发展速度，与这些因素发展变化的关系式为：

$$\begin{array}{c}\text{国内生产总值}\\\text{发展速度}\end{array}=\begin{array}{c}\text{劳动力数量}\\\text{发展速度}\end{array}\times\begin{array}{c}\text{按国民经济总产值计算}\\\text{的劳动生产率发展速度}\end{array}$$

$$\times\begin{array}{c}\text{增加值占国民经济总产}\\\text{值比重的发展速度}\end{array}$$

$$\frac{GDP_1}{GDP_0}=\frac{T_1}{T_0}\times\frac{q_1}{q_0}\times\frac{g_1'}{g_0'}$$

由表14-1资料，按上式因素关系各得出：

109.56%≈102.00%×107.47%×99.96%

这就说明，报告期国内生产总值增长了19.56%，是由于劳动力数量增长2.00%、国民经济总产值劳动生产率提高了7.47%，和增加值占国民经济总产值比重下降了0.04%的共作用结果。

从绝对经济效果来分析：

报告期比基期国内生产总值增加48亿元，其中：

由于劳动力数量增加使用内生产总值增加的数额为：

$$(T_1-T_0)\times q_0\times g_0'$$

$$=(510.9-500.9)\times 2200.4\times 45.55\%=10.02$$

（亿元；）；占国内生产总值增加额比重为：

10.02÷48=20.87%；

由于国民经济总产值劳动生产率提高而使国内生产总值增加数额为：

$$(q_1-q_0)\times T_1\times g_0'$$

$$=(23644.5-22000.4)\times 510.9\times 45.55\%$$

$=38.26$（亿元），占国内生产总值增加额的比重为：

$38.26\div 48=79.71\%$；

由于增加值占国民经济总产值比重下降，亦即中间消耗占国民经济总产值比重上升使用国内生产总值减少的数额为：

$$(g_1'-g_0')\times T_1\times q_1$$

$$=(0.4553-0.45553)\times 510.9\times 23644.5$$

$=-0.28$（亿元），占国内生产总值增加额的比重为：

$-0.28\div 48=-0.58\%$

这里，各个因素变动引起国内生产总值增减额之和，即为报告期比基期国内生产总值的总增加额。即：

$$GDP_1-GDP_0=(T_1-T_0)q_0g_0'+(q_1-q_0)T_1g_0'+(g_1-g_0')T_1q_1$$

$$550-502=10.02+38.26\times(-0.28)=48\text{（亿元）}.$$

3.分析资金占有量、资金产出率的变动，对国内生产总值增长速度的影响。国内生产总值与资金占有量、资金产出率的因素关系为：

$$\text{国内生产总值}=\text{资金占有量}\times\text{资金产出率}$$

$$=\text{资金占有量}\times\frac{\text{国内生产总值}}{\text{资金占有量}}$$

那么，国内生产总值发展速度，与它们的变动关系式即为：

$$\text{国内生产总值发展速度}=\text{资金占有量发展速度}\times\text{资金产出率发展速度}$$

$$\frac{GDP_1}{GDP_0}=\frac{F_1}{F_0}\frac{\frac{GNP_1}{F_1}}{\frac{GHP_0}{F_0}}$$

式中：F——资金占有量

以表14-1资料为基础，假定该地区国民经济各产业部门基期资金平均净值为1568.75亿元，报告期为1617.65亿元，可作如下分析：

$$\frac{GDP_1}{GDP_0}=\frac{F_1}{F_0}\times\frac{\frac{GDP_1}{F_1}}{\frac{GDP_0}{F_0}}.$$

$$\frac{550}{502}=\frac{1617.65}{1568.75}\times\frac{\frac{550}{1617.65}}{\frac{502}{1568.75}}$$

$$109.56\%=103.12\%\times\frac{0.34}{0.32}$$

$$=103.12\%\times106.25\%$$

即：报告期国内生产总值增长了9.56%，是由于资金占有量增长了3.12%，资金产出率增长了6.25%共同作用的结果。

从绝对经济效果来分析：

由于资金占有量增加，而使国内生产总值增加数额为：

$$(F_1-F_0)\ \frac{GDP_0}{F_0}$$

$$=(1617.65-1568.75)\times\frac{502}{1568.75}$$

$$=15.65\text{（亿元）}$$

由于资金产出率提高，而使国内生产总值增加数额为：

$$\left(\frac{GDP_1}{F_1}-\frac{GDP_0}{F_0}\right)F_1$$

$$=(0.34-0.32)\times 1617.65$$

$$=32.35\text{（亿元）}$$

这里，报告期国内生产总值增加额，也等于上述两个因素变动引起国内生产总值增加（减）额之和，即：

$$GDP_1-GDP_0=(F_1-F_0)\frac{GDP_1}{F_0}+\left(\frac{GDP_1}{F_1}-\frac{GDP_0}{F_0}\right)F_1$$

$$=15.65+32.35$$

$$=48\text{（亿元）}$$

4.根据哈罗德——多马经济增长模型，分析积累率、积累效果系数对经济增长速度的影响。哈罗德——多马经济增长模型：

$$\frac{\varDelta Y}{Y}=\frac{S}{Y}\div\frac{I}{\varDelta Y}=\frac{S}{Y}\cdot\frac{\varDelta Y}{I}$$

即，国民生产总值增长率＝储蓄率÷资本系数＝储蓄率×资本产出率

式中符号：Y——国民生产总值；$\varDelta Y$——国民生产总值增加额；S——储蓄额；I——投资额。

以上变量之间关系，以投资额I与储蓄额S相等为条件。即$I=S$。

现在我们借鉴哈罗德——多马模型，建立适合我国情况的经济增长模型进行增长因素分析。国民生产总值从其使用去向，分为消费和积累两部分，因此将哈罗德——罗马模型中的储蓄改为积累H；将储蓄率改为积累率H/Y；其余不

变。这样，我们得到经济增长模型：

$$\frac{\Delta Y}{Y_0}=\frac{H_0}{Y_0}\div\frac{H_0}{\Delta Y}=\frac{H_0}{Y_0}\times\frac{\Delta Y}{H_0}$$

即：

$$\frac{\text{国民生产总}}{\text{值增长率}}=\text{积累率}\div\text{积累系数}=\text{积累率}\times\text{积累效率系数}$$

上述增长模型说明，经济增长受两个因素作用：积累率与积累效果系数。上式下标“0”为基期水平，即模型均采用基期积累额、积累率。这是由于积累对国民生产总值增长存在一定的时滞。

假设表14-1资料，该地区基期生产性积累额为125.52亿元，那么：

$$\frac{\Delta Y}{Y_0}=\frac{H_0}{Y_0}\cdot\frac{\Delta Y}{H_0}$$

$$\frac{48}{502}=\frac{125.52}{502}\times\frac{48}{125.52}=25.0\%\times0.3824$$

$$=9.56\%$$

这就说明，报告期该地区国民生产总值增长9.56%，是在基期积累率25%及积累效果系数0.3824两个因素共同作用下达到的。

5.利用生产函数法，分析劳动力、生产资金和科学技术对经济增长的作用。即：

对柯布——道格拉斯生产函数

$$Y=A_0e^{mt}L^{\alpha}K^{\beta}\cdots\cdots \qquad (1)$$

两边取对数：

$$l_nY=\alpha lnL+\beta l_nK+l_nA。$$

对上式两边微分，并令dt＝1，得：

$$\frac{dY}{Y}=\alpha\frac{dL}{L}+\beta\frac{dK}{K}+m$$

用差分近似微分，得：

$$\frac{\Delta Y}{Y}=\alpha\frac{\Delta L}{L}+\beta\frac{\Delta K}{K}+m\cdots\cdots \quad (2)$$

上列式中：Y——产出量，国内生产总值；L——劳动力数量；K——生产资金投入量；$\alpha\cdot\beta$——分别表示劳动力、生产资金的产出弹性：$\alpha+\beta=1$；A_0e^{mt}——报告期与基期相比的科学技术进步指数；

$\frac{\Delta Y}{Y}$，$\frac{\Delta L}{L}$，$\frac{\Delta K}{K}$——分别为国内生产总值增长率、劳动力增长率、生产资金增长率；m——技术进步效益系统。

上面的（2）式即为经济增长函数。它揭示了国民经济增长速度与技术进步效益系数、劳动力增长、生产资金增长的依存因素关系，可用于分析这些因素对经济增长的作用。

利用经济增长函数作因素分析，首先要计算出经济增长函数中的参数α、β和m。这可以利用有关时间数列，用最小平方法估计然后以参数值代入经济增长函数式，就可以分别测定技术进步、资金和劳动增长的贡献。假定某地区在1960—1990年间，国内生产总值平均增长速度的9.0%，其生产资金和劳动力年平均增长速度分别为9.2%和6.8%，$\alpha=0.3$，$\beta=0.7$。技术进步效益系数作为“余值”推算

$$m=\frac{\Delta Y}{Y}-\alpha\frac{\Delta L}{L}-\beta\frac{\Delta K}{K},$$

$$=9.0\%-0.2\times 9.2\%-0.3\times 6.8\%=1.72\%$$

这样，各项因素对国内生产总值增长贡献所占的比重：

$$\text{技术进步对国内生产总值增长速度的贡献}=\frac{m}{\frac{\Delta Y}{Y}}=\frac{1.72\%}{9.0\%}=19.11\%$$

$$\text{生产资金增长对国内生产总值增长速度的贡献}=\alpha\frac{\frac{\Delta K}{K}}{\frac{\Delta Y}{Y}}=\frac{0.2\times 9.2\%}{9.0\%}$$

$$=20.44\%$$

$$\text{劳动力增长对国内生产总值增长速度的贡献}=\frac{\beta\frac{\Delta L}{L}}{\frac{\Delta Y}{Y}}=\frac{0.8\times 6.8\%}{9.0\%}=60.45\%$$

四、经济增长周期波动分析

根据马克思主义唯物辩证法理论，世界上任何事物的发展，都不是直线向前，而是在曲折地波浪式地向前发展。国民经济运行也是时快、时慢波动前进。即国民经济在其发展过程中，围绕长期趋势会出现上下起伏的波动。我国国民经济运行同样存在波动现象。因此，社会经济统计必须及时揭示经济增长的波动趋势，作为对国民经济发展进行调节和控制的参考依据。

考察经济波动的简便方法。首先，确定能反映国民经济发展水平的经济统计指标，然后搜集考察期内各期的时间数列资料，通过计算逐期环比增长速度指标，再绘制成统计曲线图，就可以直观地考察这段时期内经济运行的波动情形

表14-2　1971—1991年上海市国民生产总值增长情况

单位：%

年份	国民生产总值环比发展速度	国民生产总值环比增长速度
1970	100.0	—
1971	106.1	6.1
1972	102.5	2.5
1973	109.8	9.8
1974	110.9	10.9
1975	104.1	4.1
1976	101.4	1.4
1977	109.5	9.5
1978	115.8	15.8
1979	107.4	7.4
1980	108.4	8.4
1981	105.6	5.6
1982	107.2	7.2
1983	107.8	7.8
1984	111.6	11.6
1985	113.4	13.4
1986	104.4	4.4
1987	107.5	7.5
1988	110.1	10.1
1989	103.0	3.0
1990	103.5	3.5
1991	107.1	7.1

资料来源：据《上海统计年鉴1992》换算

了。下面以上海市国内生产总值资料，来说明考察经济波动的方法。

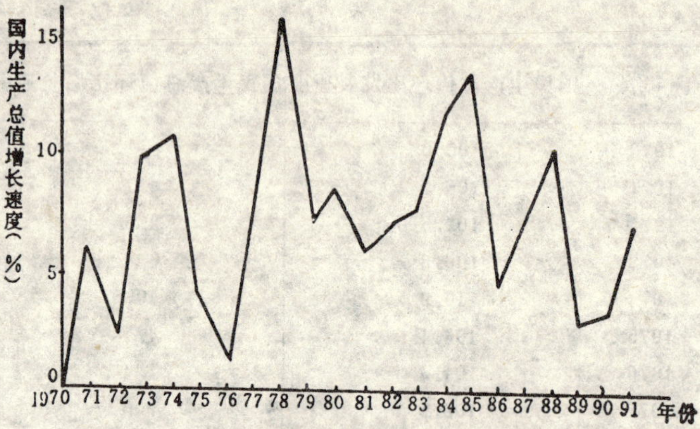

图14-1 上海市国民生产总值环比增长速度曲线图

根据历史资料，将某一固定基期的国内生产总值指数，按换算原理计算出各期的环比指数和环比增长速度。

从表14-2和图14-1中，可以考察到1970—1991年上海市国民生产总值增长速度，出现明显波动。在分析时，应根据经济增长波动因素进行研究，总结经验教训，供实际管理部门和领导作参考。

五、国民经济动态预警分析

我们国家正在建立社会主义市场经济模式。国家对国民经济既要从总体上进行调节与控制，同时又要充分发挥市场调节作用。在这种新的经济形势下，社会经济统计应根据经济运行的波动观测，对运行偏差和可能发生的问题事先发出预警信息，有利于国家对国民经济的调控，并促进经济健康发展。

国民经济动态预警方法，包括预警指标选定和预警综合分析方法。预警指标应根据经济上的重要性和敏感性的标准，在众多的国民经济统计指标中进行选择确定。经济上重要性，是指这些指标能够反映经济运行的基本方面，对于形成和影响经济波动有重要的作用。敏感性是指这些指标能灵敏地反映经济“景气”状态，能够起“报警”作用。预警综合分析方法，是指对众多的预警指标如何测算，如何汇总综合成一个综合指标，用于对经济运行的预警分析。

我国有关部门根据上述选定标准，经过研究探索，已设计出国民经济动态监测预警指标体系。它包括反映社会扩大再生产过程的生产、流通和分配各环节的二十个指标，如国内生产总值、工业总产值、固定资产投资、流动资金贷款、货物运输量、商品零售额、进出口额、职工工资、农民收入、财政收入、财政支出、货币流通量和零售物价指数等。

预警综合分析的综合指标法具体步骤是，首先，测算每项监测预警指标同上期相比的增长率。其次，根据多年来经济发展的实际情况，对每项监测预警指标测定一个临界点，即经济运行不同态势的界限。例如，以工业总产值为例，根据历史经验，增长率在6—12%时比较稳定，经济效果较好。于是便以增长6—12%作为稳定增长界限，而以增长低于6%作为增长较慢，增长12%—19%为增长较快，增长超过20%为增长过快。再次，对各项指标实际增长率，按其临界点，确定不同运行态势分别记分。如稳定增长定为3分，增长较快定为4分，增长过快定为5分，增长较慢定为2分，下降定为1分。其中，以稳定增长（3分）作为最佳状态，以接近稳定发展的较快增长（4分）和较慢增长（2分）作为次佳状态，以两端的过快（5分）和下降（1分）作为不良状态。最后，将以上的20个监测预警指标综合起来，以综合指标60分（20×3）为平衡线，以56—65分区间为最佳状态，其余综合指标分数区间，以此类推。

采用以上监测预警指标体系和综合指标方法，对全国或某些地区近40年国民经济运行态势进行测算和综合分析，其结果证明经济动态预警分析和实际情况基本符合①。当然，上述指标体系与综合指标方法，在实践和理论研究基础上，还可进一步补充完善，提高其科学性和准确性。

六、国民经济增长速度预测

在国民经济增长分析基础上，进行预测未来时期增长率，对于加强国民经济管理是很有参考价值的。

1.根据增长因素变动，预测未来时期国民经济增长率。前面关于国民经济增长因素分析所建立的数学关系式，都可依据其变动情况，用于国民经济增长率预测。例如，根据劳动力、劳动生产率因素变动状况，预测国民经济的增长。因为，国内生产总值增长速度等于劳动力数量发展速度乘以按增加值计算的劳动生产率发展速度减1。假定预测期内的劳动力数量增长5%，预计劳动生产率增长3%，那么预测期国内生产总值增长速度$=1.05\times1.03-1=1.0815-1=0.0815=8.15\%$。其他如劳动力数量，总产值劳动生产率、增加值占总产值比重变动状况，预测国民经济增长率，

---

①岳魏：《宏观经济统计理论》第159—160页。

其原理也一样。

2.根据积累率，积累效果系数，预测国民经济增长率。因为，国民生产总值增长率=积累率×积累效果系数。假设上期积累率为25%，预测期的积累效果系数为30.7%，那么预测期的国民生产总值增长率为25%×30.7%=7.68%。

3.根据国民经济长期趋势数学模型，预测未来时期的国民经济增长率。通常利用最小平方法，对时间数列的发展类型，拟合一个数学模型。然后，利用这模型代入预测期的时间变量值，测得未来预测期的发展水平，求其增长率。假设国民生产总值的直线趋势方程为$Y_c=300+24t$。如果预测期时间变量值$t=8$，于是预测期国民生产总值发展水平$Y_8=300+24\times 8=492$（亿元）。假设预测期的前期国内生产总值为467.5亿元，其预测期国民生产总值增长率$=\frac{492}{467.5}-1$

5.24%。其他发展类型趋势方程，用于预测国民经济增长率，其方法原理也相同。

第二节　国民经济主要比例关系分析

国民经济是复杂的有机整体。它包含着社会再生产各个环节，国民经济各个产业、各个部门之间相互联系的比例关系。要使国民经济稳定增长，并取得较好国民经济效益，必须使它们之间能够保持相互协调平衡的比例关系。同时，国民经济内部的这种协调平衡的比例关系，也要以达到经济稳定增长，并取得较好经济效益为目的。所以，这里研究协调国民经济比例关系，都要以此为出发点和归宿点。

国民经济主要比例关系分析，按照国民经济运行过程，主要有生产、分配和使用中的比例关系。

一、国民经济生产主要比例关系分析

1.三次产业的比例关系。三次产业是按产业发展形成的先后历史顺序，和满足人们生活需要紧迫程度不同而形成的国民经济活动分类。在生产力发展水平低的阶段，首先出现的是第一产业，然后随着生产力水平的逐步提高，逐渐形成和发展壮大第二产业，以至为了满足人们更多的生活服务和享受需要而发展壮大第三产业。因此，世界各国都把三次产业间不同比例结构关系，作为衡量一个国家或地区生产力发展水平的一个重要标志。一般认为第一产业所占比重小，第三产业所占比重大，其社会生产力水平越高。

我国近几年来，国内生产总值的三次产业比重如表14-3所示。

表14-3　　近十多年我国国内生产总值三次产业比重

单位：%

年　　份	合　计	第一次产业	第二次产业	第三次产业
1987	100	28.4	48.6	23.0
1980	100	30.4	49.0	20.6
1985	100	29.7	45.2	24.8
1990	100	28.4	43.6	28.0
1991	100	26.6	46.1	27.2

资料来源：《中国统计年鉴1992》

据世界银行统计，1981年九个发达资本主义国家的三次产业比率如下表。

表14-4　　1981年几个发达资本主义国家国内生产总值的三次产业比重　　单位：%

国　家	合　计	第一次产业	第二次产业	第三次产业
美　国	100	3	34	63
日　本	100	4	43	53
法　国	100	4	35	61
英　国	100	2	33	65
前联邦德国	100	2	49	49

世界上中等收入国家三次产业比重分别为，第一次产业14%。第二次产业38%，第三次产业48%，低收入国家分别为：第一次产业37%，第二次产业34%，第三次产业29%。

由上列资料可见，我国的国内生产总值三次产业比例关系，大体相当于低收入国家的结构。其中，第二产业比重比较低收入国家平均水平略高一些，但第三产业所占比重比他们还要少一些，说明我国人口多，生产力发展水平低。我国第三产业所占比重低，还因为过去对商品流通、交通运输业和生活服务业不够重视，这就不能适应国民经济和社会发展需要。近几年来，政府正重视调整产业结构，以促使它们的比例关系协调发展。

2.两大部类的比例关系。两大部类的比例相互协调平衡，对于社会扩大再生产顺利进行，国民经济稳定增长，都具有重要影响。因此，社会经济统计必须研究它，以便为国民经济管理部门协调平衡两大部类比例关系提供客观依据。

分析两大部类比例关系，必须要有两大部类产品使用的统计资料。但就统计实践来说，以往多以企业生产的主要产品及其主要经济用途划分两大部类。发电厂的主要产品是生产电力，主要用于生产，少部分用于生活消费，按其主要方面把企业生产成果列入第一部类。用这样的分类资料来研究两大部类比例关系，显然过于粗略。当前已经开展的投入产出核算，就为从产品的实际用途上正确划分两大部类提供了有利条件。其计算步骤如下：

首先，利用投入产出表的第Ⅰ象限和第二象限资料，确定国民经济各部门生产用于第Ⅰ部类产品和第Ⅱ部类产品，分析两大部类产品产量比例。计入第Ⅰ部类产品包括全部

表14-5　**设某地区报告期的价值型投入产出表**　单位：亿元

	中间产品C_2				最终产品						总产品X_i
	农业	工业	其它	小计	更新改造	消费	积累：生产性	积累：非生产性	积累：小计	小计	
农业	200	600	50	850	10	800	200	140	340	1150	2000
工业	400	800	300	1500	200	880	300	120	420	1500	3000
其它	100	200	180	480	80	300	120	20	140	520	1000
小计 C_2	700	1600	530	2830	290	1980	620	280	900	3170	6000
折旧 C_1	60	200	30	290							
劳动报酬v	840	800	200	1840							
社会纯收入m	400	400	240	1040							
小计	1300	1400	470	3170							
总产值X_j	2000	3000	1000	6000							

表14-6　　某地区报告期两大部类资料

单位：亿元

	第Ⅰ部类（生产资料）				第Ⅱ部类（消费资料）			总计
	中间产品	更新产品	生产性积累产品	小计	消费产品	非生产性积累产品	小计	
农业	850	10	200	1060	800	140	940	2000
工业	1500	200	300	2000	880	120	1000	3000
其它	480	80	120	680	300	20	320	1000
总计	2830	290	620	3740	1980	280	2260	6000

中间产品、更新改造产品和生产性积累产品。计入第Ⅱ部类产品的有消费品和非生产性积累产品。现根据表14-5的投入产出表，可计算出两大部类产品资料。以表14-6列示。

从表14-6资料可知，在全部国民经济成果中，其比例关系为第Ⅰ部类产品为3740亿元，占62.3%。第Ⅱ部类产品为2260亿元，占37.7%。

然后，利用第Ⅰ象限和第Ⅱ象限的资料，计算各部门物质消耗系数a_{cj}、劳动报酬系数a_{vj}和社会纯收入系数a_{mj}，进而推算出两大部类的价值构成。这样可以分析两大部类产品价值交换比例和扩大再生产条件等，以表14-4投入产出资料，计算如下：

中间产品直接消耗系数$A=Xq^{-1}$

$$=\begin{pmatrix}200 & 600 & 50\\400 & 800 & 300\\100 & 200 & 180\end{pmatrix}\begin{pmatrix}\frac{1}{200} & 0 & 0\\0 & \frac{1}{3000} & 0\\0 & 0 & \frac{1}{1000}\end{pmatrix}$$

$$=\begin{pmatrix}0.1000 & 0.2000 & 0.0500\\0.2000 & 0.2667 & 0.3000\\0.0500 & 0.0667 & 0.1800\end{pmatrix}$$

最终产值构成系数$A=X\hat{q}-1$

$$=\begin{pmatrix}60 & 200 & 30\\840 & 800 & 200\\400 & 400 & 240\end{pmatrix}\begin{pmatrix}\frac{1}{2000} & 0 & 0\\0 & \frac{1}{3000} & 0\\0 & 0 & \frac{1}{1000}\end{pmatrix}$$

$$=\begin{pmatrix}0.0300 & 0.0667 & 0.0300\\0.4200 & 0.2666 & 0.2000\\0.2000 & 0.1333 & 0.2400\end{pmatrix}$$

将上述计算结果，列表14-7，14-8表示：

表14-7　　直接消耗系数　　$A=X\hat{q}-1$

	农　业	工　业	其　它
农　业	0.1000	0.2000	0.0500
工　业	0.200	0.2667	0.3000
其　它	0.0500	0.0667	0.1800
合　计	0.3500	0.5334	0.5300

表14-8　　最终产值构成系数$A=X\hat{q}-1$

	农　业	工　业	其　它
折　旧 a_{ol}	0.0300	0.0667	0.0300
劳动报酬 a_{vl}	0.4200	0.2666	0.2000
社会纯收入 a_{ml}	0.2000	0.1333	0.2400
合　计	0.6500	0.4666	0.4700

把表14-7的各部门直接消耗系数合计数，加上表14-8的相应部门的折旧系数。便得到各部门物耗系数a_{cj}。物耗系数连同劳动报酬系数、社会纯收入系数一起，组成各部门总产值的价值构成系数。即：

$$\begin{pmatrix} ac_1 & ac_2 & ac_3 \\ av_1 & av_2 & av_3 \\ am_1 & am_2 & am_3 \end{pmatrix} = \begin{pmatrix} 0.3800 & 0.6000 & 0.5600 \\ 0.4200 & 0.2666 & 0.2000 \\ 0.2000 & 0.1333 & 0.2400 \end{pmatrix}$$

再用下列公式，求得两大部类产品的价值构成：

$$\begin{pmatrix} c_{\text{I}} & c_{\text{II}} \\ v_{\text{I}} & v_{\text{II}} \\ m_{\text{I}} & m_{\text{I}} \end{pmatrix} = \begin{pmatrix} a_{c1} & a_{c2} \cdots\cdots a_{cn} \\ a_{v1} & a_{v2} \cdots\cdots a_{vn} \\ a_{m1} & a_{m2} \cdots\cdots a_{mn} \end{pmatrix} \begin{pmatrix} q_1^{\text{I}} & q_2^{\text{II}} \\ q_2^{\text{I}} & q_2^{\text{II}} \\ q_n^{\text{I}} & q_n^{\text{II}} \end{pmatrix}$$

$$= \begin{pmatrix} 0.3800 & 0.6000 & 0.5600 \\ 0.4200 & 0.266 & 0.2000 \\ 0.2000 & 0.1333 & 0.2400 \end{pmatrix} \begin{pmatrix} 1060 & 940 \\ 2000 & 1000 \\ 680 & 320 \end{pmatrix}$$

$$= \begin{pmatrix} 1984 & 1136 \\ 1114 & 726 \\ 642 & 398 \end{pmatrix}$$

式中，C_{I}，C_{II}分别表示第Ⅰ、Ⅱ部类产值的物耗价值；

V_{I}、V_{II}、M_{I}、M_{II}分别表示第Ⅰ、Ⅱ部类产值的劳动报酬、社会纯收入部分；

q_j^{I}、q_j^{II}分别表示j部门生产的第Ⅰ、第Ⅱ部类产品数量。

有了两大部类产品的价值构成资料，就可以分析它们之间的再生产比例关系。从价值构成来看，两大部类客观上要求进行交换，并保持恰当比例关系。根据马克思社会再生产原理，在简单再生产条件下，Ⅰ（$v+m$）＝Ⅱc；在扩大再生产条件下，要求Ⅰ（$v+m$）＞Ⅱc，即T（$v+m$）扣除用于Ⅱc之后余下有多少，那么就决定了实现扩大再生产的生产性积累规模。由上面计算结果，Ⅰ$(v+m)-$Ⅱ$c=(1114+642)-1136=620$（亿元）。说明第Ⅰ部类生产的净产品，除用于补偿第Ⅱ部类的生产资料消耗外，尚余620亿元的生产资料可用于扩大再生产的生产性积累。

3.农业、轻工业和重工业之间的比例关系。由于农业、轻工业基本上属于消费品生产，重工业主从事生产资料生产，所以对农业、轻工业与重工业的比例关系分析，也可以大致了解两大部类的比例关系。当然，这比较粗略分析的方法，可以用总产值各占比重指标来反映，也可采用投入产出法计算他们的直接消耗系数，说明其技术经济联系。

二、国民经济活动成果分配主要比例关系分析

国民经济活动成果分配包括初次分配和再分配。分配形成各部分之间比例，体现了相互之间的利益关系。所以，国民经济活动成果分配比例是国民经济分析的一个重要内容。

1.国民经济活动成果初次分配比例。初次分配是在国民经济生产经营活动领域内，对所获得的净成果进行直接分配。初次分配结果，一部分形成劳动者原始收入，另一部分形成企业或生产单位纯收入。这两部分比例关系，可以反映个人和集体、国家所得利益分配关系。例如，表14-5的资料表明，报告期该地区整个国民经济初次分配比例，劳动者原始收入占63.9%，生产单位纯收入占36.1%。这个分配比例，要结合历年来动态变化，结合当年国民经济达到的水平进行分析，才可以有比较深刻的认识。通常讲，初次分配所形成一个具体的比例关系，是在原有分配制度下一定社会发展水平下的产物。在生产力发展水平比较低的时期。由于劳动生产率也较低，那么用于劳动者消耗和负担家庭的必要劳动份额就会大些。反之，在生产力发展水平向高水平发展，劳动生产率有较大提高，那么尽管劳动原始收入绝对水平也随之有很大提高但在净成果分配中所占份额则相对会小些。

2.国民经济活动成果的再分配比例。国民经济活动成果再分配，是指在国民经济活动成果初次分配之后，再进行的各项收支分配。在再分配的复杂关系中，其中重要的是财政收入占国民经济净成果中的比重。其次，观察财政收入中分项目收入的比重。

目前，我国国民经济活动成果的再分配是指国民收入（社会净产值）的再分配。再分配比例，首先是财政收入占国民收入的比重。这个比重反映国家财政集中社会资金的程度。这个比重的变化，反映中央集中征收使用净产值程度的变化。在强调中央集权调控经济条件下，这个比重就大一些；在强调发挥企业主动精神的时候，这个比重就小一些。其次，观察财政收入中各分项目收入所占比重及其变化。财政收入分项目构成有：企业收入、税收、债务收入、其他收入。这些项目构成及其变化，反映财政来源项目的构成及其变化。财政收入分部门收入比重及其变化，则可反映国民经济各部门在财政收入中的地位作用及其变化等。

三、国民经济活动成果使用的比例

国民经济活动成果使用的比例主要有：积累和消费，积累内部各部分之间、消费内部各部分之间。

1.积累和消费的比例。国民经济活动成果——国民生产净值用于积累与消费的比率，是处理国民经济比例关系中的一项重要比例。分析和研究积累和消费的比例，对于国民经济和社会发展以及提高人民生活有着重要意义。

分析和研究积累与消费的比例，一般以下列一些要求作参考：首先，实际的积累基金与消费基金是否超过其最低或最高限。一般说来，积累基金最高界限，是能保证消费基金比人口增长稍快的速度增长，从而保证居民物质文化生活水平和享用的社会福利设施，在经济增长基础上有所提高。积累基金的最低界限，是能保证最低限度的生产建设资金和非生产建设资金需要。因为一定的国民生产净值或国民收入的使用，积累基金与消费基金互为消长。因此，这里说的积累基金最高界限亦即消费基金最低界限，积累基金最低界限亦即消费基金最高界限。在国民生产净值使用额中，消费基金最高界限就是国民生产净值使用额与积累额最低需要量之差，而积累基金最高额界限就等于国民生产净值使用额与消费额最低需要量之差额。

假定报告期国民生产净值使用额增长7.5％，人口增长1.6％，建设资金最低需要增长2％，消费基金最低需要增长2.5％其余资料如下：

消费基金最低需要量＝9000×(1＋2.5％)＝9225(亿元)

积累基金最低需要量＝3000×(1＋2％)＝3060(亿元)

由此可见，按照计算，其有关基金合理决算参考范围为：

消费基金额为9840——9225(亿元)

消费率为76.28％——71.51％

积累基金额为3675——3060(亿元)

表14-9　　积累基金、消费基金最高、最低界限计算

	基期		报告期			
			消费基金最高界限或积累基金最低界限		消费基金最低界限或积累基金最高界限	
	国民生产净值使用额（亿元）	比重（%）	国民生产净值使用额（亿元）	比重（%）	国民生产总值使用额（亿元）	比重（%）
消费基金	9000	75.00	9.840	76.28	9225	71.51
积累基金	3000	25.00	3.060	28.72	3675	28.49
合　计	12 000	100.00	12 900	100.00	12 900	100.00

积累率为28.49%—23.72%

那么，以此为依据，再以报告期的实际统计的消费、积累的数额、比例与之对照，就可评价报告期两者比例的合理性了。

其次，在一定的积累率、消费率水平下所形成的积累基金、消费基金是否与该期社会提供的物质产品、劳务等构成相一致。积累基金的物质内容主要部分是生产资料，小部分是消费资料。消费基金的物质内容全部是由消费资料构成。这就要求上述积累、消费形成的购买力需求与社会提供的生产资料、消费资料的供给要基本平衡。

2.积累内部各部分的比例。按不同标志，积累基金有不同组成部分。按照经济运行要求，它们之间也应保持恰当比例关系。主要有：首先，生产性积累所占比重、非生产性积累所占比重和国家后备物资积累所占比重。显然，这些比例

之间相辅相成，应该互相兼顾。生产性积累满足扩大再生产需要，但非生产性积累则满足社会和人民生活的需要，后备物资积累则应急于生产和人民生活的特殊补充需要，都要结合实际情况进行分析。其次，固定资产积累和流动资产积累各占比例。增加固定资产，则要求追加一定流动资产与之配合，才能发挥其效益。当然。有些固定资产积累，由于各种原因不能投入使用的，有些流动资产是低劣产品或不适应市场需要而形成积压物资。因而对于积累内部构成的实际质量应作深入了解才能更好说明其内部比例关系平衡协调状况。

3. 消费内部的比例。消费基金内部构成分析主要分析居民消费与社会消费的比例关系。在我国社会主义条件下，居民消费与社会消费在消费基金中各占比重及其变化，应该保证居民消费水平得到经常的、适当的提高，在满足必要开支

表14-10　我国消费额中居民消费与社会消费的比重

年　份	消费额（亿元）	以消费额为100	
		居民消费	社会消费
“一五”时期	3124	91.0	8.1
“二五”时期	3884	91.2	8.8
1963—1965	2767	91.4	8.6
“三五”时期	5738	91.1	8.9
“四五”时期	7410	90.0	10.0
“五五”时期	10031	88.3	11.7
“六五”时期	17966	87.7	12.3
“七五”时期	38377	86.2	13.8

资料来源：《中国统计年鉴—1991》中国统计出版社

条件下，注意合理控制社会消费基金的增长。因为社会消费，如国家行政机关、国防单位和人民团体等消费支出，应节约开支，不能随着经济发展而按比例扩大，更不能增加其所占比重。近几年来，由于我国还存在着各种铺张浪费现象，不但社会消费额年年扩大，而且在消费基金中的比重还有增加倾向。例如，由表14-10资料加以说明：

第三节　国民经济效果和社会效益统计分析

国民经济持续稳定增长、各组成部分之间比例协调平衡，其最终目的是为了取得更大的国民经济效果和社会效益。

国民经济效果，是指国民经济活动的投入与产出、消耗与成果之间对比。最大的经济效果，表现为一定的投入（占用）、或劳动消耗条件下，获得的经济活动成果最多；或者获得一定的经济活动成果所投入的或所消耗的劳动最少。所谓投入，一般指生产经营活动资金占用、劳动力资源占用等。所谓消耗，可以指活劳动、物化劳动消耗、全部劳动消耗等。所谓产出、成果，是指各种产品、服务的提供。如社会总产出，国民生产总值等总量表现的生产经营成果，以及以利润税收表现的提供给社会使用的成果。

社会效益，是指社会发展、经济增长，为人们提供更多更好的物质生活和文化服务，有利于居民的生活舒适、平均寿命延长，思想道德、文化教养的提高等。

一、国民经济效果和社会效益统计指标

1. 国民经济效果指标。根据国民经济效果的含义，从不

同角度进行测定可以有如下一些指标：

社会劳动生产率。它是反映劳动力的生产效率的指标。它是一定时期内国民经济活动成果总量与该期内占用劳动力人数之比率：

$$\text{社会劳动生产率}=\frac{\text{报告期国内生产总值（或国内生产净值）}}{\text{同期参与国民经济活动的劳动力平均人数}}$$

按国内生产总值或国内生产净值计算社会劳动生产率，由于它不包含中间产品消耗转移价值，或物化劳动转移价值，因而可以比较真实反映劳动者创造取得的经济效果。

物耗净值率。它是反映物化消耗的经济效果指标。它是一定时期内国民经济活动成果总量与该期物质消耗总额相对比的比率：

$$\text{物耗净值率}=\frac{\text{报告期国内生产净值}}{\text{同期物质消耗总额}}$$

该指标值愈大，反映物质消耗利用的经济效果愈大；反之，则愈小。物质消耗总额包括中间产品消耗和固定资产消耗——折旧。

社会总成本（全部劳动消耗）产值率。它是反映全部劳动消耗经济效果指标。它是一定时期内国民经济活动成果总量与该期社会总成本对比的比率：

$$\text{社会总成本产值率}=\frac{\text{报告期国内生产总值（或国内生产净值）}}{\text{同期社会总成本}}$$

社会总成本是以货币表现的活劳动消耗和物化劳动消耗的总和（$c+v$），即国民经济活动生产费用总额。要提高全部劳动消耗的经济效果，既要增加生产又要从减少消耗着手。

人均利税率。它是反映劳动者对社会提供的社会经济效果指标。它是一定时期内社会所得利税总额与同期内占用劳动者人数对比的比率：

$$人均利税率=\frac{报告期实现的利润税金总额}{同期参与国民经济活动的劳动力平均人数}$$

国民生产净值，经过分配，或作为劳动者原始收入，或作为生产单位纯收入，或以利税形式作为社会纯收入。因此，劳动者生产率高低，仅仅反映劳动者生产净成果的多少，那么经过分配一部份归劳动者所得后，社会、国家、集体能得多少呢？这就要用人均利税率指标来衡量了。在社会劳动生产率增长基础上，人均利税率也应有适当增长，以保证劳动力的社会经济效果相应提高。

社会总成本利税率。它是以一定时期内实现利税总额与社会总成本对比的比率：

$$社会总成本利税率=\frac{报告期实现利润税金总额}{同期社会总成本}$$

这个指标数值大小，则反映一定时期内每单位全部劳动消耗为社会贡献了多少社会纯收入。作为衡量全部劳动消耗的社会经济效果的指标。

资金产值率。它是一定时期内国民经济活动成果总量与该期内占用资金平均余额对比的比率：

$$资金产值率=\frac{报告期国内生产总值（或国内生产净值）}{同期国民经济各部门占用资金平均余额}$$

式中占用资金平均余额等于固定资产平均净值与定额流动资金平均余额之和。资金产值率用于反映在一定时期内国民经济各部门占用每单位资金所提供的国内生产总值数额。资金产值率愈高，说明资金占用的经济效果愈好。

资金利税率。它是一定时期内实现利润税金总额与该期内占用资金平均金额之比的比率：

$$资金利税率=\frac{报告期实现的利润税金总额}{同期国民经济各部门占用资金平均金额}$$

资金利税率越高，说明占用每单位资金实现利税额越多，资金占用对社会的贡献也越大。

固定资产投资效果系数。它是以一定时期内增加的国内生产总值与引起国内生产总值增加的固定资产投资额相比的比率：

$$固定资产投资效果系数=\frac{报告期国内生产总值增加额}{上期或前期固定资产投资额}$$

由于当年投资一般不能在当年发挥效益，因而需要把报告期国内生产总值增加额同上期或前期的固定资产投资额相比，以反映投资所取得的效果。

2. 社会效益指标。按照社会效益的含义，其主要统计指标设置，就在于反映各项社会设施以社会服务发挥功能，给人们所带来的生活方便，时间节约、环境改善或社会公众、居民的各种得益等等。诸如，城市交通网络系统的科学完善，给人们出行的便利、节约时间，增加居民的闲暇时间；生态环境保护设施建立，给人们居住环境改善带来的得益状况等等，均可按各项社会设施功能，给社会、居民带来的种种得益加以具体反映。

二、国民经济效果和社会效益的评价分析

国民经济效果和社会效益如何，只有经过比较才能正确评价，进行科学分析才能找出效果、效益好坏的原因，作为进一步提高经济效果，社会效益提出建议或采取措施的依据。

1. 国民经济效果和社会效益的评价，首先要确定评价的标准即确定作为比较、衡量效果、效益高低、好坏的依据。从社会经济统计实践和理论中，一般常用如下一些方面作为评价标准：

历史最好水平或上期水平。就是将某项经济效果或社会效益指标的报告期实际水平，与历史上最好水平或上期水平相比。这样的纵向动态对比，可用以说明该地区或全国的某项国民经济效果或社会效益指标的发展变化。比历史最好水平或上期水平提高的程度或差距等。

全国平均水平或先进地区水平。就是当对某个地区作评价时，将该地区某项国民经济效果或社会效益指标的实际水平，与全国平均水平或先进地区水平相比，用于说明该地区该项经济效果或社会效益，同全国平均水平或先进地区水平之间的差异，或超越更为先进，或落在其后存在差距，都可作出数量评价。

国际上先进国家水平。当对全国或某个地区作国际比较，以说明同国际先进国家水平之间存在的差距程度时，可以把全国的、或某个地区的某项经济效果或社会效益的实际水平，换算可比的价值量单位或实物量单位，然后与先进国家水平相比。

2.国民经济效果、社会效益的综合评价。前面已述，对国民经济效果、社会效益定量测定，从不同角度出发可以有一系列指标来反映。这些指标虽然也可用于逐个评价国民经济效果和社会效益的好坏、高低状况。但是在用这些指标来评价一个国家或地区的整个国民经济效果、社会效益时，有的指标反映好，有的指标反映差些，很难作整体的综合评价。为此，需要在建立一系列经济效果、社会效益指标基础上，通过恰当方法，综合这一系列指标为一个综合指标，以用于对国民经济和社会发展作总体的综合评价，作动态对比或横向地区间对比。

国民经济效果、社会效益综合评价方法可以有多种，比较常见的、简便的有以下两种：

第一，综合经济效果、社会效益指数法。这个方法是将各个经济效果、社会效益指标的实际水平与评价标准——基数值相比，求出各个指标的系数，然后将这些系数逐个乘以相应权数，得出各个指标的指数值，并加以相加汇总，即为经济效果、社会效益的综合指数。用公式表示：

$$K=\frac{a_1}{a_0}W_1+\frac{b_1}{b_0}W_2+\frac{c_1}{c_0}W_3+\cdots\cdots+\frac{n_1}{n_0}W_n$$

式中：a、b、$c\cdots\cdots n$——为各个经济效果、社会效益指标值；其下标1，0，分别表示，
实际水平和基数值；

$W_1W_2W_3\cdots\cdots W_n$——为各个经济效果，社会效益指标重要程度的权数。其总和$\left(\sum_{i=1}^{n}W_i=100\right)$为100。

各项指标系数的母项即基数值，可用上面已明确提出的一些常用的评价标准指标：可以是历史最好水平或上期水平，也可以是全国平均水平或先进地区水平；也可以采用先进国家的水平。同一国家或地区在进行动态对比时，不同地区在进行横向比较时，所使用的评价标准指标应该是统一的，以保证其对比的科学性。

第二，综合经济效果、社会效益的功效系数法。功效系数法为一些多目标规划所常用的一种方法。国民经济和社会发展其经济效果、社会效益也是多个方面的目标要求。它也比较适宜采用这种方法进行综合评价。首先，它利用功效函数把各个经济效果指标、社会效益指标的具体数值化为可以同度量的功效系数（分数），然后，再把这些功效系数（分数）进行加权平均，求得经济效果、社会效益的一个综合分数，作为综合评价的一个指标。其计算步骤如下：

首先，假设有n个经济效果指标（或还包括社会效益指标在内），其实际水平分别记为X_1、X_2、X_3……X_n，利用功效函数，把它们化为可以同度量的经济效果分数d_i（$i=1, 2, 3, \cdots\cdots n$），即：

$$d_i=f_i(X_i)=\frac{X_i-X_i^{(s)}}{X_i^{(h)}-X_j^{(s)}}\times 40+60$$

$$(i=1,\ 2,\ 3,\ \cdots\cdots n)$$

式中：X_i——为经济效果（或社会效益）指标i的实际水平；

$X_i^{(s)}$——为经济效果（或社会效益）指标i的容许值事先规定；

$X_i^{(h)}$——为经济效果（或社会效益）指标i的满意值，也预先规定。

这样，在一般情况下，$60<d_i<100$；在个别情况下，若X_i为越大越好的正指标当$X_i>X_i^{(h)}$时，这时$d_i>100$；同理当$X_i<X_i^{(s)}$时；这时$d_i<60$。若X_i为越小越好的逆指标，一般规定$X_i^{(h)}<X_i^{(s)}$，这时当$X_i<X_i^{(h)}$时，这时$d_i>100$；同理，$X_i>X_i^{(s)}$，这时$d_i<60$。可见。经济效果分数计算式功能，可同时适用于正、逆指标计算而不发生偏差，

其次，为使不同意义的经济效果（社会效益）指标，在综合计算过程中能按其重要地位，给各个经济效果分数恰当地确定不同权数P_i（$i=1,2,3,\cdots\cdots n$）。

最后，把各个经济效果（社会效益）分数加权平均，便求出综合经济效果（社会效益）分数D。其加权平均可选用加权几何平均法或加权算术平均法进行计算。

加权几何平均法：

$$D=\sqrt[P_1+P_2+P_3+\cdots\cdots+P_n]{d_1^{P_1}\cdot d_2^{P_2}\cdot d_3^{P_3}\cdots\cdots d_n^{P_n}}$$

前已指明，在一般情况下，因为$60<d_i<100$，所以$60<D<100$。以加权几何平均法计算综合经济效果（社会效益）分数，其优点就在于对指标数值变动反应比较灵敏。被平均的任何一个指标数值较小或发生明显下降，就会对总平均值产生比较显著的影响。所以，用加权几何平均计算综合经济效果（社会效益）分数，有利于全面地综合反映整个社会经济效果。这样，也促使一个地区或整个国家的国民经济管理部门注意全面地提高各项经济效果，各项社会效益。不过，

加权几何平均法计算要利用能运算高次乘方和开高次方根的计算器，否则手工计算就比较麻烦，因此，也可以应用加权算术平均法进行综合计算。

加权算术平均法：

$$D=\frac{\sum_{i=1}^{n}d_iP_i}{\sum_{i=1}^{n}P_i}$$

加权算术平均法的优点，就在于计算简便，也能够基本反映综合经济效果的好坏。它的不足之处是对指标数值变动的反应不如加权几何平均法来得灵敏。

举例说明综合国民经济效果分数的计算：

设某地区本年有如下国民经济统计资料(单位：亿元)：

国内生产总值160，利税总额82，社会总成本200，年平均职工人数180万人，固定资产平均净值58，定额流动资金平均余额50，现计算其各项经济效果指标及综合经济效果分数。

$$社会劳动生产率=\frac{160亿元}{180万人}=8889(元/人)$$

$$总成本产值率=\frac{160}{200}=80(元/万元)$$

$$总成本利税率=\frac{82}{200}=51.25(元/万元)$$

$$资金产值率=\frac{160}{58+50}148.15(元/万元)$$

$$资金利税率=\frac{82}{58+50}=75.93(元/万元)$$

$$人均创利税额=\frac{82}{180}=4556(元/人)$$

假设各个经济效果指标的满意值、不容许值及权数如下：

表14-11

	满意值$X_i^{(h)}$	不容许值$X_i^{(s)}$	权数P_i
社会劳动生产率（万/人）	10000	8000	3
总成本产值率(%)	96	75	1
总成本利税率(%)	54	48	2
资金产值率（%）	160	140	2
资金利税率（%）	78	70	1
人均创利税额（元/人）	5000	4000	1

先计算各个指标的经济效果分数d_i：

$$社会劳动生产率d_1=\frac{8889-8000}{10000-8000}\times40+60=77.78(分)$$

$$总成本产值率d_2=\frac{80-75}{90-75}\times40+60=69.52(分)$$

$$总成本利税率d_3=\frac{51.25-48}{54-48}\times40+60=81.67(分)$$

$$资金产值率d_4=\frac{148.15-140}{160-140}\times40+60=76.30(分)$$

$$资金利税率d_5=\frac{75.93-70}{78-70}\times40+60=89.65(分)$$

$$人均创利税额d_6=\frac{4556-4000}{5000-4000}\times40+60=82.24(分)$$

用加权几何平均法计算综合经济效果分数：

$$D=\sqrt[10]{77.78^3\times69.52\times81.67^2\times76.3^2\times89.65\times82.24}$$
$$=78.91(分)$$

用加权算术平均法计算综合经济效果分数：

$$D=\frac{77.78\times3+69.52+81.67\times2+76.3\times2+89.65+82.24}{3+1+2+2+1+1}$$

$$=79.07(分)$$

这种综合经济效果分数，可以应用于一个国家、地区的国民经济效果。社会效益的全面综合评价，也可以用于一个部门，联合企业、企业等范围大小不一总体的全面综合评价，其原理一样。

最后要指明的是，上述指数法计算中的权数确定，功效系数法计算中的权数确定，不容许值的确定，除了根据对各个经济效果指标的经济理论分析外，总还是有制定人员的主观随意性因素的影响。而满意值则可参照全国先进水平，先进国家水平或历史最高水平等，即前面已述的评价标准作依据。

第四节　社会总供给与总需求平衡分析

社会总供给与总需求基本平衡，是国民经济和社会稳定发展的重要前提。社会经济统计必须反映一定时期内，社会总供给与总需求平衡状况，分析其不平衡原因，为促使社会总供给与总需求平衡提供依据。

一、社会总供给与总需求统计范围及其测算

社会总供给与总需求的口径范围。从理论上来说，可以随着研究目的不同而变化。从统计实践来看，则应根据国民经济管理需要，从众多口径内容中选择出一个恰当的口径作

为统计核算范围。目前，国家统计部门及统计学术界都把社会总供给定义为在一定时期内向社会提供的社会最终产品和劳务总量，社会总需求定义为在一定时期内对社会最终产品和劳务具有购买力的需求总量。

表14-12　　社会总供给与总需求测算表

项　　目	金额	项　　目	金额
1.社会总供给（1=2+3-4）		1.社会总需求（=2+3+4+5+6）	
2.国内生产总值（按当年价格计算）		2.固定资产投资需求	
3.进口总值		3.流动资产增加需求	
4.不能分配的部分		4.社会消费需求	
		5.居民消费需求	
		6.出口总值	
		7.供需差额（总供给—总需求）	

1.社会总供给的核算。如前所述，社会总供给是指一定时期内向社会提供的最终产品和劳务的总和，所以，不仅本国生产的最终产品和劳务列入社会总供给中，而且，即使由外国生产通过进口而提供本国消费和使用的最终产品和劳务也应列入社会总供给中。因此，社会总供给首先由国内生产总值加上进口总值。

此外，在国内生产总值计算的各部门增加值之中，还包括了多年生作物的增殖部分价值，如家畜的增殖价值，幼木抚育，植树造林的增加值部分等等。它们不能供社会消费和使用，所以要从国内生产总值中扣除。

通过上述分析，社会总供给计算式为：

$$\frac{社\quad 会}{总供给}=\frac{国内生}{产总值}+\frac{进口}{总值}-\frac{不能分}{配的部分}$$

2.社会总需求的核算。社会总需求是指在一定时期内对社会最终产品和劳务有购买力需求总量。因此，它需要从各个方面计算其购买力需求，然后汇总求得。现按社会总供给与总需求计算表式的总需求项目，作简要说明：

投资需求是指用于购建固定资产和流动资产增加的购买力需求形成投资需求的资金来源主要有：(1)基本建设财政拨款；(2)更新改造资金拨款；(3)银行的各种投资贷款；(4)企业自筹资金；(5)居民个人投资的资金；(6)国外投资。因此，将上述各项投资资金加以汇总，便是本期形成的投资需求。同时，由上面的资料，分别归结为固定资产投资需求和流动资产增加需求两项。

消费需求是指居民和社会集团对社会产品和劳务有购买力的需求总和。社会集团消费需求包括国家行政机关、团体、部队等单位对于社会产品和劳务的购买力需求，形成这部分需求的购买力来源主要是国家财政拨款，也有一些是这些单位按规定自己取得的货币收入。但是，社会集团所取得的货币收入。并不都构成社会集团消费需求，例如社会救济金等转移支出。还有一部分用于社会集团的机构人员，部队指战员的工资、薪饷，形成居民消费需求的部分，所以也应扣除。此外，还有一部分是用于固定资产购建的经费，应纳入固定资产投资需求。这样，社会集团消费需求的计算式为：

$$\frac{社会集团}{消费需求}=\frac{财政}{拨款}+\frac{社会集团自己}{取得的货币收入}-\frac{社会救济金}{等转移支出}$$

$$-\text{社会集团成员的工资等支出}-\text{购建固定资产投资需求}$$

居民消费需求来源于居民可支配收入。但是居民的可支配收入不完全构成居民消费需求。其中一部分作为手存现金和银行存款积累起来，还有一部分则用于生产投资和建造房屋，属于投资需求。因此，居民消费需求的计算式为：

$$\text{居民消费需求}=\text{居民可支配收入}-\text{居民投资支出}-\text{居民自愿储蓄}$$

通过以上分析，社会总需求的计算式为：

$$\text{社会总需求}=\text{固定资产投资需求}+\text{流动资产增加需求}+\text{社会消费需求}+\text{居民消费需求}+\text{出口总值}$$

二、社会总供给与社会总需求的平衡分析

社会总供给与总需求平衡分析，首先是从两者总量相比测算其差异，说明其基本平衡还是失衡，然后再进行原因分析。

社会总供给与总需求平衡状况的测算指标，包括总供给与总需求平衡比率，平衡差率及平衡差额。

$$\text{社会总供给与总需求平衡比率}=\frac{\text{社会总供给}}{\text{社会总需求}}$$

$$\text{社会总供给与总需求平衡差率}=\frac{\text{社会总供给}}{\text{社会总需求}}-1$$

$$\text{社会总供给与总需求平衡差额}=\text{社会总供给}-\text{社会总需求}$$

上述社会总供需平衡状况指标，不是一个机械均衡的数量概念，不是绝对意义上的平衡。社会总供给与总需求彼此之间，如同其他经济现象间的平衡关系一样，不存在绝对相等的平衡关系，因而在统计上总会出现或大或小的差异。在国民经济运行过程中，在一定限度内，承受总供需之间的一

定差距。例如，当一定范围内的供给稍大于需求，过剩的商品以库存增加储存起来，供下期使用。当需求稍大于供给，多余的需求购买力则转化为手存现金或储蓄，作为潜在购买力，转入下期的购买力需求。只有两者差距相当大，即上述三个平衡指标表现为较大的不平衡状态时，才可得出社会总供需的失衡或严重失衡的结论。表现为需求（或供给）较多地或大大地超过供给（或需求），较多或很多购买力需求（或可供商品）不能实现，造成物价上涨（或商品积压），国民经济不能健康发展。

在社会总供给与总需求失衡情况下就要作原因分析，以便为促使下期国民经济发展，达到社会总供需基本平衡而采取恰当措施提供依据。社会总供给与总需求失衡一般有两种情况：一是总需求过多地大于总供给，另一是总供给过多地大于总需求。在社会主义国家的国民经济运行中，总供需失衡经常性表现为社会总需求较多地超过总供给，造成通货膨胀，商品供不应求，物价上涨。总的来说，生产提供社会供给，分配形成社会购买力需求。那么在社会总供给一定的条件下，造成总需求过多地超过总供给，其根本原因就在于执行国民经济分配工具的国家财政收支、银行信贷和国际收支的失衡。为此，首先，就要分析财政收支平衡状况。财政支出如果建立在财政收入所集中一部分社会产品进行再分配的供给保证基础上的，那么财政收支平衡，并不构成总需求超过总供给的原因。如果，财政支出过多地超过财政收入，即大量财政赤字，那么，这种赤字支出形成的需求，缺乏社会商品供给作保证，财政向银行透支形成通货膨胀，这就是财政不平衡因素造成的社会总供需失衡。其次，分析银行信贷规模问题。在银行放松情况下，由于银行在存贷过程所产生货币创造的乘数效应，可能导致银行贷款远超过实际产品分配供给的基础，从而使社会总需求大于总供给的失衡。再次，分析国际收支问题。在开放的条件下，一个国家的总供需失衡，也有可能受国际收支因素的影响。从综合结果看问题，国际收支出现顺差，由于外汇不能作为货币在国内流通，可以构成对国外需求增加，但如果外汇储备单位向银行兑换人民币，就会引起货币发行增加，扩大总需求。如果国外资本流入，可能对进口品提出需求，如果兑换成人民币，则银行增加外汇储备国内增加总需求。综合上述，保持财政收支基本平衡与否、银行信贷规模适度和国际收支基本平衡与否，是社会总供需基本平衡还是失衡的主要原因。根据一定时期社会总供需失衡状况及其原因的具体分析，就可以为求得基本平衡采取措施提供依据。

第五节　国民经济和社会发展的综合分析与评价

经济决定社会，社会又影响经济。社会经济统计应该在定性分析基础上定量分析经济与社会发展的这种内在的协调关系，为更好地管理经济和社会发展提供客观依据。

一、人口与经济发展关系分析

人口是国民经济活动的主体。它与经济发展相互依存、互相制约，两者之间存在密切的关系。社会经济统计主要从以下几个方面分析它们之间的相互关系：

1. 人口数量与经济发展的关系。人是生产者，又是消费者。人口过多，会使消费基金过大，减少生产的积累，或者生产增长了却被人口增长抵销一部分，既影响经济发展又影响人均国民经济成果和人民生活水平的提高速度，因此，消除人口盲目增长，是调节好人口与经济发展关系的重要内容。

人口数量与经济发展关系的分析指标，主要从人口数量增长、国民经济成果增长与人均国民经济成果增长之间的相互制约关系作分析。它们之间有这样的数量关系：

$$\frac{y_1}{y_0} \div \frac{P_1}{P_0}$$

式中：y——国民生产总值；P——平均人口；

1，0——报告期、基期。

即：人均国民生产发展速度＝国民生产发展速度÷平均人口发展速度

例如，《中国统计年鉴1992》我国1981年1991年统计年平均人口分别为99389万人和115078万人，年国民生产总值按可比价计算分别为4773亿元和11570亿元。那么：

$$\frac{11570}{115078} \div \frac{4773}{99389} = \frac{11570}{4773} \div \frac{115078}{99389}$$

$$\frac{1005}{480} = 242.4\% \div 115.7\%$$

$$209.3\% = 242.4\% + 115.7\%$$

由此可见，我国1981—1991年的十年间，国民生产总值增长了1.42倍多，而人均国民生产总值只增长了1.09倍多，正是由于人口数量增长了157‰的缘故。这个人口数增长率如按年平均计算为：$(1.157)^{\frac{1}{10}}-1=14.6‰$。这样的增长率是比较高的。如果全国计划生育搞得好，人口增长慢一点，假定达到12‰，那么按此水平人均国民生产总值增长速度可以达到1.15倍多了（$2.424\div(1.012)^{10}-1=2.151$）。

2.人口城乡构成与经济发展的关系。人口城乡构成是指城市人口、乡村人口各自在总人口中所占比重。人口城乡构成既是社会经济发展历史形成的，又成为城乡经济发展的一个重要条件，而且会随经济发展进程改变原有的人口城乡构成。例如，历史的总趋势是，乡村人口有条件地向城市转移。第一产业人口有条件地转移到第二产业、第三产业。一定历史阶段人口城乡构成反映一定的经济发展水平。在现有生产力水平基础上，有计划地有控制地发展城市人口，逐步增加城市人口，对于发展国民经济有着重要意义。

统计研究人口城乡构成与经济发展的关系，可以从动态上反映一个国家或地区内，在不同时期经济发展阶段，其人口城乡构成的变化趋势；或在同一时期内，比较不同经济发

表14-13

年份	国民生产总值（亿元）（按1978年可比价）	平均人口（万人）	人口城乡构成(%)		人均国民生产总值（元）
			城市	农村	
1978	3588.1	95616	17.92	82.08	375
1985	6752.8	105104	23.71	76.29	642
1991	10541.8	115078	26.37	73.63	916

资料来源：《中国统计年鉴1992》加工计算。

展水平的不同国家间不同地区间，它们人口城乡构成的不同特征。这些，都可以从中研究人口城乡构成与经济发展之间所存在的一些规律性表现。例如，据统计我国下列年份的人口的城乡构成及人均国民生产总值水平：

由表14-13可见，我国人口城乡构成与经济发展水平之间也存在相应的变化趋势：经济发展水平高了，城市接纳的工业、交通运输业和商业的人口也多了，农村人口比重也下降了；或者说，城市人口比重增大了，经济发展水平也随之提高了。世界各国也是这种趋势，越是经济发达，农业现代化，农村人口比重也越小些。

3.人口文化素质与经济发展关系的分析。在现代化生产的社会里，人口文化素质对社会经济发展起着极其重要作用。人口的文化素质主要地由文化教育程度所决定。因此分析人口文化素质与经济发展的关系，使可以把人均教育程度与经济发展水平（人均国民生产总值）进行对比说明。例如，我国1982、1987年人口普查统计，12周岁以上的平均受教育的年限分别是5.49年和5.87年，相应的人均国民生产总值分别是469元和747元。1987年比1982年，我国12周岁以上人口平均受教育程度（受教育年限）提高了6.9%，同期的人均国民生产总值也提高了59.3%。由此可见，人口文化素质与经济发展之间的密切关系，世界各国经济发展也证明这一点。

二、经济发展与自然环境关系的分析

经济发展与自然环境存在非常密切的关系。经济发展有赖于自然环境提供的条件，同时，经济发展不注意时会严重危害自然环境。如果人们自觉注意，则会保护和改善自然环境。统计就是要分析经济发展与自然环境之间这种关系。

1. 经济发展与自然环境关系单项分析。单项分析是指某项经济事业发展所引起与其直接有关的自然环境所造成的影响，或自然环境破坏、与改变又如何影响了某些经济事业的发展，以及恢复某些经济事业发展而破坏自然环境，或在更高一层次实现新的生态平衡，所耗去的资金、人力和物力。例如，森林采伐业发展，如果木材采伐量大大地超过木材生长量，可对其造成不良后果作出分析。根据统计，在解放初海南岛有36万多公顷热带原始森林，至七十年代初已砍伐掉近四分之三，破坏了生态。1978年当地竟发生了大旱，大部分河水断流，水塘干涸，造成53万户居民的生活用水困难和生产损失。又如，对草原由于管理不善和过度放牧而造成草原退化，进行损失分析。也可以就经济建设发展，兴建防护林等改善自然环境所带来利益进行具体分析。

2. 经济发展和自然环境关系的综合分析。某些经济事业发展对自然环境影响，往往是多方面的。某类自然环境条件改变对经济发展影响也不是单一的只涉及一项经济事业。为此，经济发展与自然环境的关系有时还应作综合分析，以便全面、深刻认识它们之间的相互依存关系。这一般从以下两个方面进行分析：

首先，分析由于经济发展，对自然环境各方面造成的影响。这可以就全国或某一个地区进行综合分析。经济发展到某一阶段后，对自然环境造成危害和治理自然环境取得的积极成果作全面评价。其统计分析内容有：未经处理的污水、有害气体排放量、造成危害的损失额；废渣未经综合利用量及其危害环境情况，大气降尘量及其危害，水质污染与其危害情况，生态环境与居民疾病情况，以及由于经济发展而治理改善自然环境取得的效益情况等。例如，我国1988年比1986年，未经处理废水排放量增加9.2亿多吨，空气中排放废气中的二氧化硫增加273万吨，烟尘增加52万吨。① 1984年辽宁省未经处理的工业废水排放量达13.2亿多吨。未经处理的有害气体排放量达4263亿标立米，废渣未经综合利用而排放量达4200多万吨。本溪市从废水中排入江河海域的有害物质达1.84万吨，使浑河、太子河、大辽河、鸭绿江等主要河流和近海海域受到污染，浑河鱼虾绝迹，底栖生物和好氧微生物死亡。全省60%市政水源的水质不符合饮水标准。②

其次，分析由于经济发展所造成的自然环境破坏，而事后治理恢复自然环境而需要投入的资金和时间，以及与经济建设同步投入环境保护工程的资金。这为的是能从价值上和时间上综合反映经济发展而治理自然环境的总规模。例如，我国企事业污染治理资金1981年为19.7亿元，占国民收入比重为0.50%；到1988年为42.4亿元，占国民收入0.37%。从投入治理资金总量来说1983年比1981年增长了1倍多，但相对于占国民收入比重及实际需要来说还是不够的。因为从世界各国看，污染治理资金应占国民收入的1.5%左右。③

三、国民经济与社会发展的综合评价

前面我们已对国民经济和社会发展作了各个方面的综合

---

① 《中国社会统计资料1990》第244、245页

② 《辽宁省统计年鉴1936》第40页

③ 《中国环境报》1985年11月9日

分析，对于认识国民经济运行和社会发展的状况，以及作为管理、监督的依据，都是很重要的。但是，社会经济统计还应就所掌握的信息资料，运用统计的综合分析方法、对国民经济与社会发展状况进一步作出综合评价，揭示我国社会经济协调发展的基本特征，便于同国外进行科学比较。

采用哪些主要指标集中反映社会与经济发展状况，用什么方法把这些指标综合起来对某一历史阶段的社会与经济发展总水平作出综合评价，是研究这个问题的两个重要关键。国外学者也在这方面提出一些研究结果。例如美国社会卫生协会提出的用ASHA指标来反映发展中国家这方面的水平。他采用六个指标包括社会和经济发展的状况，算出ASHA综合评价指标值来衡量发展中国家满足基本需求的程度。ASHA综合评价指标的综合计算方法为：

$$Z_j=\prod_{j=1}^{n} X_{ij}\Big/\prod_{k=1}^{n} y_{kj}$$

式中：Z_j——第j期的综合评价值；X_{ij}——第i个正指标第j期数值；y_{kj}——第K个逆指标第j期数值，

π——连乘符号。

ASHA法选出就业率、识字率、平均寿命、人均国民生产总值增长率、人口出生率、婴儿死亡率等六个指标，集中反映社会与经济发展状况指标，用于综合评价计算。按AHSA法综合计算公式：前四个指标为正指标，后两个为逆指标。于是有：

$$Z_j = \pi X_{ij} / \pi Y_{kj} = \frac{\text{就业率} \times \text{识字率} \times \text{平均寿命} \times \text{人均国民生产总值增长率}}{\text{人口出生率} \times \text{婴儿死亡率}}$$

*AHSA*法提出了一个比较的标准值：

$$AHSA\text{指标值} = \frac{0.85 \times 0.85 \times 1 \times 0.035}{0.025 \times 0.05} \times 100 = 2023$$

依上面公式顺序，子项平均寿命1，是以70岁＝1的。他们设想把*AHSA*的指标值2023，作为发展中国家到公元2000年的奋斗目标。

从上列公式可见*AHSA*法所选用的六个指标比较重要，有社会指标也有经济发展指标，其指标值可以反映一个国家的社会经济发展状况。但它也存在不足的地方。这六个指标过分偏重于社会发展指标，占多数，而国民生产总值没有绝对水平指标，不能反映一个国家的经济实力。在综合运算过程中，这六个指标的权数相同，不分主次便不能很好代表真正的综合水平。据有关单位统计，运用这个方法实际计算了我国1980年的*AHSA*指标值竟达8000多，超过发展中国家到公元2000年目标许多倍。可见他不能很好代表我国那时的社会与经济发展所达到的水平。由于这个指标值偏重于社会指标，所以这也说明我国的社会问题处理得较好。

还有、美国经济学家莫克尔斯，提出综合评价指标体系，作为社会经济发展水平达到现代化国家的标准，也有一定代表性。这评价指标体系包括：人均*GNP*达3000美元以上，农业增加值占*GNP*的12—15%，第三产业增加值占*GNP*的45%以上非农业就业人口占就业人口70%以上，识字人口占总人口30%以上，适龄青年受高等教育的人数占10%以上，城市人口占总人数50%以上，平均每个医生服务人口在100个以下，平均寿命在70岁以上，人口自然增长率在1%以下。

近年来，国家统计局编制出《地区间社会发展水平综合评价方案（试行）》，已开始在全国实施。国家统计部门对各省、市、自治区1990年和1991年统计资料，进行测算结果表明，1991年，我国社会发展综合水平总指数为110分，比1990年提高10%。全国各省市高于110分的有14个省市。这个综合评价方法，不仅各省市地区可以计算，作相互比较分析，同样也可以用于同一省市地区或全国，作历史的动态变化分析。由于这套方案包括社会、政治、经济、文化多个领域，这样，既可以分领域作比较分析，也可以对社会与经济等方面作协调比较评价等。同时鉴于“社会发展”一词的广义性，也可以称之为社会与经济综合评价方案。

现将综合评价指标体系及其综合评价方法、原理，说明如下：

1.综合评价指标体系。社会发展水平综合评价指标体系，包括社会生活、政治、经济、文化、科技等多个领域，反映其各个方面，以综合反映社会发展水平。它是按横向与纵向交织的二维结构编制。以横向排列10个领域，即环境、人口、经济、居民生活、劳动、社会保障、卫生保健、科技教育、文化体育、社会治安。纵向列出4个方面，即存量、质量、结构、变动度，分别反映10大领域的“投入和现有能力状况”，“发展水平和效能”、“比例关系”及“主要指标发展速度”。以横向第3栏“经济”领域，其纵向四个方面指标为例。存量指标5个为人均国民生产总值，人均消费基金、人均固定资产投资、人均社会商品零售额、人均财政收入。质量方面指标 3 个为，百元产值利税额、社会劳动生产率（增加值）、每百元国民生产总值能源消耗量。结构方面指标 2 个为，第三产业增加值占国民生产总值比重、投资增长与国民生产总值增长的比率。变动度方面指标 5 个为，国民生产总值增长率、社会劳动生产增长率、商品零售额增长率、财政收入增长率、百元产值利税额增长率。这 9 个方面的15个指标，运用综合评价方法测算，就可把当年的经济发展水平综合反映出来了。这套方案的10大领域， 4 个方面，纵横交织，总计有133个指标，综合反映社会、经济发展总体水平。该指标体系个数见表14-14。

表14-14　　各领域各方面评价指标数及权数表

		1 环境	2 人口	3 经济	4 居民生活	5 劳动	6 社会保障	7 卫生保健	8 科技教育	9 文化体育	10 社会治安	指标个数	权数
方面	Ⅰ存量	3	3	5	4	2	4	3	5	4	4	37	30
	Ⅱ质量	4	4	3	4	4	2	4	4	4	3	36	25
	Ⅲ结构	2	2	2	3	4	2	2	4	2	2	25	20
	Ⅳ变动度	4	3	5	3	2	4	3	4	3	4	35	15
指标个数		13	12	15	14	12	12	12	17	13	13	133	100
权　　数		9	10	12	10	10	9	12	9	9			100

注：该表转引自钱伯海、黄良文：《统计学》第354页

2.社会与经济综合评价方法。综合评价指标，首先要把各个指标标准化，然后按权数调整，最后汇总成总指数，便

可用于同一国家或地区在动态上作比较，及不同地区间作比较，评价社会与经济发展水平的提高情况。具体步骤如下：

第一，根据分析和实际调查，按其作用不同，给各个领域、各个指标确定权数。现将有关方面确定各领域、各指标的权数，以表14-14表示。

第二，进行标准化处理，各指标分值化。把各种综合指标各个指标值，都转化为无量纲数值。其转化计算式为：

$$y_i = \frac{X_i - X}{SD}$$

X_i为评价指标实际值，X为该指标的标准值，SD为该指标标准差。标准值，如果是对各地区作评价时，可用全国的平均值；如果对全国作评价时可用上期实际值，SD为地区间的标准差。

第三，标准化后各指标分值正值化。即将逆指标的标准化结果乘以－1，使绝大多数指标分值表现为正值。

第四，计算单项指数。根据评价指标所在领域和所在方面的权数进行调整分值，得出领域分值和方面分值，并分别求和。

第五，计算总指数。将各领域的分值加总，即得该期的社会与经济发展水平综合评价总指数。

现举第3领域——经济领域，第Ⅱ质量方面的三个指标，百元产值利税额、社会劳动生产率和每百元国民生产总值能耗为例，说明其方法过程、设例指标数值见表14-15。

首先，计算各个指标的权数。先由领域总权数、方面总权数求出经济领域质量方面权数。即经济的质量方面权数

0.12×0.35×100＝4.2。再求质量方面每个指标的权数，每个指标的权数＝4.2÷3＝1.4。

其次，对逆指标乘以－1。这里的百元GNP能耗为逆指标，y_3＝0.781×（－1）＝－0.781。

再次，为便于汇总运算，使负数值尽量减少，各指标分值加上1，再乘以各自的权数，得出正式分值。即：

表14－15

指　　标	标准值	标准差 SD	实际值	推求的分值y_i
百元产值利税（元）	34	9.6	40	$y_1=\frac{40-34}{9.6}=0.625$
社会劳动生产率（元）	28000	8400	36000	$y_2=\frac{36000-28000}{8400}\doteq 0.952$
百元GNP能耗（公斤）	4.5	6.4	50	$y_3=\frac{50-45}{6.4}=0.781$

根据表14—15资料，具体计算：

百元产值利税分值＝（0.625＋1）×1.4＝2.275 社会劳动生产率分值＝（10.952＋1）×1.4＝2.7328 百元GNP能耗分值（0.953＋1）×1.4＝2.348 （－0.781＋1）×1.4＝0.3066	
合　　计	5.3144

由此可知，经济领域质量方面的得分值为5.3144。用同样计算方法步骤，再将经济领域其余的存量、结构和变动度等三方面的分值分别求出，然后连同质量方面一并加总，即得经济领域的得分值或领域指数。其他领域的得分值，也以此方法分别求得。这样，将十个领域的得分值汇总，即得该

时期的社会与经济发展水平的综合评价总指数。此外，也可以把各个领域得分值或领域指数、或把十个领域的各个方面总得分值或方面总指数，分别排队、对比，用于同一国家或地区的动态综合评价，或不同地区间的综合评价。

3. 我国社会发展水平综合评价应用举例。我国用这套测算方案，测算了我国及各省市区的社会发展水平状况。见表14-16及表14-17摘录部分省市资料。

表14-16　　1991年社会发展水平总指数和各领域指数

位次	地区	总指数	环境	人口	经济	居民生活	劳动	社会保障	卫生保健	科技教育	文化体育	社会治安	1990年总指数	
													分值	位次
	全国	110	11	10	14	12	11	10	11	14	9	9	100	
1	北京	187	16	20	25	20	23	17	19	25	16	6	181	1
2	上海	174	13	19	25	17	21	15	20	24	11	10	165	2
3	天津	168	11	21	23	17	19	14	18	20	14	12	158	3
4	辽宁	144	13	17	16	14	16	14	14	22	11	7	137	4
5	江苏	134	13	15	16	15	12	14	11	20	10	9	118	6
6	吉林	131	13	15	10	10	14	16	16	19	9	10	118	6
7	广东	129	12	13	22	18	22	9	14	17	12	1	118	7
8	山东	127	13	15	13	14	10	13	10	17	10	11	110	11
……														

①资料来源：国家统计局社会司　登：《瞭望》1993年

②全国和各地区社会发展水平总指数，均是以1990年全国总指数为100计算的。

表14-17　　1991年社会发展领域指数变动情况

（与1990年比）

位次	地区	总指数增长(%)	环境	人口	经济	居民生活	劳动	社会保障	卫生保健	科技教育	文化体育	社会治安
	全国	10	+	+	+	+	+	+	+	+	0	0
1	北京	3	+	0	+	+	+	+	+	+	0	−
2	上海	5	0	+	+	+	+	+	+	+	+	+
3	天津	6	+	+	+	+	+	+	+	0	0	−
4	辽宁	5	+	−	+	+	+	0	0	+	+	−
5	江苏	13	+	+	+	+	+	+	+	+	+	−
6	吉林	11	+	0	+	−	+	+	+	+	−	+
7	广东	10	+	−	+	+	−	+	+	+	+	−
8	山东	15	+	+	+	+	+	+	+	+	0	−
⋮												

资料来源：同表14-16

首先，同一地区或全国作历史动态分析。由表14-17可见，全国及各地区1991年比1990年，社会发展水平综合总指数和各领域指数都有不同的变化。1991年社会发展水平综合总指数，全国增长10%，江苏、吉林等省增长10%以上，北京、上海等省市增长不到10%。各领域总数，各省市区亦有不同的变化。

其次，不同地区之间作相互比较分析。从社会发展水平综合总指数及各领域指数，均可相互比较，提供信息，便利各地区对症下药，促进社会全面发展。

第三，对经济与社会协调发展的综合分析。这可以从两方面进行，一是看经济类领域指数在全国各省市区的位次，社会生活类领域指数在全国各省市区的位次是否相适应。如果比较一致，则可认为经济与社会发展相适应，反之，则不够协调。如1991年，北京10个领域指数有7个居第一，1个第2和1个第3，唯独社会治安领域指数居第25位，倒数第5。这说明社会发展与经济发展不够协调。二是看社会领域指数上升与经济类领域指数上升，及上升程度是否相互协调一致。1991年广东省的10个领域指数有7个领域指数比上年提升，3个领域下降——人口、劳动、社会治安。其中社会治安领域指数，列全国29个省市区倒数第一。还有浙江、辽宁，社会治安领域指数分别位居全国倒数第2和第3。这些也反映它们社会上经济发展不够协调的状况。

四、综合国力统计分析①

国民经济与社会协调发展，最终必然使一个国家的综合国力增强。所谓综合国力乃是指一个国家所拥有的全部实力和潜力及其在国际社会中影响力的综合表现。对一个国家综合国力作出评价分析，首先能帮助我们了解本国国情，从而做到从本国国力实际出发，制定正确的发展方针和政策。其次是通过比较，找出差距，总结经验，以适应国际形势变化

①本目主要内容参考《中国国情国力》1992年第1期吴硕风及张泽原的文章。

与发展需要。

1. 综合国力构成要素。衡量一个国家的综合国力，需要从构成综合国力的要素方面去度量。这些要素基本包括维持国家生存与发展机体运转，国家内外活动等各个方面。一般主张包括如下一些要素：

①政治力。它包括国家政权性质、政治体制、政治制度、政治目的、内外方针政策、领导决策管理能力，国民凝聚力以及国际政治环境等。

②经济力。它是指经济实力、经济体制、生产力和生产关系，国民生产总值以及对外经济关系等。

③科技力。它包括科技队伍数量和质量、科技投资、设备、科技体制、科技发展水平和科技进步贡献力量等。

④国防力。它包括武装力量的数量和质量，武器装备、国防观念、军事理论、军队编制和军队训练水平等。

⑤文教力。它是指师资队伍和文化工作者的数量和质量、文化教育的规模、结构和体制等。

⑥外交力。它是指外交政策、对外活动、处理国际事务的立场和态度，以及对国际贡献能力等。

⑦资源力。它是指自然资源、国土、气候、水、生物、矿产、人力资源、地理条件和环境保护能力等。

2. 综合国力统计指标与评估方程。对于构成综合国力的上述这些要素，如何设置量化指标及综合评估，仍是一个难题，尚在探索阶段。目前各国学者都从不同角度，提出各自的衡量综合国力的要素指标和设计相应的综合评估方程。现择其主要者，简解如下：

美国克莱因博士的国力方程及其指标。他的国力方程为：

$$P_p=(C+E+M)(S+W)$$

式中：P_p——综合国力，C——基本实体，即人口加领土，E——经济实力，M——军事实力，S——战略目标，W——追求战略目标的意志。

日本学者福岛康仁，对克莱因国力方程的战略目标S改为国内政治能力G，追求战略目标意志W改为国家外交能力D。他的国力方程为：

$$P=(C+E+M)(G+D)$$

英国学者罗伯特·汤普逊也提出一个国力公式：

国家实力=（人力+资源）×意志

我国学者黄硕风运用系统、协同学和动力学原理，用定性和定量分析相结合的方法，建立测定综合国力数值的动态方程。其基本内容如下：

首先建立综合国力函数。假设综合国力的生存力、发展力和影响力中有n（约37个）个构成因素X_1，$X_2\cdots\cdots X_n$作为投入量，则综合国力实际产出量y_t为：

$$Y_t=F(X_1,X_2,\cdots\cdots X_n;t)$$

式中：t——时间度量，X_1，$X_2\cdots\cdots X_n$均是t的函数。通过系统分析，从综合国力的n个构成要素中，归纳出影响最大的三个变量。即“硬”变量H_t，表示综合国力有关物质形态构成要素的全体。如资源力、经济力、军事力等。“软”变量S_t，表示综合国力有关精神和智能形态构成要素的全体。如文教力、外交力、政治力等。协同变量K_t表示有关国家领导的组织决策能力等。这样，综合国力函数可写成：

$$Y_t = F(H_e, S_e, K_e)$$

综合国力是运用动力学原理和方法，研究国家生存与发展所拥有的实力和影响力的合力。根据牛顿第二定律，$\Sigma F = K_{ma}$，便可把综合国力函数写成：

$$Y_t = K_e \cdot (H_t)^{\alpha} \cdot (S_t)^{\beta}$$

式中，"硬国力"H_t表示综合国力的质量，"软国力"S_t表示综合国力的"加速度"，它决定物质形态硬国力的有效发挥程度，"协同力"K_t表示协同系数。为表示不同类型国家和不同时代背景特点，还分别引入"硬""软"弹性指数α和β。它们分别表示国家发达程度和国家安定程度。

然后再建立综合国力动态方程。由于综合国力是由许多要素（子系统）构成的大系统，而各子系统之间的相互作用是非线性的，因此，综合国力动态方程是个非线性微分方程：

$$\frac{dy_t}{dt} = PX_t\left(1 - \frac{Y_t}{M}\right)$$

式中：Y_t表示t时刻的国力函数，P表示国力年增长率，M表示环境（国际、国内和自然环境）所能容许系统稳定状态的性质。M值越大，国力函数Y_t稳定值也越大，反之，则相反。如何控制M值使综合国力函数Y_t永远递增，这是每个国家最高决策者所关注的重大课题。

为了测算综合国力指数值，必须把综合国力各要素量化。国力函数"硬"变量的计算采用指数法，"软"变量的计算采用专家评分法，"协同"变量计算采用权重系数分配法。对一些不确定要素的量化，则采用模糊数学和灰色系统处理。

3. 综合国力评估和分析。上述各国学者提出各种衡量综合国力要素的量化指标及相应的综合评估方程，见诸于实际应用和分析，主要介绍如下：

克莱因国力方程评估与分析，可以分为四个部分：第一，基本实体评估。克莱因假定，基本实体 C＝人口＋领土。人口与领土最高分均为50分；合计为100分。他认为，人口在1500万以下的国家难跨入世界强国行列，因而他只计算了1978年人口超过1500万以上的43个国家的综合国力分数。当人口超过5亿，人均国民生产总值不足500美元时，人口得分减半，即得25分。在按领土面积大小计算国力时，还要考虑耕地占领土面积的比例、领土所处的战略位置及资源拥有量等情况来增减分数。按此，基本实体国力得分前10名国家（1978年），见表14-18所示。

表14-18

序号	国家	人口得分	领土得分	总计
1	前苏联	50	50	100
2	美国	50	50	100
3	巴亚	30	50	80
4	中国	25	50	75
5	印度尼西亚	36	20	56
6	加拿大	6	50	56
7	印度	25	27	52
8	澳大利亚	—	50	50
9	日本	29	15	44
10	阿根廷	6	25	31

第二，经济实力评估。克莱因认为，经济实力是一国满足人民对商品和服务需求的基础。他以国民生产总值、能源、重要的矿产资源，工业能力、食品生产和对外贸易等六方面的指标衡量。总分最高200分，其中国民生产总值为100分，其余五个方面指标最高各为20分。据此测算，1978年经济实力得分前10名的国家如表14-19所示：

表14-19

序号	国家	GNP	能源	重要矿产	工业	食品	外贸	总计
1	美国	100	−4	−6	16	20	20	146
2	前苏联	49	9	7	16	−2	6	85
3	前联邦德国	24	−1	−8	5	−2	16	34
4	法国	19	−2	—	4	2	10	33
5	加拿大	9	4	6	1	4	6	30
6	日本	34	−8	−16	12	−5	11	28
7	中国	18	1	—	4	1	1	23
8	澳大利亚	5	1	11	—	3	2	22
9	英国	12	2	−2	3	−2	8	21
10	沙特阿拉伯	4	10	—	—	—	4	18

第三，军事实力评估。克莱因将一国的军事实力分为战略核力量和常规军事力量两部分，各自最高得分为100分，总分200分。在非核力量方面，还要考虑到达战略要地的能力。按军事实力评估1978年前10名得分见表14-20所示。

第四，把基本实体、经济实力和军事实力得分相加，1978年世界上居于前10名的国家，见表14-21所示。

以上是"国力方程"前三项（$C+E+M$）的评估结果。

表14-20

序号	国家或地区	常规力量	核力量	军费开支	国力分数
1	前苏联	91	100	6	197
2	美国	93	95	—	188
3	中国	26	10	5	41
4	以色列	7	5	10	22
5	法国	11	10	10	21
6	英国	8	10	—	18
7	前联邦德国	13	—	3	13
8	埃及	3	—	10	13
9	台湾	8	—	4	12
10	越南	3	—	8	11

表14-21

序号	国家或地区	领土加人口	经济实力	军事实力	总体
1	美国	100	146	188	434
2	前苏联	100	85	197	382
3	中国	75	23	41	139
4	巴西	80	15	3	98
5	加拿大	56	30	1	87
6	法国	28	33	21	82
7	日本	44	28	5	77
8	前联邦德国	30	34	13	77
9	澳大利亚	50	22	1	73
10	印度	52	11	8	71

后两项（$S+W$），S为战略目的，W为一国为实现战略目的的意志及人民支持政府的国防和外交政策的程度。然而，

如何将S、W量化，是很难解决的问题。克莱因假定在一般情况下$S=W=0.5$，超出一般情况则分别考虑$S\neq 0.5$，$S+W\neq 1$。按此计算，1978年综合国力前10名得分如表 14-22 所示。

表14-22

序号	国　家	C+E+M	S	W	S+W	(C+E+M)×(S+W)
1	前苏联	382	0.7	0.5	1.2	458
2	美　国	434	0.3	0.4	0.7	304
3	巴　西	98	0.6	0.8	1.4	137
4	前联邦德国	77	0.7	0.8	1.5	116
5	日　本	77	0.6	0.8	1.4	108
6	澳大利亚	73	0.5	0.7	1.2	88
7	中　国	139	0.4	0.2	0.6	83
8	法　国	82	0.4	0.5	0.9	74
9	英　国	68	0.5	0.5	1.0	68
10	加拿大	87	0.3	0.4	0.7	61

克莱因的综合国力评估与分析，有以下几点可资借鉴：第一，以基本国情的某一侧面出发，评价综合国力，是建立国力方程的一个重要特点；第二，从多层次、综合性角度，力求反映一国的综合国力，从而较好地避免从单一层（如只用国民生产总值指标）评价综合国力的失真性；第三，无论从单一层次测算国力，还是把各层次综合起来测算综合国力，都不是简单算术相加，而是在考虑技术、结构和某些社会等因素基础上，通过相应量化系数进行加权评估，就能明显提高评价一国综合国力的真实性。但克氏国力方程最主要缺陷

是，没有把社会体制因素纳入其中，S、W系数虽有所考虑，但量化依据不足。特别是对我国综合国力评估中，$S+W$定为0.6，与其他国家相比，过于偏低，从而低估了中国的综合国力。

日本官方也对国力进行调查和测算。测算方法是先将国力三个测面（国际贡献能力、生存能力和强制能力）指标化。根据调查打分，算出三种国力的平均值，最后评分比较。测算结果是，1985年综合国力，美国100分，前苏联80分，日本47分，法国为45分。

按黄硕风的综合国力动态方程测算1978年综合国力指数前10名的顺次及得分：美国527，前苏联378，日本352，前联邦德国302，法国253，中国212，英国207，巴西148，加拿大134，印度133。